Das Verbot von Kinderehen und dessen Auswirkungen auf das Familien- und Erbrecht

Forschungen zum deutschen und internationalen Erb- und Familienrecht

Herausgegeben von Christina Eberl-Borges und Rudolf Meyer-Pritzl

Band 15

PETER LANG

Helen Blasweiler

Das Verbot von Kinderehen und dessen Auswirkungen auf das Familien- und Erbrecht

PETER LANG

Bibliografische Information der Deutschen Nationalbibliothek
Die Deutsche Nationalbibliothek verzeichnet diese Publikation in der Deutschen Nationalbibliografie; detaillierte bibliografische Daten sind im Internet über http://dnb.d-nb.de abrufbar.

Zugl.: Mainz, Univ., Diss., 2020

Gedruckt auf alterungsbeständigem, säurefreiem Papier.
Druck und Bindung: CPI books GmbH, Leck

D 77
ISSN 1868-694X
ISBN 978-3-631-81848-0 (Print)
E-ISBN 978-3-631-82797-0 (E-PDF)
E-ISBN 978-3-631-82798-7 (EPUB)
E-ISBN 978-3-631-82799-4 (MOBI)
DOI 10.3726/b17214

Peter Lang – Berlin · Bern · Bruxelles · New York ·
Oxford · Warszawa · Wien

Diese Publikation wurde begutachtet.

www.peterlang.com

Meinem Lebensgefährten Peter und meinem Patenkind Lilly

Vorwort

Die vorliegende Arbeit wurde im Wintersemester 2019/2020 von dem Fachbereich der Rechts- und Wirtschaftswissenschaften der Johannes Gutenberg-Universität Mainz als Dissertation angenommen.

Die Grundlage dieser Arbeit bildet das sog. Gesetz zur Bekämpfung von Kinderehen aus dem Jahr 2017. Literatur und Rechtsprechung diesbezüglich konnten bis zum März 2020 berücksichtigt werden.

Danksagung

An dieser Stelle möchte ich allen Menschen danken, die mich bei der Anfertigung meiner Dissertation unterstützt haben.

Mein besonderer Dank gilt Prof. Dr. Andreas Roth für die ausgezeichnete Betreuung und die enorme Unterstützung bei der Umsetzung der gesamten Arbeit.

Zudem danke ich Prof. Dr. Urs Peter Gruber für die zügige Anfertigung des Zweitgutachtens und Prof. Dr. Curt Wolfgang Hergenröder für die Übernahme des Vorsitzes bei meinen Rigorosum.

Zuletzt möchte ich mich bei meinem Lebensgefährten Peter und meiner Familie für ihre Unterstützung bedanken.

Inhaltsverzeichnis

Abkürzungsverzeichnis

a.A.	andere Auffassung
Abs.	Absatz
AEUV	Vertrag über die Arbeitsweise der Europäischen Union
AG	Amtsgericht
a.F.	alte Fassung
Anm.	Anmerkung
Art.	Artikel
BeckOK	Beckscher Online Kommentar
BFH	Bundesfinanzhof
BGB	Bürgerliches Gesetzbuch
BGBl.	Bundesgesetzblatt
BGH	Bundesgerichtshof
BGHZ	Entscheidungssammlung BGH in Zivilsachen
BR-Drs.	Bundesrat Drucksache
BT-Drs.	Bundestag Drucksache
BStBl.	Bundessteuerblatt
BVerfG	Bundesverfassungsgericht
bzgl.	bezüglich
bzw.	beziehungsweise
CDU	Christlich Demokratische Union Deutschland
CSU	Christlich-Soziale Union Bayern e.V.
DIMR	Deutsches Institut für Menschenrechte
DNotZ	Deutsche Notar-Zeitschrift
EGBGB	Einführungsgesetz zum Bürgerlichen Gesetzbuch
EheG	Ehegesetz
EMRK	Europäische Menschenrechtskonvention
ErbStG	Erbschaftsteuer- und Schenkungsteuergesetz
EU	Europäische Union
EuEheVO	Verordnung der Europäischen Union über die Zuständigkeit, Anerkennung und Vollstreckung von Entscheidungen in Ehesachen und Verfahren über die elterliche Verantwortung
EuGH	Gerichtshof der europäischen Union
EuErbVO	Erbrechtsverordnung der Europäischen Union
EuGüVO	Güterrechtsverordnung der Europäischen Union

FamFG	Gesetz über das Verfahren in Familiensachen und in den Angelegenheiten der freiwilligen Gerichtsbarkeit
FamFR	Zeitschrift für Familienrecht und Familienverfahrensrecht
FamRB	Familien-Rechtsberater
FamRZ	Zeitschrift für das gesamte Familienrecht
f./ff.	folgende Seite(n)
FG	Finanzgericht
FPR	Zeitschrift Familie Partnerschaft Recht
gem.	gemäß
GG	Grundgesetz
HUP	Haager Unterhaltsprotokoll
HTestformÜ	Übereinkommen über das auf die Form letztwilliger Verfügungen anzuwendende Recht
i.H.v.	in Höhe von
IPRax	Praxis des Internationalen Privat- und Verfahrensrechts
i.R.d.	im Rahmen des
i.V.m.	in Verbindung mit
jurisPK	Juris Praxiskommentar
JuS	Juristische Schulung
KG	Kammergericht
KSÜ	Kinderschutzübereinkommen
lit.	littera
LTO	Legal Tribune Online
MüKo	Münchener Kommentar
n.F.	neue Fassung
NJOZ	Neue Juristische Online-Zeitschrift
NJW	Neue Juristische Wochenschrift
NJWE-FER	NJW-Entscheidungsdienst Familien- und Erbrecht
NJW-RR	NJW-Rechtsprechungsreport
Nr.	Nummer
NStZ	Neue Zeitschrift für Strafrecht
NZFam	Neue Zeitschrift für Familienrecht
OLG	Oberlandesgericht
PStG	Personenstandsgesetz
RelKerzG	Gesetz über die religiöse Kindererziehung
Rn.	Randnummer
RNotZ	Rheinische Notar-Zeitschrift
StAZ	Das Standesamt
StGB	Strafgesetzbuch

SPD	Sozialdemokratische Partei Deutschlands
UN	United Nations
UN-KRK	UN-Kinderrechtskonvention
VG	Verwaltungsgericht
VO	Verordnung
VwGO	Verwaltungsgerichtsordnung
z.B.	zum Beispiel
ZEV	Zeitschrift für Erbrecht und Vermögensnachfolge
ZErb	Zeitschrift für die Steuer- und Erbrechtspraxis
ZUM	Zeitschrift für Urheber- und Medienrecht
ZRP	Zeitschrift für Rechtspolitik

A. Einleitung

In Deutschland darf es keine Kinderehen geben. Kinder gehören nicht vor das Standesamt und auch nicht an den Traualtar,[1] so äußerte sich der ehemalige Bundesjustizminister *Heiko Maas* zum Entwurf des Gesetzes zur Bekämpfung von Kinderehen. Ein Gesetz mit einem eindringlichen Namen, dessen Ziel sich bereits aus genau diesem Namen ergibt, nämlich die Verhinderung von Kinderehen. Dabei wurde schon der Name des Gesetzes heftig kritisiert und als irreführend[2] bezeichnet, da nicht nur Kinderehen im klassischen Wortsinn, also Ehen unter Beteiligung einer Person, die das 14. Lebensjahr noch nicht vollendet hat, erfasst werden, sondern auch die Ehen von Minderjährigen, die bereits das 14., nicht aber das 18. Lebensjahr vollendet haben.[3]

Dabei war es seit der Schaffung des BGB Minderjährigen auch in Deutschland erlaubt, unter bestimmten Voraussetzungen bereits vor dem Erreichen der Volljährigkeit die Ehe zu schließen.[4]

Die in § 1303 Abs. 2 BGB a.F. vorgesehene Ausnahmevorschrift, wonach eine Eheschließung unter Umständen bereits nach Vollendung des 16. Lebensjahres möglich war, erlangte jedoch kaum Relevanz. So wurden in Deutschland im Jahr 2015 lediglich 92 Ehen unter Beteiligung eines Minderjährigen registriert.[5] Für das Jahr 2016 wies das Statistische Bundesamt die Anzahl von Eheschließungen mit einem Minderjährigen in Deutschland mit 332 aus, wobei es in diesem Jahr insgesamt zu 410 426[6] Eheschließungen kam. Auch in der Öffentlichkeit erfuhr die Ausnahmeregelung des § 1303 Abs. 2 BGB kaum Beachtung. Dies änderte sich mit dem Beginn der Flüchtlingskrise 2015. Nun kamen auch vermehrt verheiratete Minderjährige nach Deutschland, so dass im September 2016 insgesamt 1475 verheiratete Minderjährige im Inland registriert waren.[7]

Kinderehen sind jedoch kein nationales Problem; im Gegenteil, sie sind eine globale Erscheinung mit einem extremen Ausmaß gerade im Ausland. Die Zahlen

---

1 Heiko Maas, erste Beratung im Bundestag, BT-Drs. 18/232, S. 49.
2 Vgl. *Coester-Waltjen*, IPRax 2017, 429, 429.
3 Vgl. *Coester-Waltjen*, IPRax 2017, 429, 429.
4 § 1303 BGB a.F. wobei die Volljährigkeit bis 1974 erst mit der Vollendung des 21. Lebensjahres erreicht wurde vgl. BGBl. I 1974, 1713.
5 BT-Drs. 18/12086, S. 13
6 Statistisches Bundesamt, Daten zu den Eheschließungen.
7 BT-Drs. 18/12086, S. 14.

von CARE Deutschland-Luxemburg zeigen dies deutlich. Denn laut einer Mitteilung von CARE Deutschland-Luxemburg e.V. werden täglich ca. 39 000 minderjährige Mädchen zur Eingehung der Ehe gezwungen.[8]

Im Zusammenhang mit der Problematik der Kinderehen stellt sich zwangsläufig die Frage, wann ein Kind alt genug ist, um eine Ehe selbstbestimmt einzugehen. Die Festlegung von Altersgrenzen ist diesbezüglich schon lange umstritten. Einigkeit besteht hingegen bei dem Ziel, alle Kinder vor einer Zwangsheirat zu schützen, da eine Zwangsheirat drastische Folgen für die Betroffenen hat. „Sie werden ihrer Kindheit beraubt, sie werden um Bildungschancen gebracht, ihnen wird das Recht genommen, ein wirklich selbstbestimmtes Leben zu führen. Kinder sollen spielen, lernen, selbstständig werden."[9]

Als das OLG Bamberg[10] am 12.05.2016 eine im Ausland geschlossene Ehe unter Beteiligung einer 14-jährigen Syrerin als wirksam anerkannte, war der Aufschrei in der Öffentlichkeit groß.[11] Die deutsche Justiz wurde in der Presse aufgrund dieser Entscheidung kritisiert. So hieß es am 15.06.2016 in der Süddeutschen Zeitung „Justiz – Gerichte akzeptieren auch vierzehnjährige Bräute"[12]. Die Zeitung die Welt ging noch weiter und sprach aufgrund divergierender Entscheidungen zu Kinderehen von einer Spaltung der deutschen Justiz.[13] Tatsächlich fehlte es seit jeher an einer einheitlichen Rechtsprechung oder Verwaltungspraxis bzgl. solcher Sachverhalte. So war es z.B. umstritten, welches Mindestalter für die Anerkennung einer ausländischen Ehe vorliegen muss und wann ein Kind als zu jung anzusehen ist und die Ehe daher einen Verstoß gegen die Grundsätze des deutschen Rechts darstellt.[14] In der Literatur wurden Altersgrenzen von 14[15], 15[16] und – entsprechend der deutschen Dispensmöglichkeit – von 16[17] Jahren als Mindestgrenze vertreten. Dementsprechend war es auch nicht verwunderlich, dass im Anschluss an die Entscheidung des OLG Bamberg der Ruf nach einer einheitlichen gesetzlichen Neuregelung laut wurde.

---

8 Vgl. CARE, Report vows of poverty, S. 18.

9 Heiko Maas, erste Beratung im Bundestag, BT-Drs. 18/232, S. 49.

10 OLG Bamberg, Beschluss vom 12.5.2016 – 2 UF 58/16, BeckRS 2016, 09621.

11 Vgl. *Issig*, WELT vom 31.05.2016.

12 *Heidenreich/Janisch*, Süddeutsche Zeitung vom 15.06.2016.

13 *Issig*, WELT vom 31.05.2016.

14 Vgl. *Erbarth*, in: MüKo FamFG, § 200, Rn. 31.

15 Vgl. *Hohloch*, in: Erman, Art. 6 EGBGB, Rn. 33.

16 Vgl. *Mankowski*, in: Staudinger BGB, Art. 13 EGBGB, Rn. 203.

17 Vgl. *Erbarth*, in: MüKo FamFG, § 200, Rn. 31.

Mangels einheitlicher Rechtsprechung und Verwaltungspraxis im Umgang mit Kinderehen sah sich auch der deutsche Gesetzgeber verpflichtet, durch eine Gesetzesänderung für die notwendige Rechtssicherheit zu sorgen.[18] „Gerade für Ehen von Minderjährigen, die im Ausland geschlossen wurden, gilt: Wir wissen schlicht nicht, ob sie freiwillig geschlossen wurden oder etwa auf Druck der Familie zustande gekommen sind. Aber ehrlich gesagt, unter Berücksichtigung des gesunden Menschenverstandes kommt man eigentlich zu dem Ergebnis: Kinder heiraten nicht, Kinder werden verheiratet,“[19] stellte der damalige Bundesjustizminister *Maas* fest. Dabei war für den Bundesjustizminister klar: Erst wer volljährig und damit erwachsen ist, soll eine Ehe wirksam schließen können. „Wenn sie erwachsen sind, dann sollen sie selbst und frei entscheiden, ob und wen sie heiraten wollen. Bis dahin aber gehören Kinder weder vor einen Traualtar noch in ein Standesamt.“[20]

Mit der gesetzlichen Neuregelung sollte also eine Eheschließung vor der Vollendung des 18. Lebensjahres verhindert werden, und zwar im Inland und auch in den Fällen mit Auslandsbezug. Daher wurden nicht nur die nationalen Vorschriften des BGB geändert, sondern auch die Regelungen des Einführungsgesetzes zum Bürgerlichen Gesetzbuch (EGBGB). Im Mittelpunkt der gesetzlichen Neuregelungen stehen hierbei § 1303 BGB und Art. 13 Abs. 3 EGBGB.

Nach § 1303 BGB und Art. 13 Abs. 3 Nr. 1 und 2 EGBGB kann eine Ehe erst mit dem Erreichen der Volljährigkeit wirksam geschlossen werden. Ist einer der Beteiligten bei der Eheschließung unter 16 Jahren, so ist die Ehe nichtig. Wird die Ehe mit einem Minderjährigen geschlossen, der das 16. Lebensjahr bereits beendet hat, so ist die Ehe zunächst zwar wirksam, aber aufhebbar.

Diese Arbeit wird zunächst die geschichtliche Entwicklung des Verbots der Kinderehe aufgreifen und die gesetzlichen Neuregelungen in allen Einzelheiten aufzeigen. Anschließend werden die Auswirkungen der gesetzlichen Neuregelungen dargestellt. Insbesondere werden die Möglichkeiten von Folgeansprüchen des Minderjährigen und die Auswirkungen auf die Rechtsstellung eines in der Ehe geborenen Kindes geprüft. Dabei wird aufgezeigt, ob und inwieweit der Gesetzgeber das Ziel des Minderjährigenschutzes bisher erreichen konnte.

---

18 Vgl. BT-Drs, 18/12086, S. 14.

19 Heiko Maas, erste Beratung im Bundestag, BT-Drs. 18/232, S. 49.

20 Heiko Maas, erste Beratung im Bundestag, BT-Drs. 18/232, S. 49.

Seit Bekanntwerden des Entwurfs des Gesetzes zur Bekämpfung von Kinderehen wurde in diversen Stellungnahmen[21] zu dem Entwurf und in zahlreichen Beiträgen in juristischen Fachzeitschriften[22] die Vereinbarkeit der gesetzlichen Neuregelung mit höherrangigem Recht angezweifelt. Diese Bedenken teilt auch der BGH, der am 14.12.2018 eine konkrete Normenkontrolle vor dem Bundesverfassungsgericht (BVerfG) einleitete und diesem das Gesetz zur Bekämpfung von Kinderehen zur Überprüfung auf die Vereinbarkeit mit dem deutschen Grundgesetz vorlegte.[23] Daher wird im Rahmen dieser Arbeit auch die Vereinbarkeit der gesetzlichen Neuregelung mit höherrangigem Recht überprüft, wobei die Verfassungsmäßigkeit nach deutschem Recht sowie die Vereinbarkeit mit dem Europarecht im Vordergrund stehen.

Beendet wird die Arbeit mit einem eigenen Gesetzentwurf.

I. Geschichtliche Entwicklung des Verbots von Kinderehen

Auch in Deutschland war es bis zur gesetzlichen Neuregelung möglich eine Ehe vor Vollendung des 18. Lebensjahres einzugehen.

Ursprünglich war das Eheschließungsrecht bereits im Jahr 1900 im BGB geregelt. Dabei wurde bzgl. des Alterserfordernisses zwischen den Voraussetzungen für Männer und Frauen unterschieden. Grundsätzlich sollte, nach der ersten Verankerung der Ehemündigkeit im BGB, die Ehe von volljährigen Männern geschlossen werden.[24] Die Volljährigkeit trat zum damaligen Zeitpunkt mit der Vollendung des 21. Lebensjahres ein.[25] Ausnahmsweise konnten minderjährige Personen gerichtlich aber vorzeitig für volljährig erklärt werden.[26] Mit einer entsprechenden gerichtlichen Volljährigkeitserklärung konnten Männer bereits mit der Vollendung des 18. Lebensjahres eine Ehe schließen. Bei Frauen war in § 1303 BGB a.F. eine davon abweichende, eigenständige Altersgrenze festgelegt. Danach konnten Frauen bereits ab Vollendung des 16. Lebensjahres

21 Vgl. Stellungnahme Deutscher Notarverein vom 22.02.2017, S. 1 sowie auch die Stellungnahme des Deutschen Anwaltvereins durch den Ausschuss Familienrecht vom Februar 2017, S. 4.

22 Vgl. u.a. *Coester*, FamRZ 2017, 77; *Bongartz*, NZFam 2017, 541.

23 Vgl. BGH, 14.12.2018 - XII ZB 292/16, NZFam 2019, 65.

24 Vgl. § 1303 BGB in der am 01.01.1990 in Kraft getretenen Fassung, Reichsgesetzblatt 1896, Nr. 21, S. 195.

25 Vgl. § 2 BGB in der am 01.01.1990 in Kraft getretenen Fassung, Reichsgesetzblatt 1896, Nr. 21, S. 195.

26 Vgl. § 3 BGB in der am 01.01.1990 in Kraft getretenen Fassung, Reichsgesetzblatt 1896, Nr. 21, S. 195.

die Ehe eingehen.[27] Von diesem bereits herabgesetzten Alterserfordernis für Frauen konnte zusätzlich, im Hinblick auf eine noch frühere Eheschließung, eine gerichtliche Befreiung beantragt werden.[28] Der historische Hintergrund dieser Möglichkeit lag darin, dass durch eine Ehe zwischen einer minderjährigen Frau und einem volljährigen Mann vor allem der Fall einer unehelichen Schwangerschaft und der damit verbundene gesellschaftliche Makel der Geburt eines unehelichen Kindes vermieden werden sollten.[29] Neben der gerichtlichen Genehmigung war zur Eheschließung mit einem Partner, der die Volljährigkeit noch nicht erreicht hatte, eine Einwilligung des gesetzlichen Vertreters[30] und bis zur Vollendung des 21. Lebensjahres zusätzlich eine Genehmigung der Eltern erforderlich. Die entsprechende Genehmigungsbefugnis stand dabei grundsätzlich dem Vater als höchstpersönliches Recht zu und durfte von der Mutter nur hilfsweise ausgeübt werden.[31] Zuvor war nach § 29 Personenstandsgesetz (PStG) 1875 eine solche elterliche Genehmigung bis zur Vollendung des 25. Lebensjahres des Mannes und bis zur Vollendung des 24. Lebensjahres der Frau erforderlich gewesen.[32]

Im Jahr 1938 wurden die Regelungen des Eheschließungsrechts durch die Nationalsozialisten im BGB gestrichen und ein eigenes Ehegesetz (EheG 1938) eingeführt.[33] Eine der größten Neuerungen darin war die Möglichkeit der Ersetzung der Zustimmung des gesetzlichen Vertreters oder des Sorgeberechtigten.[34] Bis dahin war es nicht möglich gewesen, die Einwilligung des gesetzlichen Vertreters durch eine gerichtliche Anordnung zu ersetzen. Erst mit Neueinführung des § 3 Abs. 3 EheG 1938 war diese Möglichkeit gegeben, wenn der gesetzliche Vertreter die Zustimmung ohne triftigen Grund versagte.[35] Rechtsfolge einer ohne entsprechende Zustimmung geschlossenen Ehe war nach dem EheG 1938 die Eheaufhebung; zuvor war eine Anfechtung der Ehe möglich gewesen.[36] Eine

27 Vgl. § 1303 BGB in der am 01.01.1990 in Kraft getretenen Fassung, Reichsgesetzblatt 1896, Nr. 21, S. 195.

28 Vgl. § 1303 BGB in der am 01.01.1990 in Kraft getretenen Fassung, Reichsgesetzblatt 1896, Nr. 21, S. 195.

29 Vgl. *Bongartz*, NZFam 2017, 541, 541.

30 Vgl. § 1304 BGB in der am 01.01.1990 in Kraft getretenen Fassung, Reichsgesetzblatt 1896, NR. 21, S. 195.

31 Vgl. *Löhnig*, in: Staudinger BGB, § 1303, Rn. 7.

32 Vgl. *Löhnig*, in: Staudinger BGB, § 1303, Rn. 7.

33 Vgl. Reichsgesetzblatt 1938, Nr. 106, S. 807.

34 Vgl. § 3 EheG, Reichsgesetzblatt 1938, Nr. 106, S. 807, 807.

35 Vgl. § 3 EheG, Reichsgesetzblatt 1938, Nr. 106, S. 807, 807.

36 Vgl. § 35 EheG, Reichsgesetzblatt 1938, Nr. 106, S. 807, 811.

Aufhebung der Ehe war gem. § 35 Abs. 2 EheG 1938 ausgeschlossen, wenn der gesetzliche Vertreter diese nachträglich genehmigte oder der zuvor beschränkt Geschäftsfähige nach dem Eintritt der Volljährigkeit zu erkennen gab, die Ehe fortführen zu wollen.[37]

Nach der Teilung Deutschlands in verschiedene Besatzungszonen als Folge des Zweiten Weltkriegs wurde das Eheschließungsrecht in den unterschiedlichen Besatzungszonen in eigenen Gesetzen bzw. Verordnungen separat umfassend reglementiert. In Ostdeutschland trat das EheG 1938 im Jahr 1955 außer Kraft, woraufhin das Eherecht zunächst durch Verordnungen geregelt wurde.[38] Im Jahr 1965 wurde in der ehemaligen DDR das Familiengesetzbuch eingeführt, welches nun die Vorschriften zur Eheschließung enthielt.[39]

In den westlichen Besatzungszonen führte der Kontrollrat der Alliierten zum 01.03.1946 ein neues Ehegesetz (EheG 1946) ein.[40] In § 1 EheG 1946 wurde die bis dahin bestehende Regelung bzgl. der Ehemündigkeit zum Großteil übernommen. Ein Mann musste zum Zeitpunkt der Eheschließung weiterhin grundsätzlich volljährig sein (21 Jahre), jedoch konnten auch Männer von dem Alterserfordernis befreit werden.[41] Hierfür waren zwei getrennte gerichtliche Verfahren notwendig. Zum einen musste der Mann zunächst vorzeitig eine Volljährigkeitserklärung des Gerichts einholen, zum anderen musste in einem weiteren gerichtlichen Verfahren anschließend die Ausnahmegenehmigung von dem Erfordernis der Volljährigkeit erteilt werden.[42] Bei einer Frau genügte es, wenn sie das 16. Lebensjahr bereits vollendet hatte oder andernfalls eine gerichtliche Genehmigung zur Eheschließung erteilt worden war.[43] Frauen waren somit mit der Vollendung des 16. Lebensjahres generell ehemündig. Nach wie vor war zusätzlich auch die Zustimmung des gesetzlichen Vertreters erforderlich. Wie bereits im EheG 1938 vorgesehen, konnte diese Zustimmung durch eine entsprechende gerichtliche Anordnung ersetzt werden.[44] Die verschiedenen Voraussetzungen für Mann und Frau wurden auch nach der Einführung des Art. 3 GG und der damit gebotenen Gleichbehandlung von Mann und Frau beibehalten.[45]

---

37 Vgl. § 35 EheG, Reichsgesetzblatt 1938, Nr. 106, S. 807, 811.

38 Vgl. *Wellenhofer*, in: MüKo BGB, Vorbemerkungen § 1303, Rn. 4.

39 Vgl. *Wellenhofer*, in: MüKo BGB, Vorbemerkungen § 1303, Rn. 4.

40 Vgl. Amtsblatt des Kontrollrats S. 77, 294.

41 Vgl. § 1 EheG 1946, Amtsblatt des Kontrollrats S. 77, 294.

42 Vgl. *Löhnig*, in: Staudinger BGB, § 1303 Rn. 6.

43 Vgl. § 1 EheG 1946, Amtsblatt des Kontrollrats S. 77, 294.

44 Vgl. § 3 EheG 1946, Amtsblatt des Kontrollrats S. 77, 294.

45 Vgl. *Löhnig*, in: Staudinger BGB, § 1303, Rn. 6.

Eine Gleichbehandlung der Geschlechter bzgl. der Ehemündigkeit wurde erst 1974 eingeführt. Durch Art. 2 Nr. 2 Volljährigkeitsgesetz wurde § 1 EheG geändert und für die Eingehung der Ehe grundsätzlich die Volljährigkeit erforderlich, wobei das Erreichen der Volljährigkeit auf die Vollendung des 18. Lebensjahres herabgesetzt wurde.[46] Seither sollten beide Ehepartner bei der Eheschließung grundsätzlich das 18. Lebensjahr vollendet haben.[47] Die Möglichkeit der vorzeitigen Volljährigkeitserklärung gibt es seit diesem Zeitpunkt nicht mehr. Möglich war aber weiterhin die Befreiung vom Erfordernis der Volljährigkeit für den Fall, dass ein zukünftiger Ehepartner bereits volljährig war und der andere Ehepartner zumindest das 16. Lebensjahr vollendet hatte.[48] Eine Eheschließung unter Beteiligung eines Minderjährigen, der das 16. Lebensjahr noch nicht vollendet hatte, war ab diesem Zeitpunkt nicht mehr möglich.[49]

Mit dem Eheschließungsrechtsgesetz 1998 wurde das gesamte Verfahren weiter vereinfacht.[50] Ziel war es, das bis dahin geltende und nicht mehr als zeitgemäß empfundene Eherecht der gesellschaftlichen Entwicklung anzupassen, die Regelungen des EheG wieder in das BGB zu integrieren und das EheG 1946 aufzuheben.[51] Sowohl das grundsätzliche Erfordernis der Volljährigkeit als auch die Möglichkeit der Eheschließung nach Vollendung des 16. Lebensjahres wurden bei der Wiederaufnahme der Normen ins BGB, genauer in § 1303 BGB, übernommen.[52] Ab diesem Zeitpunkt war eine Einwilligung des gesetzlichen Vertreters für die Befreiung von dem bestehenden Alterserfordernis nicht mehr erforderlich, sondern lediglich eine gerichtliche Genehmigung.[53]

Zuständig für die Erteilung der Ausnahmegenehmigung war seit diesem Zeitpunkt das Familiengericht und nicht mehr, wie zuvor, das Vormundschaftsgericht.[54]

Seit dem Inkrafttreten des Gesetzes zur Bekämpfung von Kinderehen am 22.07.2017 sind Eheschließungen mit der Beteiligung eines Minderjährigen in Deutschland, – erstmals seit der Entstehung des BGB – ausnahmslos verboten.[55]

---

46 Vgl. § 1 EheG, BGBl. I 1974, 1713, 1714.
47 Vgl. § 1 EheG, BGBl. I 1974, 1713, 1714.
48 Vgl. § 1 EheG, BGBl. I 1974, 1713, 1714.
49 Vgl. *Löhnig*, in: Staudinger BGB, § 1303, Rn. 7.
50 Vgl. BT-Drs. 13/4898.
51 Vgl. BT-Drs. 13/4898, S. 1.
52 Vgl. *Löhnig*, in: Staudinger BGB, § 1303, Rn. 7.
53 Vgl. *Löhnig*, in: Staudinger BGB, § 1303, Rn. 9.
54 Vgl. *Löhnig*, in: Staudinger BGB, § 1303 Rn. 9.
55 Vgl. BGBl. I, Nr. 48/2429.

II. Gesetzgebungsverfahren im Schnelldurchlauf

Die Regierungsfraktionen der CDU/CSU und der SPD präsentierten am 25.04.2017 ihren Entwurf des Gesetzes zur Bekämpfung von Kinderehen.[56] Der Entwurf der Bundesregierung war die Reaktion auf die gestiegene Anzahl registrierter Kinderehen in Deutschland infolge der Flüchtlingskrise im Jahr 2016. Das Ziel der Gesetzesänderung war es, im Hinblick auf die Beurteilung von Ehen unter Beteiligung Minderjähriger Rechtsklarheit zu schaffen und dadurch die Minderjährigen zu schützen.[57] Denn durch eine zu frühe Eheschließung könnten die Entwicklungschancen der minderjährigen Ehegatten in eklatanter Weise beeinträchtigt werden.[58] Aus diesen Gründen entwickelten die Regierungsparteien den Entwurf des Gesetzes zur Bekämpfung von Kinderehen.[59] Die Bundesregierung folgte dem und legte am 17.05.2017 einen identischen Gesetzentwurf vor.[60]

Am 28.04.2017 fand die erste Lesung des Gesetzentwurfs im Bundestag statt. Hierbei stellte der damalige Bundesjustizminister *Heiko Maas* klar: „Kinderehen sind ein globales Problem. 15 Millionen Mädchen sind nach Schätzungen von UNICEF weltweit jedes Jahr davon betroffen. Die Folgen für die Mädchen sind in aller Regel fatal. Sie werden ihrer Kindheit beraubt, sie werden um Bildungschancen gebracht, ihnen wird das Recht genommen, ein wirklich selbstbestimmtes Leben zu führen. Kinder sollen spielen, lernen, selbstständig werden. Wenn sie erwachsen sind, dann sollen sie selbst und frei entscheiden, ob und wen sie heiraten wollen. Bis dahin aber gehören Kinder weder vor einen Traualtar noch in ein Standesamt."[61]

Das Ziel des Gesetzgebers fand in der Öffentlichkeit großen Anklang, dennoch hagelte es auch zahlreiche Kritik für den Entwurf des Gesetzes zur Bekämpfung von Kinderehen.[62] Insbesondere wurde die starre Festlegung von Rechtsfolgen ohne eine individuelle Prüfung des jeweiligen Sachverhalts kritisiert. So heißt es in der Stellungnahme des Deutschen Instituts für Menschenrechte (DIMR)

56 Vgl. BT-Drs. 18/12086.

57 Vgl. BT-Drs. 18/12086, S. 1.

58 Vgl. BT-Drs. 18/12086, S. 1.

59 Vgl. BT-Drs. 18/12086, S. 1.

60 Vgl. BT-Drs. 18/12377.

61 *Heiko Maas*, erste Beratung im Bundestag, BT-Drs. 18/232, S. 49.

62 Vgl. u.a. Stellungnahme Diakonie Deutschland vom 15.5.2017 sowie Stellungnahme Deutscher Juristinnenbund, 18.04.2017.

vom 22.02.2017: „Aus Sicht des DIMR muss das Kindeswohl der Betroffenen das Leitprinzip für die Entscheidung sein, wie mit der einzelnen bereits bestehenden Ehe umzugehen ist. Die UN-Kinderrechtskonvention (UN-KRK) betont die Subjektstellung des Kindes und verpflichtet die Staaten, diese bei der Umsetzung von Schutzmaßnahmen und Leistungen gegenüber Kindern zu respektieren und zu fördern. Das in Art. 3 Abs. 1 UN-KRK umfassend verankerte Kindeswohlprinzip verlangt dabei individuelle Entscheidungen, die jedem Einzelfall gerecht werden."[63]

Trotz dieser Kritik wurde das Gesetzgebungsverfahren ohne Änderung des Gesetzentwurfs vorangetrieben. Am 17.05.2017 wurde der Entwurf des Gesetzes zur Bekämpfung von Kinderehen durch die Bundesregierung dem Bundestagspräsidenten zur Herbeiführung der Beschlussfassung im Deutschen Bundestag zugeleitet.[64]

Am 31.05.2017 erfolgte die Stellungnahme des Ausschusses für Recht und Verbraucherschutz, der empfahl, den Gesetzentwurf unverändert anzunehmen.[65]

Am 01.06.2017 wurde der Gesetzentwurf entsprechend der Beschlussempfehlung, entgegen den Stimmen der Oppositionsparteien, die sich bis zuletzt weiter kritisch zu der geplanten Gesetzesänderung äußerten,[66] beschlossen.[67]

Der Bundesrat legte gegen den Gesetzesbeschluss des Bundestags keinen Einspruch ein.[68]

Am 22.07.2017 trat das Gesetz zur Bekämpfung von Kinderehen in Kraft.

Das Gesetzgebungsverfahren wurde quasi im Schnelldurchgang vor dem Ende der Legislaturperiode innerhalb weniger Monate durchgeführt und mit der Gesetzesänderung beendet.[69]

---

63 Stellungnahme des DIMR vom 22.02.2017.
64 Vgl. BT-Drs. 18/12377, S. 5.
65 Vgl. BT-Drs. 18/12607, S. 3.
66 Vgl. BT-Plenarprotokoll 18/237, S. 225 f.
67 Vgl. BT-Plenarprotokoll 18/237, S. 230.
68 Vgl. BR-Drs. 461/17.
69 Vgl. BGBl. I Nr. 48/2429.

B. Die Gesetzesänderung

Mit dem Gesetz zur Bekämpfung von Kinderehen wurden Eheschließungen unter Beteiligung von Minderjährigen erstmals ohne die Möglichkeit einer gerichtlichen Ausnahmegenehmigung verboten.

I. § 1303 BGB alte Fassung

Die alte Fassung des § 1303 BGB sah noch eine Ausnahmeregelung vor, wonach eine Eheschließung unter Beteiligung Minderjähriger möglich war. Es konnte dadurch dazu kommen, dass Ehemündigkeit und Volljährigkeit auseinanderfielen.[70]

In der bis zum 22.07.2017 gültigen Fassung des § 1303 BGB hieß es:

„(1) *Eine Ehe soll nicht vor Eintritt der Volljährigkeit eingegangen werden.*

(2) *Das Familiengericht kann auf Antrag von dieser Vorschrift Befreiung erteilen, wenn der Antragsteller das 16. Lebensjahr vollendet hat und sein künftiger Ehegatte volljährig ist.*

(3) *Widerspricht der gesetzliche Vertreter des Antragstellers oder ein sonstiger Inhaber der Personensorge dem Antrag, so darf das Familiengericht die Befreiung nur erteilen, wenn der Widerspruch nicht auf triftigen Gründen beruht.*

(4) *Erteilt das Familiengericht die Befreiung nach Absatz 2, so bedarf der Antragsteller zur Eingehung der Ehe nicht mehr der Einwilligung des gesetzlichen Vertreters oder eines sonstigen Inhabers der Personensorge*".

Entsprechend der alten Fassung des § 1303 BGB sollte eine Ehe grundsätzlich erst nach dem Erreichen der Volljährigkeit eingegangen werden. Die Volljährigkeit richtete sich dabei nach § 2 BGB und trat mit der Vollendung des 18. Lebensjahres ein. Allerdings handelte es sich hierbei, entsprechend dem eindeutigen Wortlaut, um eine Soll-Vorschrift.[71] Minderjährigen stand die Möglichkeit offen, nach Vollendung des 16. Lebensjahres, aber vor Vollendung des 18. Lebensjahres, eine familiengerichtliche Genehmigung einzuholen und mit dieser entsprechenden Genehmigung mit einem volljährigen Partner die Ehe einzugehen.[72]

---

70 Vgl. *Otto*, in: Beck Großkommentar BGB, § 1314 Rn. 3.

71 Vgl. *Roth*, in: Erman, § 1303, Rn. 1.

72 Vgl. *Löhnig*, in: Staudinger BGB § 1303, Rn. 14.

Der entscheidende Faktor für die Erteilung einer gerichtlichen Genehmigung war es, dass die geplante Eheschließung das Wohl des Minderjährigen nicht beeinträchtigte.[73] Darüber hinaus war es für eine solche Erteilung erforderlich, dass der Minderjährige persönlich und charakterlich eine gereifte Persönlichkeit und in der Lage war, die mit der Ehe verbundenen Rechte und Pflichten zu übernehmen.[74] Des Weiteren musste bei dem Minderjährigen ein ernsthafter Heiratswunsch bestehen, wobei dieser nicht nur die Folge einer externen Beeinflussung sein durfte.[75]

Eine Genehmigung war seitens des Gerichts stets zu erteilen, wenn die Eheschließung nicht dem Kindeswohl des Antragstellers widersprach. Es handelte sich dabei dann gerade nicht um eine Ermessensentscheidung des Gerichts, sondern um eine gebundene, das Kindeswohl konkretisierende Entscheidung.[76]

Problematisch ist dabei jedoch, dass der Begriff des Kindeswohls ein unbestimmter Rechtsbegriff ist. Im Gesetz findet sich gerade keine Legaldefinition, obwohl in zahlreichen familienrechtlichen Normen das Kindeswohl als entscheidender Faktor zu berücksichtigen ist (z.B. in § 1584 Abs. 4 BGB). Daher wird angenommen, dass das Kindeswohl weit zu verstehen ist und als gesetzliches Leitkriterium die Gesamtheit der Interessen und Bedürfnisse des Kindes umfasst.[77] Um das Kindeswohl abschließend beurteilen zu können, sind Familiengerichte häufig auf die Hilfe eines Sachverständigen angewiesen.[78]

Zu beurteilen hatte das Familiengericht in den Fällen der gerichtlichen Ausnahmegenehmigung, ob der Minderjährige in seiner Lebensweise bereits reif und bereit erschien, in einer ehelichen Gemeinschaft zu leben.[79] Dabei war auch zu prüfen, ob eine solche Verbindung einen negativen Einfluss auf die schulische und berufliche Ausbildung des Minderjährigen nehmen würde und/oder ob der Minderjährige aufgrund der Eheschließung die Religion und kulturelle Zugehörigkeit wechseln würde.[80] Die Beurteilung des Kindeswohls im Hinblick auf die frühzeitige Eheschließung setzte sich daher bei der gerichtlichen Bewertung aus zahlreichen einzelnen Puzzlestücken zusammen.

---

73 Vgl. OLG Saarbrücken, vom 24.5.2007 – 6 UF 106/06, NJW-RR 2007, 1302.
74 Vgl. OLG Saarbrücken, vom 24.5.2007 – 6 UF 106/06, NJW-RR 2007, 1302.
75 Vgl. *Kriewald*, in: Beck Großkommentar BGB, § 1303 Rn. 28.2.
76 Vgl. OLG Hamm, vom 28.12.2009 – 6 WF 439/09, BeckRS 2010, 2869.
77 Vgl. *Coester*, NZFam 2016, 577, 577.
78 Vgl. *Coester*, NZFam 2016, 577, 577.
79 Vgl. *Löhnig*, in: Staudinger BGB, § 1303, Rn. 23.
80 Vgl. *Löhnig*, in: Staudinger BGB, § 1303 Rn. 27–28.

Widersprach der gesetzliche Vertreter des Minderjährigen dem Antrag, durfte die Genehmigung nur dann erteilt werden, wenn der Widerspruch nicht auf triftigen Gründen beruhte.[81] Eine gerichtliche Genehmigung wurde nicht generell erteilt, sondern nur bezogen auf die Eheschließung mit einem bestimmten Partner.[82]

Eine Eheschließung zwischen zwei Minderjährigen war hingegen auch nach § 1303 BGB a.F. nicht möglich.[83]

Erfolgte eine Eheschließung unter Beteiligung eines Minderjährigen ohne die erforderliche Genehmigung des Familiengerichts, führte dies zur Aufhebbarkeit der Ehe.[84] Die Ehe war somit nicht von vornherein als unwirksam anzusehen, sondern es bestand zunächst eine wirksame Ehe, die gem. § 1314 BGB aufgehoben werden konnte.[85] Die Aufhebungslösung galt dabei für alle Ehen unter Beteiligung eines Minderjährigen, unabhängig von dem konkreten Alter des minderjährigen Ehegatten also auch für die Eheschließungen, die unter Beteiligung eines Minderjährigen erfolgten, der das 16. Lebensjahr noch nicht vollendet hatte.[86]

Ehen, die unter Beteiligung eines Minderjährigen geschlossen wurden, konnten allerdings nach § 1315 BGB nachträglich geheilt werden. So war die Aufhebung einer Ehe, die ohne vorherige gerichtliche Genehmigung erfolgte, ausgeschlossen, wenn diese gerichtlich nachträglich genehmigt wurde.[87]

Ebenso war eine Aufhebung der Ehe ausgeschlossen, wenn der minderjährige Ehegatte nach Erreichen der Volljährigkeit zu erkennen gab, dass er die Ehe fortführen möchte.[88] Der ehemals minderjährige Ehegatte konnte nach dem Erreichen der Volljährigkeit daher selbstbestimmt über den Fortbestand der Ehe entscheiden.

II. § 1303 BGB neue Fassung

Seit dem 22.07.2017 gilt die neue Fassung des § 1303 BGB, welche deutlich verkürzt und eindeutig daherkommt:

---

81 Vgl. *Wellenhofer*, in: MüKo BGB, § 1303, Rn. 3.
82 Vgl. *Wellenhofer*, in: MüKo BGB, § 1303, Rn. 3.
83 Vgl. *Roth*, in: Erman, § 1303, Rn. 1.
84 Vgl. *Löhnig*, in: Staudinger BGB, § 1303, Rn. 13.
85 Vgl. *Wahlen*, in: jurisPK-BGB, § 1303, Rn. 15.
86 Vgl. *Löhnig*, in: Staudinger BGB, § 1303, Rn. 13; *Schwab*, FamRZ 2017, 1369, 1370.
87 Vgl. *Wellenhofer*, in: MüKo BGB, § 1315, Rn. 2.
88 Vgl. *Wellenhofer*, in: MüKo BGB, § 1315 Rn. 3.

„Eine Ehe darf nicht vor Eintritt der Volljährigkeit eingegangen werden. Mit einer Person, die das 16. Lebensjahr nicht vollendet hat, kann eine Ehe nicht wirksam eingegangen werden."

Ein Auseinanderfallen von Ehemündigkeit und Volljährigkeit kann es nach der neuen Fassung nicht mehr geben. Vielmehr wird die Ehemündigkeit ausschließlich mit der Volljährigkeit i.S.d. § 2 BGB erreicht.[89]

1. Begründung der Gesetzesänderung

Die Bundesregierung wies in der Begründung ihres Gesetzentwurfs insbesondere auf die geänderten gesellschaftlichen Verhältnisse in Deutschland hin.[90]

Heute wird eine ledige Mutterschaft in der Gesellschaft in der Regel nicht mehr als Makel angesehen.[91] Auch wird rechtlich nicht mehr zwischen ehelichen und unehelichen Kindern unterschieden. Kinder, die außerhalb einer Ehe geboren werden, haben die gleiche rechtliche Stellung wie Kinder, die in einer Ehe geboren werden. Eine Schwangerschaft allein erfordert daher keine Eheschließung.[92]

Zudem wiesen die Regierungsparteien in der Begründung des Gesetzentwurfs darauf hin, dass in Deutschland ohnehin kein Bedürfnis nach einer Eheschließung mit Minderjährigen bestehe, denn in Deutschland wurden im Jahr 2015 nur noch 92 Ehen unter Beteiligung eines Minderjährigen registriert.[93]

Des Weiteren sah der Gesetzgeber eine Neuregelung der Ehemündigkeit im Hinblick auf den Minderjährigenschutz als zwingend an. Die Gesetzesänderung wurde auch damit begründet, dass Minderjährige zuvor die Ausnahmegenehmigung nicht aufgrund einer freien Willensentscheidung beantragt hätten, sondern durch den Druck des Umfelds und der Familie dazu bewegt worden seien.[94]

2. Rechtsfolgen der Gesetzesänderung

Eine Eheschließung unter Beteiligung eines Minderjährigen ist nach der neuen Fassung nicht mehr möglich. Die zuvor bestehende Möglichkeit der gerichtlichen Ausnahmegenehmigung wurde durch den Gesetzgeber ersatzlos gestrichen.

---

89 Vgl. *Kriewald*, in: Beck Großkommentar BGB, § 1303 Rn. 27.

90 Vgl. BT-Drs. 18/12086, S. 1.

91 Vgl. BT-Drs. 18/12086, S. 13.

92 Vgl. BT-Drs. 18/12086, S. 13.

93 BT-Drs. 18/12086, S. 13.

94 Vgl. BT-Drs. 18/12086, S. 15.

Allerdings ist, dem Wortlaut entsprechend, bzgl. der Rechtsfolgen nach dem konkreten Alter der Beteiligten zum Zeitpunkt der Eheschließung zu differenzieren.

Ab Eintritt der Volljährigkeit ist eine Eheschließung grundsätzlich möglich.

a) *Eheschließung mit einem Minderjährigen, der das 16. Lebensjahr nicht vollendet hat*

Wird eine Ehe mit einem Minderjährigen geschlossen, der das 16. Lebensjahr noch nicht vollendet hat, ist sie, dem Wortlaut des § 1303 BGB entsprechend, von vornherein unwirksam. Es kommt daher nicht zu einer wirksamen Eheschließung.[95] Dabei kann sich jedermann auf das Nichtbestehen der Ehe berufen und das Nichtbestehen einer solchen Ehe auch gerichtlich gem. § 121 Nr. 3 FamFG festgestellt werden.[96] Entscheidend ist das Alter der Eheschließenden im Zeitpunkt der Eheschließung. Unschädlich ist es daher, wenn bei der Anmeldung der Eheschließung das 18. Lebensjahr noch nicht vollendet worden ist.[97]

Es besteht auch keine Möglichkeit, eine solche Ehe nachträglich bestätigen zu lassen, wie das bei aufhebbaren Ehen der Fall ist.[98] Selbst mit Eintritt der Volljährigkeit besteht keine Möglichkeit, die Verbindung in eine wirksame Ehe zu wandeln. Eine solche Möglichkeit besteht nur noch, wenn der Minderjährige bei der Eheschließung mindestens 16 Jahre alt war.[99]

b) *Eheschließung mit einem Minderjährigen, der das 16. Lebensjahr bereits vollendet hat*

Wird eine Ehe mit einer Person geschlossen, die zwar das 16. Lebensjahr aber nicht das 18. Lebensjahr vollendet hat, so ist diese Ehe aufhebbar. Diese Ehe ist daher zunächst vollwirksam, kann aber aufgehoben werden. Bis die Aufhebung erfolgt, ist sie als vollgültige Ehe zu behandeln.[100] Um die Gesetzesänderung in der Praxis wirksam durchzusetzen, soll die Eheaufhebung nach dem Willen des Gesetzgebers den Regelfall bilden und grundsätzlich immer erfolgen.[101]

---

95 Vgl. BT-Drs. 18/12086, S. 17.
96 Vgl. *Hahn*, in: BeckOK BGB, § 1303, Rn. 5.
97 Vgl. *Kriewald*, in: Beck Großkommentar BGB, § 1303 Rn. 27.
98 Vgl. *Hahn*, in: BeckOK BGB, § 1303, Rn. 5.
99 Vgl. *Hahn*, in: BeckOK BGB, § 1315, Rn. 4.
100 Vgl. *Otto*, in: Beck Großkommentar BGB, § 1314 Rn. 3.
101 Vgl. BT-Drs. 18/12086, S. 2.

Die zuständige Behörde ist daher verpflichtet einen entsprechenden Aufhebungsantrag zu stellen, wenn sie Kenntnis von der Beteiligung eines Minderjährigen erlangt, wobei eine behördliche Härtefallprüfung nicht mehr erfolgt.[102] Eine Aufhebung ist dementsprechend auch gegen den Willen der Ehepartner möglich.[103] Neben der Behörde sind auch die Ehepartner selbst antragsberechtigt. Gem. § 1316 Abs. 2 S. 2 BGB bedarf der Minderjährige für die Antragstellung nicht der Zustimmung seiner gesetzlichen Vertreter, sondern kann den entsprechenden Antrag nur allein stellen.[104]

Erst im gerichtlichen Verfahren ist nach dem Wortlaut des § 1316 Abs. 3 S. 2 BGB ein möglicher Härtefall zu berücksichtigen.

Eine Aufhebung der Ehe soll nach der Härtefallklausel nur dann ausgeschlossen sein, wenn „auf Grund außergewöhnlicher Umstände die Aufhebung der Ehe eine so schwere Härte für den minderjährigen Ehegatten darstellen würde, dass die Aufrechterhaltung der Ehe ausnahmsweise geboten erscheint.“[105] Eine solche Ausnahme soll dabei nur bei gravierenden Einzelfällen angenommen werden, z.B. bei einer schweren lebensbedrohlichen Krankheit oder einer krankheitsbedingten Suizidabsicht des Minderjährigen.[106] Die Härtefallklausel greift nach ihrem Wortlaut also nur, wenn „außergewöhnliche Umständen“ vorliegen, die eine „so schwere Härte“ darstellen, dass die Ehe „ausnahmsweise“ weiterhin bestehen bleiben soll, und ist durch diesen Wortlaut daher extrem eng gefasst.[107] Nach der bisherigen Rechtslage stand sowohl den Behörden als auch den Gerichten ein Ermessen bzgl. der Aufhebung einer Ehe zu.[108] Seit der Neuregelung erfolgen eine Härtefallprüfung und eine Ermessensentscheidung nur noch durch das Gericht.[109]

Im Aufhebungsverfahren soll, auch bei einem Verstoß gegen die Regelungen der Ehemündigkeit, gem. § 155 Abs. 1 FamFG das Vorrangs- und Beschleunigungsgebot gelten, so dass eine Anhörung spätestens einen Monat nach Beginn des Verfahrens stattfinden soll.[110]

---

102 Vgl. *Bongartz*, NZFam 2017, 541, 542.
103 Vgl. *Otto*, in: Beck Großkommentar BGB, § 1314 Rn. 3.
104 Vgl. *Hahn*, in: BeckOK BGB, § 1303, Rn 4.
105 BT-Drs. 18/12086, S. 5.
106 Vgl. BT-Drs. 18/12086, S. 17.
107 Vgl. BT-Drs. 18/12086, S. 17.
108 Vgl. Stellungnahme *Weller* 17.05.2017.
109 Vgl. *Bongartz*, NZFam 2017, 541, 543.
110 Vgl. *Bongartz*, NZFam 2017, 541, 543.

Geht ein Minderjähriger, der bereits das 16. Lebensjahr vollendet hat, die Ehe ein, so besteht nach § 1315 BGB die Möglichkeit der Heilung.[111] Nach dem Eintritt der Volljährigkeit kann der nun volljährige Ehegatte durch das Fortführen der Ehe diese bestätigen und damit aufgrund seiner selbstbestimmten Entscheidung zum Fortsetzen der Ehe die Heilung dieses Rechtsverhältnisses herbeiführen.[112]

c) Zwischenfazit

Eine Ausnahmeregel sieht § 1303 BGB n.F. nicht mehr vor. Eine Ehe unter Beteiligung eines Minderjährigen soll durch die Neufassung verhindert werden und auch nicht mehr von einer entsprechenden familiengerichtlichen Genehmigung abhängen. Einzelfallentscheidungen durch das Familiengericht wird es in der Zukunft diesbezüglich nicht mehr geben. Durch die Gesetzesänderung sollte in dieser Hinsicht Rechtsklarheit eintreten.[113]

3. Minderjährige im deutschen Zivilrecht

Die Gesetzesreform wurde vorrangig mit dem daraus resultierenden Minderjährigenschutz begründet.[114]

Auch wenn dem deutschen Recht der Grundsatz der Eigenverantwortung und der Privatautonomie zugrunde liegt, gibt es rechtliche Bereiche, in denen von diesem Grundsatz, zum Schutz der Betroffenen, Ausnahmen gemacht werden müssen.[115] Daher existiert im deutschen Recht allgemein der Grundsatz des Minderjährigenschutzes. Dabei geht es vor allem um die §§ 104 ff. BGB, wonach Personen, die aufgrund ihres Alters noch nicht die erforderliche Einsichts- und Steuerungsfähigkeit über das eigene Handeln haben und daher noch nicht eigenständig im Rechtsverkehr auftreten können, geschützt werden sollen.[116] Der Schutz der Minderjährigen aufgrund der gesetzlichen Vorschriften hängt dabei insbesondere von dem konkreten Alter ab.

---

111 Vgl. *Hahn*, in: BeckOK BGB, § 1315, Rn. 4.
112 Vgl. *Hahn*, in: BeckOK BGB, § 1315, Rn. 4.
113 Vgl. *Roth*, in: Erman, § 1303, Rn. 2.
114 Vgl. BT-Drs. 18/12086, S. 1.
115 Vgl. *Staudinger/Steinrötter*, JuS 2012, 97, 97.
116 Vgl. *Staudinger/Steinrötter*, JuS 2012, 97, 97.

a) Rechtsgeschäfte unter Beteiligung von Minderjährigen

Hat ein Minderjähriger das 7. Lebensjahr, nicht aber das 18. Lebensjahr vollendet, ist er gem. § 106 BGB beschränkt geschäftsfähig. Er kann nach § 107 BGB nur solche Willenserklärungen wirksam abgeben, die für ihn lediglich rechtlich vorteilhaft sind. Ob ein lediglich vorteilhaftes Rechtsgeschäft für den beschränkt Geschäftsfähigen vorliegt, ist allein anhand der rechtlichen Auswirkungen zu beurteilen. Auf den unsicheren Faktor der wirtschaftlichen Vorteilhaftigkeit kommt es hingegen nicht an.[117] Entgegen dem Wortlaut des Gesetzes ist es aber auch bereits ausreichend, wenn ein Nachteil zu verneinen ist und das Geschäft daher rechtlich neutral ist.[118] Durch diese Differenzierung nach dem rechtlichen Vorteil wird es den beschränkt Geschäftsfähigen ermöglicht, in einem gewissen Rahmen am Rechts- und Geschäftsverkehr teilzunehmen.[119]

Ein gegenseitiger Vertrag, bei dem ein Vertragsteil eine Leistung nur deshalb verspricht, weil sich auch der andere Vertragsteil zu einer Leistung verpflichtet, kann für einen Minderjährigen aufgrund der eingegangenen Verpflichtung nicht rechtlich vorteilhaft sein.[120]

Rechtlich vorteilhaft für einen beschränkt Geschäftsfähigen sind hingegen die Rechtsgeschäfte, bei denen sich die Vertragspartei diesem gegenüber einseitig zur Erbringung einer Leistung verpflichtet.[121] Das klassische Beispiel ist dabei ein Schenkungsvertrag, der zugunsten des Minderjährigen geschlossen wird.

Der Minderjährige benötigt bei einer rechtlich nachteiligen Willenserklärung oder Rechtshandlung stets die Einwilligung seiner gesetzlichen Vertreter nach § 183 S. 1 BGB. Wird eine solche Einwilligung nicht erteilt, sind einseitige Rechtsgeschäfte endgültig unwirksam und Verträge schwebend unwirksam. Bei Verträgen besteht demnach die Möglichkeit der Heilung durch eine Genehmigung der Eltern.[122]

Bzgl. einseitiger Rechtsgeschäfte, die durch den Minderjährigen vorgenommen werden, findet sich in § 111 BGB eine eindeutige Regelung. Danach ist ein einseitiges Rechtsgeschäft stets unwirksam, wenn der Minderjährige dieses ohne die Einwilligung seines gesetzlichen Vertreters vornimmt.[123] Bei einem einseitigen Rechtsgeschäft des Minderjährigen ist eine nachträgliche Genehmigung des

117 Vgl. *Spickhoff*, in: MüKo BGB, § 107, Rn. 37.
118 Vgl. *Staudinger/Steinrötter*, JuS 2012, 97, 98.
119 Vgl. *Staudinger/Steinrötter*, JuS 2012, 97, 98.
120 Vgl. *Spickhoff*, in: MüKo BGB, § 107, Rn. 40.
121 Vgl. *Staudinger/Steinrötter*, JuS 2012, 97, 98.
122 Vgl. *Dörner*, in: Schulze Bürgerliches Gesetzbuch, § 106 BGB Rn. 3.
123 Vgl. *Müller*, in: Erman, § 111, Rn. 1.

gesetzlichen Vertreters nicht möglich. Das Rechtsgeschäft ist daher niemals schwebend unwirksam, sondern stets entweder wirksam oder unwirksam.[124]

Eine Ausnahmeregelung von der Zustimmungspflicht der Eltern enthält § 110 BGB. Danach kann ein beschränkt Geschäftsfähiger auch ein rechtlich nachteiliges Geschäft selbstständig vornehmen, wenn er die geschuldete Leistung bereits bewirkt.[125] Dabei muss der Minderjährige die geschuldete Leistung mit den Mitteln bewirken, die ihm zu diesem Zweck oder zur freien Verfügung zuvor überlassen wurden.[126]

b) Minderjährige im Erbrecht

Im Erbrecht gelten bei der Beteiligung Minderjähriger grundsätzlich die allgemeinen Grundsätze der §§ 104 ff. BGB zur Beurteilung der Geschäftsfähigkeit.[127] Demnach kann ein Geschäftsunfähiger auch als Erbe oder Vermächtnisnehmer keinerlei wirksame Willenserklärungen abgeben, sondern bedarf auch hierbei der Vertretung durch die gesetzlichen Vertreter.[128] Ein beschränkt Geschäftsfähiger kann auch als Erbe lediglich rechtlich vorteilhafte Erklärungen entsprechend den oben genannten Grundsätzen abgeben. Allerdings gibt es im Erbrecht auch Ausnahmen; so ist ein Minderjähriger im Erbrecht ab Vollendung des 16. Lebensjahres testierfähig und kann dementsprechend gem. § 2229 BGB wirksam ein Testament auch ohne die Mitwirkung des gesetzlichen Vertreters errichten.[129]

Dabei sind gerade auch im Erbrecht Beschränkungen der Eltern bei der Vertretungsbefugnis zu beachten. Insbesondere wenn die Gefahr eines Interessenkonflikts besteht, können die Eltern von der Vertretung ausgeschlossen werden und z.B. eine Pflegerbestellung notwendig sein.[130] Des Weiteren benötigen die Eltern möglicherweise die Zustimmung des Familiengerichts für die Vornahme eines bestimmten Rechtsgeschäfts, z.B. der Erbausschlagung gem. § 1643 Abs. 2 BGB.

In Deutschland gilt gem. § 1922 BGB der Grundsatz der Universalsukzession, also der Gesamtrechtsnachfolge. Nach § 1922 i.V.m. § 1942 BGB vollzieht sich der Anfall der Erbschaft bei dem Erben von selbst. Hierfür ist auch bei der Erbeinsetzung eines Minderjährigen nichts anderes vorgesehen; der Minderjährige

---

124 Vgl. *Müller*, in: Erman, § 111 Rn. 1.
125 Vgl. *Staudinger/Steinrötter*, JuS 2012, 97, 98.
126 Vgl. *Staudinger/Steinrötter*, JuS 2012, 97, 98.
127 Vgl. *Tschernoster*, RNotZ 2017, 125, 126.
128 Vgl. *Tschernoster*, RNotZ 2017, 125, 126.
129 Vgl. ausführlich *Naczinsky*, NZFam 2018, 713, 713.
130 Vgl. *Tschernoster*, RNotZ 2017, 125, 126.

wird kraft Gesetzes Erbe.[131] Ab diesem Zeitpunkt kann gem. § 1948 BGB die Annahme oder die Ausschlagung der Erbschaft erfolgen. Da eine solche Erklärung nicht lediglich rechtlich vorteilhaft ist, muss für einen minderjährigen Erben der gesetzliche Vertreter die Ausschlagung oder Annahme erklären.[132]

Einen Pflichtteilsanspruch kann ein Minderjähriger ebenfalls nur mit der Zustimmung seines gesetzlichen Vertreters geltend machen, da dies ebenfalls nicht lediglich rechtlich vorteilhaft ist.[133]

c) Überschuldungsschutz

Auch vor finanziellen Belastungen sollen Minderjährige geschützt werden. Nach § 1629a BGB kann der Minderjährige bei Eintritt der Volljährigkeit die Haftung für Verbindlichkeiten, die seine Eltern in seinem Namen vor Eintritt der Volljährigkeit eingegangen sind, auf das zu diesem Zeitpunkt vorhandene Altvermögen beschränken.[134]

d) Zwischenergebnis

Der Minderjährigenschutz gehört zu den Grundprinzipien des deutschen Zivilrechts und wird im BGB großgeschrieben. Minderjährige sollen aufgrund der noch nicht voll entwickelten Einsichtsfähigkeit vor den für sie nicht absehbaren Rechtsfolgen geschützt werden.

Würde man die Eheschließung unter den zuvor dargelegten Grundsatz des Minderjährigenschutzes subsumieren, so wäre die Vornahme durch Minderjährige nicht lediglich rechtlich vorteilhaft. Mit Eingehung der Ehe gehen zahlreiche Rechte und Pflichten einher, z.B. gem. § 1360 BGB die gegenseitige Verpflichtung der Ehegatten, die Familie angemessen zu unterhalten.[135] Daher war für eine Eheschließung vor der Vollendung des 18. Lebensjahres auch nach der alten Fassung des § 1303 BGB stets eine gerichtliche Genehmigung erforderlich. Durch die Neuregelung und den völligen Ausschluss der Eheschließung wird der Minderjährigenschutz verstärkt, da bei gerichtlichen Entscheidungen stets die Gefahr einer Fehlentscheidung besteht. Folglich ist es vor dem Hintergrund des Minderjährigenschutzes als richtige Entwicklung zu bewerten, dass eine Eheschließung mit Minderjährigen im Inland nicht mehr möglich sein soll.

---

131 Vgl. *Tschernoster*, RNotZ 2017, 125, 133.

132 Vgl. *Tschernoster*, RNotZ 2017, 125, 134.

133 Vgl. *Tschernoster*, RNotZ 2017, 125, 142.

134 Vgl. *Peschel-Gutzeit*, FPR 2006, 455, 456.

135 Vgl. *Klinkhammer*, in: Staudinger BGB, § 1601, Rn. 16.

III. Gesetzesänderung des Art. 13 EGBGB

Korrespondierend mit der Änderung der nationalen Vorschriften im BGB wurden auch die internationalen Vorschriften im EGBGB geändert und den neuen Erfordernissen des § 1303 BGB angepasst.

Die zentrale Norm im internationalen Recht bzgl. der Eheschließung und deren Wirksamkeit ist aus deutscher Sicht Art. 13 EGBGB.

Art. 13 EGBGB bestimmt das auf eine Eheschließung anwendbare Recht. Er enthält die grundlegenden Vorschriften zur Eheschließung mit Auslandsbezug und zu deren Wirksamkeit. Art. 13 EGBGB hat daher eine dem § 1303 BGB entsprechende Gesetzesänderung erfahren.

1. Art. 13 EGBGB alte Fassung

In seiner alten Fassung enthielt Art. 13 EGBGB keine starren Altersgrenzen, sondern lautete wie folgt:

„(1) *Die Voraussetzungen der Eheschließungen unterliegen für jeden Verlobten dem Recht des Staates, dem er angehört.*

(2) *Fehlt danach eine Voraussetzung, so ist insoweit deutsches Recht anzuwenden, wenn*

1. *ein Verlobter seinen gewöhnlichen Aufenthalt im Inland hat oder Deutscher ist,*
2. *die Verlobten die zumutbaren Schritte zur Erfüllung der Voraussetzung unternommen haben und*
3. *mit der Eheschließungsfreiheit unvereinbar ist, die Eheschließung zu versagen; insbesondere steht die frühere Ehe eines Verlobten nicht entgegen, wenn ihr Bestand durch eine hier erlassene oder anerkannte Entscheidung beseitigt oder der Ehegatte des Verlobten für tot erklärt ist.*

(3) *Eine Ehe kann im Inland nur in der hier vorgeschriebenen Form geschlossen werden. Eine Ehe zwischen Verlobten, von denen keiner Deutscher ist, kann jedoch von einer von der Regierung des Staates, dem einer der Verlobten angehört, ordnungsgemäß ermächtigten Person in der nach dem Recht dieses Staates vorgeschriebenen Form geschlossen werden; eine beglaubigte Abschrift der Eintragung der so geschlossenen Ehe in das Standesregister, das von der dazu ordnungsgemäß ermächtigten Person geführt wird, erbringt vollen Beweis der Eheschließung.*“

Art. 13 EGBGB regelt zum einen die materiellen Voraussetzungen, welche an die Eheschließung zu stellen sind, und zum anderen die Rechtsfolgen bei Fehlen der zuvor genannten Voraussetzungen. Ebenso sind die Voraussetzungen und die erforderliche Form bei einer Eheschließung im Inland in Art. 13 EGBGB geregelt.[136] Die Form der Eheschließung richtet sich, sofern diese in Deutschland erfolgt, immer nach dem deutschen Sachrecht.

Art 13 EGBGB erfasst aber nicht die formellen Voraussetzungen einer wirksamen Eheschließung im Ausland. Bei einer Eheschließung im Ausland ist zur Beurteilung der Formwirksamkeit hingegen auf Art. 11 EGBGB zurückzugreifen.[137]

Materielle Voraussetzungen einer Eheschließung sind dabei die Ehemündigkeit, eventuell erforderliche Zustimmungen Dritter (z.B. die Einwilligung der Eltern bei Minderjährigen), das Nichtbestehen von Ehehindernissen, die Heilungsmöglichkeit bei einem Verstoß gegen ein solches Ehehindernis oder die Beurteilung und Heilung von Willensmängeln.[138]

Die Voraussetzungen einer wirksamen Eheschließung richten sich für jeden Verlobten gem. Art. 13 Abs. 1 EGBGB nach seinem Heimatrecht. Anknüpfungspunkt ist mithin die Staatsangehörigkeit im Zeitpunkt der Eheschließung.[139] Gehören die Verlobten verschiedenen Staaten an, sind die Ehevoraussetzungen dementsprechend nach verschiedenen Rechtsordnungen zu beurteilen. Nur wenn nach beiden Rechtsordnungen die materiellen Wirksamkeitsvoraussetzungen vorliegen, kann eine wirksame Ehe geschlossen werden.[140] Nach Abs. 2 kann ausnahmsweise deutsches Recht auf die Beurteilung der Voraussetzungen der Ehe angewendet werden, wenn nach dem Personalstatut nach Abs. 1 eine Voraussetzung fehlt und ein starker Inlandsbezug besteht (z.B. weil einer der Verlobten deutscher Staatsangehöriger ist oder seinen gewöhnlichen Aufenthalt in Deutschland hat).[141] Bei dem Verweis auf das Heimatrecht handelt es sich gem. Art. 4 Abs. 1 S. 1 EGBGB um eine Gesamtverweisung, d.h. die Verweisung erfolgt nicht unmittelbar auf das ausländische Sachrecht, sondern erfasst auch die jeweiligen Kollisionsnormen.[142] Möglicherweise kann es daher aufgrund der ausländischen Kollisionsnormen zu einer Rück- oder Weiterverweisung auf eine andere Rechtsordnung kommen.[143]

136 *Kemper,* in: Schulze Bürgerliches Gesetzbuch, Art. 13 EGBGB, Rn. 1.
137 Vgl. *Kemper,* in: Schulze Bürgerliches Gesetzbuch, Art. 13 EGBGB, Rn. 7.
138 Vgl. *Kemper,* in: Schulze Bürgerliches Gesetzbuch, Art. 13 EGBGB, Rn. 5.
139 Vgl. *Kemper,* in: Schulze Bürgerliches Gesetzbuch, Art. 13 EGBGB, Rn. 8.
140 Vgl. *Hohloch,* in: Erman, Art. 13 EGBGB, Rn. 15.
141 Vgl. *Kemper,* in: Schulze Bürgerliches Gesetzbuch, Art. 13, Rn. 10.
142 Vgl. *v. Hein,* in: MüKo BGB, Art. 4 EGBGB, Rn. 2.
143 Vgl. *Hausmann,* in; Hausmann/Odersky, § 2, Rn. 90.

2. Art. 13 EGBGB neue Fassung

Art. 13 Abs. 1 und 2 EGBGB blieben im Rahmen der Gesetzesänderung unverändert. Es wurde jedoch ein neuer Abs. 3 eingefügt, wodurch sich bei dem ehemaligen Abs. 3 lediglich die Nummerierung änderte und dieser nun Abs. 4 ist. Der neu eingefügte Abs. 3 lautet wie folgt:

„(3) *Unterliegt die Ehemündigkeit eines Verlobten nach Absatz 1 ausländischem Recht, ist die Ehe nach deutschem Recht*
1. *unwirksam, wenn der Verlobte im Zeitpunkt der Eheschließung das 16. Lebensjahr nicht vollendet hatte, und*
2. *aufhebbar, wenn der Verlobte im Zeitpunkt der Eheschließung das 16., aber nicht das 18. Lebensjahr vollendet hatte.*“

a) Begründung der Gesetzesänderung

Bis zum Jahr 2015 stellten Eheschließungen unter Beteiligung Minderjähriger aufgrund der geringen Fallzahlen eine kaum beachtete Thematik in Deutschland dar, wurden im Zuge der Flüchtlingskrise allerdings zu einem großen Thema. Im Zuge der Einreise von Flüchtlingen wurde von den deutschen Behörden eine höhere Zahl von verheirateten Minderjährigen registriert. Nach einer Antwort des Parlamentarischen Staatssekretärs beim Bundesminister des Innern vom 08.09.2016 auf eine schriftliche Frage der Abgeordneten Katja Dörner waren zum Stichtag 31.07.2016 im Ausländerzentralregister 1475 in der Bundesrepublik Deutschland lebende minderjährige ausländische Personen mit dem Familienstand „verheiratet“ gespeichert.[144] Davon waren 994 im Alter zwischen 16 und 18 Jahren, 120 im Alter zwischen 14 und 16 Jahren und 361 unter 14 Jahre alt.[145]

Das Ziel der Gesetzesinitiative war es, zur Wahrung des Kindeswohls klare Regelungen für den Umgang der deutschen Rechtsordnung mit Ehen minderjähriger ausländischer Staatsangehöriger zu schaffen. In diesem Rahmen sollte die Rechtslage dahingehend angepasst werden, dass bei der Überprüfung, ob diese Ehen in der Bundesrepublik Deutschland ausnahmsweise Bestand haben können, vorrangig Aspekte des Wohls der minderjährigen Ehegatten berücksichtigt werden.[146] Art. 13 Abs. 3 EGBGB soll das Entstehen und Bestehen von Kinderehen im Inland von vornherein bekämpfen und deren Fortbestand

144 BT-Drs. 18/12086, S. 14.
145 BT-Drs. 18/12086, S. 14.
146 Vgl. BT-Drs. 18/12086, S. 15.

verhindern.[147] Es ist dabei unbeachtlich, dass die Ehemündigkeit nach dem Recht des Heimatstaates zu bejahen wäre.[148] In dem Gesetzentwurf wird diese Verschärfung der Rechtslage wie folgt begründet: „Die Ergänzung von Artikel 13 EGBGB ist die internationalprivatrechtliche Weichenstellung des Entwurfs. Nach dem neuen Absatz 3 Nummer 1 ist eine nach ausländischem Recht geschlossene Ehe nach deutschem Recht unwirksam (Nichtehe), wenn der Eheschließende im Zeitpunkt der Eheschließung das 16. Lebensjahr noch nicht vollendet hatte. Der neue Absatz 3 Nummer 2 stellt für Eheschließende, die im Zeitpunkt der Eheschließung das 16., aber noch nicht das 18. Lebensjahr vollendet haben, das „Scharnier" zur Anwendung der Aufhebungsvorschiften des deutschen Rechts im Falle fehlender Ehemündigkeit dar. Mit der Neuregelung sollen diese nach ausländischem Recht geschlossenen Ehen nach Maßgabe des deutschen Rechts aufhebbar sein. Im Rahmen des Aufhebungsverfahrens vor deutschen Familiengerichten werden solche Ehen fortan also an den eherechtlichen und kindeswohlorientierten Maßstäben des deutschen Rechts gemessen."[149]

b) Auswirkungen der Gesetzesänderung

Das Gesetz zur Bekämpfung von Kinderehen hat also auch die Beurteilung von ausländischen Ehen durch die korrespondierende Änderung in Art. 13 EGBGB drastisch verändert. Danach erfolgt auch die Prüfung ausländischer Ehen auf ihre Wirksamkeit entsprechend den Altersgrenzen des deutschen Rechts. Ist einer der Ehegatten jünger als 16 Jahre, ist die Ehe nichtig.[150]

Hat einer der Verlobten zwar bereits das 16., nicht aber das 18. Lebensjahr vollendet, ist die ausländische Ehe in Deutschland aufhebbar, und zwar auch dann, wenn die Ehe nach dem Heimatrecht der Ehegatten als wirksam anzusehen ist.[151] Diese Entwicklung kann das Folgeproblem von hinkenden Rechtsverhältnissen nach sich ziehen.

Bzgl. des Aufhebungsverfahrens steht den Eltern des Minderjährigen kein Mitspracherecht zu. Insbesondere ist eine Aufhebung nicht von der Zustimmung der Eltern abhängig und kann auch gegen deren ausdrücklichen Willen erfolgen.[152] Dabei stellten die Regierungsparteien in ihrem Gesetzentwurf klar,

---

147 Vgl. *Hohloch*, in: Erman, Art 13 EGBGB, Rn. 41a.

148 Vgl. *Hohloch*, in: Erman, Art. 13 EGBGB, Rn. 41a.

149 BT-Drs. 18/12086, S. 15.

150 Vgl. *Coester,* in MüKo BGB, Art. 13 EGBGB, Rn. 38.

151 Vgl. *Coester*, in MüKo BGB, Art. 13 EGBGB, Rn. 38.

152 Vgl. BT-Drs. 18/12086, S. 16.

dass ein Aufhebungsverfahren nur dann notwendig ist, wenn die Ehe wirksam, aber aufhebbar ist, aber nicht, wenn nach Art. 13 Abs. 3 Nr. 1 EGBGB eine Nichtehe vorliegt.[153]

c) *Aufhebungsverfahren entsprechend dem geänderten Art. 13 EGBGB*

Die deutschen Behörden können ein Eheaufhebungsverfahren einer ausländischen Ehe nur dann durchführen, wenn sie dafür auch international zuständig sind. Die internationale Zuständigkeit bestimmt sich dabei nach Art. 3 EuEheVO. Die EuEheVO sieht eine Vielzahl alternativer Anknüpfungspunkte bzgl. der Zuständigkeit vor. Nach Art. 3 Abs. 1 lit. a) Spiegelstrich 1 EuEheVO sind die Gerichte desjenigen Mitgliedstaates zuständig, in dem die Ehegatten den gemeinsamen Aufenthalt haben.[154] Wird eine Kinderehe in Deutschland gelebt, besteht demnach international die deutsche Zuständigkeit.

Entsprechend dem neu eingeführten Art. 13 Abs. 3 EGBGB richtet sich ein in Deutschland durchgeführtes Aufhebungsverfahren nach dem deutschen materiellen Sachrecht. Die Verweisung auf das deutsche Recht in Art. 13 Abs. 3 Nr. 2 EGBGB erfasst die Voraussetzungen für ein Aufhebungsverfahren und die Folgen der Aufhebung, soweit die Ehemündigkeit betroffen ist (§§ 1313 ff. BGB). Die Regelung verdrängt etwaige nach ausländischem Recht vorgesehene Aufhebungsmöglichkeiten wegen der Unterschreitung des Ehemündigkeitsalters. Etwaige Aufhebungsmöglichkeiten des ausländischen Rechts aus anderen Gründen bleiben jedoch unberührt. Damit gelten hinsichtlich fehlender Ehemündigkeit künftig die gleichen Maßstäbe, unabhängig davon, ob die Ehe nach deutschem oder nach ausländischem Recht geschlossen wurde.[155] Mit dieser Änderung wollte der Gesetzgeber sicherstellen, dass einheitliche Grundsätze zur Beurteilung der Ehemündigkeit zur Anwendung kommen.

IV. Ausnahmeregelung des Art. 229 § 44 Abs. 4 Nr. 1 EGBGB

Die strengen Rechtsfolgen des Art. 13 Abs. 3 EGBGB werden durch die Ausnahme des Art. 229 § 44 Abs. 4 Nr. 1 EGBGB für einige Altfälle durchbrochen. Auch dieser wurde im Rahmen der Gesetzgebung zur Bekämpfung von Kinderehen angepasst.[156]

153 Vgl. BT-Drs. 18/12086, S. 16.
154 Vgl. BT-Drs. 18/12086, S. 16.
155 BT-Drs. 18/12086, S. 16.
156 Vgl. BGBl. I Nr. 48/2429, 2430.

Eine Eheschließung mit einem Minderjährigen unter 16 Jahren wird danach auch in Deutschland als wirksam angesehen, wenn der Minderjährige im Zeitpunkt des Inkrafttretens der neuen gesetzlichen Regelung zum 01.10.2017 bereits die Volljährigkeit erreicht hatte oder die Ehe bis zu diesem Zeitpunkt im Ausland geführt worden war und der Minderjährige vor der Verlegung des Aufenthalts nach Deutschland bereits volljährig geworden war.[157]

V. Gesetzesänderung des § 11 PStG

Um die neuen nationalen Regelungen auch im internationalen Kontext zu untermauern, wurde auch § 11 Abs. 2 PStG und damit das Voraustrauungsverbot wieder eingeführt.[158] Erst im Jahr 2009 war das Voraustrauungsverbot als obsolet aus dem Gesetz gestrichen worden,[159] was insbesondere mit der Verletzung der aus Art. 4 GG resultierenden Religionsfreiheit begründet worden war.[160]

Durch die Wiedereinführung des § 11 Abs. 2 PStG sind nun wieder religiöse Voraustrauungen und ähnliche Maßnahmen unter Beteiligung von unter 18-Jährigen verboten.[161] Verboten ist danach jede religiöse Handlung, die darauf gerichtet ist, eine dauerhafte und eheähnliche Gemeinschaft zu begründen.[162] Durch die Wiedereinführung soll insbesondere eine Zwangsheirat vermieden werden.[163] Auch wenn eine rechtlich wirksame Ehe nur durch einen Standesbeamten begründet werden kann, ist in zahlreichen Kulturkreisen eine religiöse Trauung von großer Bedeutung.[164] Dabei stellt der Gesetzgeber klar, dass das Voraustrauungsverbot nach wie vor eine Verletzung der Religionsfreiheit darstelle, doch sei der Eingriff in Art. 4 GG gerechtfertigt, da dieser zum Schutz der Minderjährigen erfolge.[165] Durch das Voraustrauungsverbot soll also eine Umgehung der Ehemündigkeitsregelungen verhindert werden.

Um einen umfassenden Schutz zu gewährleisten, verbietet § 11 Abs. 2 PStG neben religiösen Voraustrauungen auch alle weiteren Handlungen die eine

157 Vgl. BGBl. I Nr. 48/2429, 2430.
158 Vgl. BGBl. I Nr. 48/2429, 2431.
159 Vgl. BT-Drs. 16/1831.
160 Vgl. BT-Drs. 18/12086, S. 24.
161 Vgl. *Bongartz*, NZFam 2017, 541, 543.
162 Vgl. BT-Drs. 18/12086, S. 8.
163 Vgl. BT-Drs. 18/12086, S. 24.
164 Vgl. BT-Drs. 18/12086, S. 24.
165 Vgl. BT-Drs. 18/12086, S. 24.

ähnliche Wirkung entfalten, z.B. rituelle oder traditionelle Zeremonien anderer Kulturkreise.[166]

Durch diese Regelung wird die Einhaltung des deutschen Eheschließungsrechts sichergestellt, so dass dessen Vorschriften nicht durch religiöse Eheschließungen unterlaufen werden und damit quasi eine Parallelwelt geschaffen wird, in der eine solche religiöse oder kulturelle Trauung ausreichend ist.[167]

VI. Kritik an der Neuregelung

Durch das Gesetz zur Bekämpfung von Kinderehen sollte vor allem der Minderjährigenschutz verstärkt werden. Dieses Ziel und die Verhinderung einer zwanghaften Eingehung einer Ehe, um eine freie und selbstbestimmte Persönlichkeitsentwicklung und Partnerwahl zu ermöglichen, sind in jedem Fall als vernünftig zu bewerten.[168] Dennoch wurde mehrfach die Notwendigkeit eines solchen Gesetzes infrage gestellt. Für ein gesetzgeberisches Tätigwerden spricht jedoch bereits, dass vorrangig minderjährige Mädchen von einer solchen Eheschließung betroffen sind und damit eine Verletzung des Art. 3 Abs. 2 GG ein staatliches Tätigwerden fordert.[169] *Stephan Harbarth* führte hierzu im Gesetzgebungsverfahren Folgendes aus: „Von genau dieser Gleichberechtigung von Männern und Frauen kann nicht gesprochen werden, wenn Kinder verheiratet werden. Dies betrifft in aller Regel Mädchen. In den allermeisten Fällen werden die Mädchen ihrer Lebensperspektiven beraubt. Wenn ein Mädchen im Alter von 12 oder 14 Jahren verheiratet wird, dann hat es regelmäßig keine Chance auf Bildung, weder auf schulische Bildung noch auf berufliche Bildung, keine Chance auf ein eigenes selbstbestimmtes Leben, keine Chance auf eine Zukunft, die es selbst gestalten kann. Deshalb ist es aus meiner Sicht auch für die Integration der Mädchen in Deutschland ganz essenziell, dass wir ihnen zeigen, dass sie in Deutschland in einem Land leben, in dem Frauen dieselben Rechte haben wie Männer."[170] Tatsächlich werden deutlich mehr Mädchen frühzeitig verheiratet. Nach Angabe des Ärzteblatts sind weltweit 15 Millionen minderjährige Mädchen verheiratet.[171] UNICEF schätzt, dass rund jede fünfte Frau vor ihrem 18. Geburtstag verheiratet wurde und dementsprechend heute rund 650 Millionen

---

166 Vgl. BT-Drs. 18/12086, S. 25.
167 Vgl. Coester, FamRZ 2017, 77, 78.
168 Vgl. *Bongartz*, NZFam 2017, 541, 543.
169 Vgl. *Bongartz*, NZFam 2017, 541, 543.
170 *Stephan Harbarth*, erste Beratung im Bundestag, BT-Drs. 18/232, S. 51.
171 Vgl. Ärzteblatt vom 25.20.2017.

Frauen leben, die bereits als Minderjährige verheiratet wurden.[172] Zwar werden auch minderjährige Jungen verheiratet, allerdings sind Kinderehen bei Mädchen fünfmal so häufig.[173] Daher liegt eine Ungleichbehandlung aufgrund des Geschlechts vor, so dass gem. Art. 3 Abs. 2 GG ein staatliches Eingreifen erforderlich ist. Denn gem. Art. 3 Abs. 2 GG hat der Staat Nachteile aufgrund des Geschlechts zu beseitigen und genau ein solcher Nachteil ist vorliegend gegeben.

Zudem verstoßen Kinderehen gegen die heutigen gesellschaftlichen Strukturen und das Anstandsgefühl der Allgemeinheit:[174] „Eine besondere Herausforderung für die inländische Wertegemeinschaft sind Kinderehen. Neben den Fundamentalwerten der Geschlechtergleichbehandlung, der Willensentschließungsfreiheit und des Kindeswohls verletzen Kinderehen auch das heutige sittliche Anstandsgefühl der Inlandsbevölkerung."[175] Zudem wird durch die Gesetzesänderung eine weitreichende Entscheidung wie die Eheschließung denjenigen vorbehalten, die aufgrund der eigenen Reife eine solche Entscheidung und deren Folgen besser überblicken können.[176] Außerdem lässt sich für eine Anpassung der Altersgrenze vorbringen, dass Minderjährige leichter von ihrem Umfeld, insbesondere von ihren Familien, zu beeinflussen sind.[177] Die Anhebung der Altersgrenze ist daher aufgrund der Beeinflussungsmöglichkeit eines Minderjährigen und des Minderjährigenschutzes geboten. Dies gilt auch vor dem Hintergrund, dass in der heutigen Zeit kein Makel der unehelichen Schwangerschaft droht. Einen solchen Makel gibt es in der heutigen westlichen Gesellschaft gerade nicht mehr.[178]

Die Notwendigkeit einer Gesetzesänderung und Anpassung des Alters der Ehemündigkeit ist daher generell zu bejahen.

Dennoch erfuhr die Gesetzesänderung starke Kritik. Insbesondere wurde das Fehlen einer einzelfallbezogenen Betrachtung kritisiert. So hieß es in zahlreichen Stellungnahmen zu dem Gesetzentwurf, dass eine solch pauschale Regelung nicht den betroffenen Individualinteressen genügen könne.[179] Laut der Diakonie Deutschland ist vielmehr eine Regelung erforderlich, die dem jeweiligen Einzelfall und damit dem Kindeswohl angemessen Rechnung trägt, was

172 Vgl. *Charbonneau*, UNICEF, Fakten über Mädchen.
173 Vgl. *Charbonneau*, UNICEF, Fakten über Jungen.
174 Vgl. Stellungnahme *Weller* 17.05.2017.
175 Stellungnahme *Weller* 17.05.2017.
176 Vgl. Stellungnahme Deutscher Juristinnenbund 18.04.2017.
177 Vgl. *Majer*, NZFam 2017, 537, 539.
178 Vgl. *Majer*, NZFam 2017, 537, 539.
179 Vgl. *Bongartz*, NZFam 2017, 541, 546.

nach dem aktuellen Gesetz maximal ansatzweise geschehe.[180] Die gesetzliche Pauschalregelung lässt tatsächlich die Individualinteressen außer Betracht und kann den oft komplexen Sachverhalten einer Kinderehe nicht ausreichend Rechnung tragen.[181]

Allerdings bringt eine solch starre Regelung auch Vorteile mit sich. So werden dadurch im Vergleich zu den vorherigen einzelfallbezogenen Genehmigungen sowohl die Rechtssicherheit als auch die Vorhersehbarkeit der Rechtsfolge gefördert.[182]

Die gesetzliche Neuregelung hat also Vor- und Nachteile. Das größte Manko ist dabei der fehlende Einzelfallbezug. Durch die Nichtigkeitslösung ist es den Behörden und Gerichten verwehrt, eine Einzelfallprüfung vorzunehmen und eine Ehe unter Beteiligung eines unter 16-Jährigen ausnahmsweise dennoch als wirksam anzuerkennen. Dabei können auch bei einer solchen Ehe Umstände vorliegen, die für das Fortbestehen der Ehe sprechen. Aufgrund der pauschalen Nichtigkeitslösung können solche Umstände nun nicht mehr berücksichtig werden. Dabei ist der Einzelfallbezug bei der Beurteilung des Kindeswohls von größter Bedeutung. Gerade eine private Angelegenheit wie eine Eheschließung verlangt die Berücksichtigung von Individualinteressen, aufgrund meist kaum vergleichbarer Sachverhalte. Dabei ist selbst im Rahmen des Art. 3 GG eine Gleichbehandlung nur dann geboten, wenn vergleichbare Sachverhalte vorliegen.[183] Dass Sachverhalte mit einem Bezug zu Kinderehen stets vergleichbar sind und damit eine stetige Gleichbehandlung notwendig ist, wird aufgrund der komplexen Sachverhalte bezweifelt. Somit wäre es gerade bei einem solch brisanten Thema wie der Verhinderung von Kinderehen angezeigt gewesen, gesetzlich die Möglichkeit einer Einzelfallprüfung zu verankern. Dies hat der Gesetzgeber vorliegend verpasst und stattdessen eine pauschale gesetzliche Regelung erlassen, die den vielseitigen Sachverhalten, die in diesem Zusammenhang auftreten, nicht gerecht werden kann.

Der Deutsche Notarverein sieht zudem noch eine andere Gefahr aufgrund der gesetzlichen Neuregelung. Er befürchtet, dass die deutsche Regelung ausgenutzt werden könnte, um ein ordnungsgemäßes Scheidungsverfahren zu umgehen und sich stattdessen einer der Ehegatten rückwirkend auf die Nichtigkeit der Ehe beruft, um so nachteilige Scheidungsfolgen zu verhindern.[184] Diese

180 Vgl. Stellungnahme Diakonie Deutschland 22.02.2017.

181 Vgl. Stellungnahme Kinderhilfswerk 22.02.2017.

182 Vgl. *Majer*, NZFam 2017, 537, 539.

183 Vgl. *Schmidt*, in: Erfurter Kommentar, Art. 3, Rn. 33.

184 Vgl. Stellungnahme Deutscher Notarverein vom 22.02.2017, S. 4.

Befürchtung begründet der Deutsche Notarverein damit, dass das Alter vieler Migranten nicht eindeutig feststellbar sei und daher möglicherweise im Nachhinein bestritten werden könnte.[185] Oft existierten in der Praxis keine Papiere, die als Nachweis über das Alter der Beteiligten herangezogen werden können.[186] Deutschland wird mit dem Gesetz nach Ansicht des Deutschen Notarvereins zum attraktiven Standort für Personen, die den bisherigen Ehepartner im Zuge eines „Modellwechsels" austauschen wollen.[187] Diese Befürchtung läuft auf die völlige Schutzlosigkeit des Ehegatten hinaus.

---

185 Vgl. Stellungnahme Deutscher Notarverein vom 22.02.2017, S. 4.

186 *Hüßtege*, FamRZ 2017, 1374, 1377 sowie ausführlich zur Altersfeststellung *Dürbeck*, FamRZ 2018, 553, 556.

187 Stellungnahme Deutscher Notarverein vom 22.02.2017, S. 4.

C. Rechtsfolgen der Gesetzesänderung bei Eheschließungen unter Beteiligung Minderjähriger vor Vollendung des 16. Lebensjahres

Bzgl. der Rechtsfolgen der Gesetzesänderung ist zwischen reinen Inlandsfällen und Fällen mit Auslandsbezug zu differenzieren.

I. Rechtsfolgen bei reinen Inlandsfällen

Dass es im Inland zu einer Eheschließung unter Beteiligung Minderjähriger kommt, ist de lege lata schwer vorstellbar. Der Standesbeamte muss seinerseits vor der Vornahme einer Eheschließung stets das Vorliegen der Eheschließungsvoraussetzungen überprüfen, und dazu gehört auch die Ehemündigkeit.[188] Hat der Standesbeamte Zweifel am Vorliegen der Eheschließungsvoraussetzungen, muss er die Eheschließung verweigern.[189]

1. Nichtigkeits- oder Aufhebbarkeitslösung

Kommt es dennoch zur Eheschließung ohne Auslandsbezug unter Beteiligung eines Minderjährigen, der das 16. Lebensjahr noch nicht vollendet hat, stellt sich die Frage, ob diese Eheschließung als Nichtehe zu qualifizieren ist oder ob die Rechtsfolge eine unwirksame Ehe ist, welche wie eine aufhebbare Ehe behandelt wird. Diese Einstufung kann im Ergebnis große Unterschiede bei Folgefragen nach sich ziehen.

Seit dem Inkrafttreten des EheG existiert in Deutschland ein zweispuriges System, in das sich Mängel bei der Eheschließung und deren Folgen kategorisieren lassen.[190] Danach ist zwischen Nichtehe und der aufhebbaren Ehe, die bis zur gerichtlichen Entscheidung über die Aufhebung wirksam ist, zu unterscheiden.[191]

Daneben existierte bis zum Jahr 1988 noch das Gebilde der nichtigen Ehe. Eine nichtige Ehe konnte durch eine entsprechende gerichtliche Entscheidung

---

188 Vgl. *Kriewald*, in Beck Großkommentar § 1303 Rn. 31.

189 Vgl. *Kriewald*, in Beck Großkommentar § 1303 Rn. 31.

190 Vgl. *Hüßtege*, FamRZ 2017, 1374, 1376.

191 Vgl. *Kriewald*, in Beck Großkommentar § 1303 Rn. 29.

für die Vergangenheit beseitigt werden (§ 23 EheG).[192] Diese Ehe entfaltete daher bis zu einer solchen Entscheidung Rechtskraft. *Majer* glaubt, dass diese Rechtsfolge aufgrund der Neuregelung des § 1303 BGB wieder im BGB verankert werden sollte.[193] Aufgrund des Wortlauts des § 1303 BGB n.F. „kann eine Ehe nicht wirksam eingegangen werden" und der Erläuterung in den Gesetzesmaterialien „kann die Ehe nicht wirksam eingegangen werden" vertritt *Majer* die Auffassung, dass es sich um eine unwirksame Ehe und nicht um eine Nichtehe handele.[194] Daher sollten für diese Ehen die gleichen Rechtsfolgen wie für die aufhebbare Ehe eingreifen, so dass dem minderjährigen Ehegatten durchaus Folgeansprüche zustehen könnten.[195]

Bei den Begrifflichkeiten der Nichtehe und der nichtigen Ehe ist Vorsicht geboten. Denn während die Nichtehe aufgrund der aus ihr folgenden Nichtigkeitslösung von vornherein als nicht vorhanden gilt, waren unter den nichtigen Ehen früher die Ehen zu verstehen, die zunächst wirksam waren, aber mit beschränkter Rückwirkung für nichtig erklärt werden konnten.[196]

Auch *Bongartz* argumentiert gegen die von dem Gesetzgeber de lege lata angeordnete Nichtehe, denn nur in wenigen Fällen sehe das deutsche Recht die Nichtehe vor. Vielmehr sei die Aufhebungslösung auch hier der gangbare Weg.[197] Vor allem zum Schutz der minderjährigen Ehegatten sei es angezeigt, von der Nichtigkeitslösung Abstand zu nehmen.[198] Diese Auffassung teilt *Weller* in seiner Stellungnahme vom 17.05.2017. Danach sei es angebracht, dass die Gerichte in jedem Einzelfall nach § 1314 BGB über die mögliche Aufhebung einer Ehe entscheiden, während die Nichtigkeitslösung zu einem Automatismus führe, welcher der Realität widerspreche.[199] Die Nichtigkeitslösung führe zu einem für die Betroffenen nur schwer zu akzeptierenden schwarzen Loch.[200]

Der Anwendbarkeit der Aufhebungslösung widerspricht jedoch der Gesetzentwurf. Nach den eindeutigen Ausführungen zum Gesetzentwurf sollte die Rechtsfolge einer solchen Eheschließung eine Nichtehe sein.[201] Die Nichtehe ist

---

192 Vgl. *Kriewald*, in Beck Großkommentar § 1303 Rn. 29.
193 Vgl. *Majer*, NZFam 2017, 537, 539.
194 Vgl. *Majer*, NZFam 2017, 537, 539.
195 Vgl. *Majer*, NZFam 2017, 537, 539.
196 Vgl. *Schwab*, FamRZ 2017, 1369, 1370.
197 Vgl. *Bongartz*, NZFam 2017, 541, 543.
198 Vgl. *Bongartz*, NZFam 2017, 541, 544.
199 Vgl. Stellungnahme *Weller* 17.05.2017.
200 Vgl. Stellungnahme *Weller* 17.05.2017.
201 Vgl. BT-Drs. 18/12086, S. 17.

gesetzlich nicht verankert. Dies ist damit zu begründen, dass eine solche keinerlei Rechtswirkung entfalten soll.[202] Das ist auch der entscheidende Unterschied zwischen einer Nichtehe und der Einstufung als unwirksame Ehe. Während die Nichtehe rechtlich ein Nullum darstellt und dementsprechend keinerlei rechtliche Folgen nach sich zieht, soll die nichtige Ehe, entsprechend dem ehemaligen EheG, wie eine aufhebbare Ehe behandelt werden.[203]

Gegen die Nichtigkeitslösung wird allerdings angeführt, dass sie vor allem ein rechtspolitisches Zeichen darstellt und dass deren drastische rechtlichen Folgen für Minderjährige möglicherweise durch die gesetzgebenden Organe vernachlässigt wurden, um durch diese Lösung ein klares rechtspolitisches Zeichen gegen Kinderehen zu setzen.[204] Nach *Bongartz* werden die Minderjährigenrechte durch die Nichtigkeitslösung in unerträglicher Weise verkürzt.[205] Währenddessen begründet der Gesetzentwurf die Nichtigkeitslösung gerade mit dem Minderjährigenschutz.[206] Zwar waren nach der alten Fassung diese Ehen lediglich aufhebbar, allerdings darf nicht übersehen werden, dass aus dem Gesetzentwurf eindeutig hervorgeht, dass sie nicht mehr wie aufhebbare Ehen behandelt werden sollen und eine klare Abkehr von dem bisherigen Regelungsmechanismus vorgesehen wurde.[207] Die Beauftragte des Kinderschutzbundes *Nazan Simsek* sieht die Nichtigkeitslösung hingegen als einzige richtige Konsequenz einer Kinderehe an.[208] Nach ihrer Stellungnahme würde die Problematik der Kinderehen andernfalls lediglich in die Gerichtssäle verlagert.[209]

Die Nichtigkeitslösung wurde auch im Bundestag im Rahmen des Gesetzgebungsverfahrens heftig diskutiert. So ließ *Dominik Bär* vom DIMR verlauten, dass diese Nichtigkeitslösung im Widerspruch zur UN-Kinderrechtskonvention stehe.[210] In der Stellungnahme des DIMR zum Gesetzentwurf heißt es: „Die Rechtsfolgen sogenannter Nicht-Ehen ziehen aus Sicht des DIMR eine schlechtere Position der betroffenen Minderjährigen nach sich als die Aufhebung der Ehen, wie sie für die 16- bis 18-Jährigen vorgeschlagen wird. Dies liegt daran, dass aus einer Nicht-Ehe keine rechtlichen Verpflichtungen für den Ehegatten

202 Vgl. *Erbarth*, in: Beck Großkommentar § 1353 Rn. 94.
203 Vgl. *Majer*, NZFam 2017, 536, 539.
204 Vgl. *Bongartz*, NZFam 2017, 541, 546.
205 Vgl. *Bongartz*, NZFam 2017, 541, 546.
206 Vgl. BT-Drs. 18/12086, S. 17.
207 Vgl. BT-Drs. 18/12086, S. 17.
208 Vgl. Stellungnahme *Nazan Simsek*.
209 Vgl. Stellungnahme *Nazan Simsek*.
210 Vgl. Stellungnahme DIMR vom 16.05.2017, S. 4.

hergeleitet werden können. Bei einer aufgehobenen Ehe dagegen entsprechen die Rechtsfolgen denen einer Scheidung. Diese Schlechterstellung unter 16-Jähriger ist aus Sicht des DIMR nicht im Sinne des Wohles der Kinder und abzulehnen."[211]

Doch trotz der zahlreichen Kritik wurde an dem ursprünglichen Entwurf festgehalten. Dies zeigt eindeutig, dass der Gesetzgeber damit auch an der Nichtigkeitslösung festhalten wollte. Außerdem werden in dem Gesetzentwurf auch die Rechtsfolgen einer Nichtehe erläutert.[212] Der Gesetzgeber wollte genau das Ergebnis einer Nichtehe erzielen. Eine Ehe unter Beteiligung eines Minderjährigen unter 16 Jahren nun als unwirksame Ehe einzustufen und nicht als Nichtehe, widerspricht daher den Intentionen und dem klaren Willen des Gesetzgebers.[213] Auch der Gesetzeswortlaut ist eindeutig. Diese Ehen sind nach dem Gesetz nicht existent.[214] Daher ist eine Einordung als unwirksame Ehe, welche die Aufhebbarkeitslösung nach sich zieht, abzulehnen.

Um ein möglichst klares Zeichen zu setzen, soll gerade durch eine Eheschließung unter Beteiligung eines Minderjährigen, der das 16. Lebensjahr noch nicht vollendet hat, keinerlei Rechtswirkung erzeugt werden. Daher ist eine Ehe, die aus einer solchen Eheschließung resultiert, als Nichtehe einzustufen.

2. Abstammung

Die Einstufung als Nichtehe hat Auswirkungen auf die Abstammungsfrage. Die Mutter ist nach § 1591 BGB immer die Frau, die das Kind geboren hat. Gem. § 1592 Nr. 1 BGB ist der Vater des Kindes der Mann, der im Zeitpunkt der Geburt mit der Mutter verheiratet war.

Bei einer Eheschließung vor Vollendung des 16. Lebensjahres besteht keine Ehe. Die Nichtehe zieht rechtlich, wie dargestellt, keinerlei Konsequenzen nach sich. Eine Vaterschaft nach § 1592 Nr. 1 BGB besteht mithin mangels Ehe nicht.[215]

Es handelt sich vielmehr um ein uneheliches Kind, so dass eine Vaterschaftsanerkennung nach § 1592 Nr. 2 BGB oder eine gerichtliche Vaterschaftsfeststellung nach § 1592 Nr. 3 BGB zur Begründung der Vaterschaft erfolgen müsste.[216]

---

211 Stellungnahme DIMR vom 16.05.2017, S. 6.
212 Vgl. BT-Drs. 18/12086, S. 13.
213 Vgl. BT-Drs. 18/12086.
214 Vgl. *Schwab*, FamRZ 2017, 1369, 1371.
215 Vgl. *Brudermüller*, in: Palandt BGB, Einführung v § 1313, Rn. 2.
216 Vgl. *Schwab*, FamRZ 2017, 1369, 1371.

Erfolgt keine Vaterschaftsanerkennung durch den leiblichen Vater des Kindes oder eine gerichtliche Vaterschaftsfeststellung, ist das Kind vaterlos.[217]

3. Sorgerecht

Die Beurteilung des Sorgerechts schließt sich an die Frage der Abstammung an. Wird das Kind, wie zuvor dargestellt, in einer Nichtehe geboren, müsste der leibliche Vater die Vaterschaft anerkennen oder die Vaterschaft gerichtlich festgestellt werden, um seine Vaterstellung rechtlich zu begründen. Nur im Falle einer solchen Vaterschaftsanerkennung oder einer vorherigen gerichtlichen Vaterschaftsfeststellung könnte dem Mann auch das Sorgerecht zustehen. Geht ein Kind aus der Nichtehe hervor und erfolgt keine Vaterschaftsanerkennung/ Vaterschaftsfeststellung, handelt es sich um ein uneheliches Kind und es besteht nach § 1626 BGB zunächst kein gemeinsames Sorgerecht.[218] Das Sorgerecht steht stattdessen nach § 1626a Abs. 3 BGB allein der Mutter zu.

4. Unterhaltsrechtliche Ansprüche der Ehegatten

a) Trennungsunterhalt

Das BGB unterscheidet zwischen dem Trennungsunterhalt nach § 1361 BGB und dem Scheidungsunterhalt nach den §§ 1570 ff. BGB.

Der Trennungsunterhalt nach § 1361 BGB kommt in der Zeit zwischen Trennung und Scheidung der Ehegatten in Betracht, wenn ein Ehegatte bedürftig ist.[219]

Der Begriff des Getrenntlebens wird durch § 1567 BGB legaldefiniert. Danach ist ein Getrenntleben zu bejahen, wenn zwischen den Ehegatten keine häusliche Gemeinschaft mehr besteht und zumindest bei einem Ehegatten der Wille vorhanden ist, eine häusliche Gemeinschaft auch nicht wiederherzustellen und die eheliche Gemeinschaft auch nicht mehr fortzuführen.[220] Eine solche Trennung löst einen Anspruch auf Trennungsunterhalt nach § 1361 BGB aber nur dann aus, wenn zuvor eine wirksame Ehe bestand.[221]

---

217 Vgl. *Frie*, FamRB 2017, 232, 236.
218 Vgl. *Kriewald*, in: Beck Großkommentar, § 1303, Rn. 34.
219 Vgl. *Witt*, in: Beck Großkommentar, § 1583, Rn. 27.
220 Vgl. *Grandel*, in: Schnitzler, Anwaltshandbuch Familienrecht, § 8, Rn. 9.
221 Vgl. *Preisner*, in: Beck Großkommentar, § 1361, Rn. 7.

Diese essenzielle Voraussetzung einer bestehenden wirksamen Ehe ist aufgrund der Einstufung als Nichtehe nicht gegeben. Mithin kann auch kein Anspruch auf Trennungsunterhalt nach § 1361 BGB bestehen.

b) *Scheidungsunterhalt*

Auch die Unterhaltsansprüche für Geschiedene nach den §§ 1570 ff. BGB verlangen als essenzielle Voraussetzung das vorherige Bestehen einer Ehe. Bereits diese erste Voraussetzung ist bei dem Vorliegen einer Nichtehe zu verneinen. Aus einer solchen Verbindung können daher auch keinerlei Folgeansprüche resultieren.[222] Mithin stehen den Ehegatten gegeneinander keinerlei eherechtliche Unterhaltsansprüche nach den §§ 1570 ff. BGB zu.[223]

Dieses Ergebnis stößt in der Literatur auf große Kritik, weshalb dort teilweise vorgeschlagen wird, in einem solchen Fall die Regelungen zur Aufhebung einer Ehe analog anzuwenden.[224] Eine solche analoge Anwendung setzt jedoch zunächst einmal das Vorliegen einer planwidrigen Regelungslücke voraus. Eine solche ist vorliegend kaum anzunehmen. Wie bereits erläutert, wurde der Gesetzgeber in zahlreichen Stellungnahmen auf diese weitreichende Konsequenz der Qualifikation als Nichtehe hingewiesen und war sich der Rechtsfolgen daher bewusst. Von einer planwidrigen Regelungslücke kann folglich nicht ausgegangen werden.

Majer begründet die analoge Anwendung zudem auch mit der Einstufung als unwirksame Ehe und nicht als Nichtehe.[225] Dies ist jedoch abzulehnen.[226] Eine analoge Anwendung der Vorschriften zugunsten des minderjährigen Ehegatten scheidet folglich aus.

Es bestehen keinerlei Unterhaltsansprüche für den Fall einer Scheidung nach den §§ 1570 ff. BGB.

c) *Unterhalt nach § 1615l BGB*

Im Falle der Geburt eines unehelichen Kindes ist hingegen auf § 1615l BGB zurückzugreifen. Hiernach steht der Mutter zumindest zum Anlass der Geburt Unterhalt zu.

---

222 Vgl. *Kriewald*, in: Beck Großkommentar, § 1303, Rn. 33.
223 Vgl. *Kriewald*, in: Beck Großkommentar, § 1303, Rn. 33.
224 Vgl. *Majer*, NZFam 2017, 537, 541.
225 *Majer*, NZFam 2017, 537, 539 ff.
226 Vgl. C.I.1.

§ 1615l BGB wurde aufgrund der zunehmenden Zahl geborener unehelicher Kinder in das BGB aufgenommen. Ledigen Müttern sollten unterhaltsrechtlich weitestgehend die gleichen Rechte zustehen wie verheirateten Müttern.[227]

Nach § 1615l BGB hat eine unverheiratete Mutter gegen den Vater des Kindes für die Zeit der Mutterschutzfrist von sechs Wochen vor und acht Wochen nach der Geburt einen Unterhaltsanspruch.[228] In Einzelfällen, z.B. aufgrund einer schwangerschaftsbedingten Krankheit, kann dieser Unterhaltsanspruch auf einen Zeitraum von maximal vier Monaten vor und bis zu drei Jahren nach der Geburt verlängert werden.[229]

Darüber hinaus besteht für den betreuenden Elternteil auch ein Anspruch auf Betreuungsunterhalt für mindestens drei Jahre nach der Geburt.[230]

Fraglich ist hierbei, ob es erforderlich ist, dass der Vater des Kindes die Vaterschaft anerkannt hat. Einerseits könnte man vertreten, dass es genüge, wenn der als Vater in Betracht kommende Mann die Vaterschaft nicht bestreite. Danach könnte ein solcher Anspruch, auch im Falle einer Nichtehe, ohne vorherige Vaterschaftsanerkennung/Vaterschaftsfeststellung bestehen. Einen anderen Weg hingegen bestreitet die Rechtsprechung. So verlangt das OLG Oldenburg für die Geltendmachung eines Unterhaltsanspruchs nach § 1615l BGB, dass die Vaterschaft zuvor nach den §§ 1592 Nr. 3, 1600 d Abs. 1 und 2 BGB rechtskräftig festgestellt oder nach den §§ 1592 Nr. 2, 1594 ff. BGB anerkannt worden ist.[231] In dem dem OLG Oldenburg vorliegenden Sachverhalt hatte der Mann die Vaterschaft nicht anerkannt, sondern die Schwangerschaft lediglich gleichgültig hingenommen.[232] Ein solches Verhalten ist nach der Auffassung des OLG Oldenburg aber gerade nicht ausreichend, um einen Unterhaltsanspruch nach § 1615l BGB zu begründen; vielmehr sei auch für einen Unterhaltsanspruch nach § 1615l BGB eine vorherige Vaterschaftsfeststellung erforderlich.[233] Dies begründet das Gericht mit der Schutzbedürftigkeit des Vaters und damit, dass eine gleichgültige Hinnahme der Schwangerschaft bzw. Geburt des Kindes nicht mit einer förmlichen Anerkennung der Vaterschaft gleichgestellt werden

227 Vgl. *Langeheine*, in: MüKo BGB, § 1615l, Rn. 3.
228 Vgl. *Kemper*, in: Schulze Bürgerliches Gesetzbuch, § 1615l, Rn. 2.
229 Vgl. *Kemper*, in: Schulze Bürgerliches Gesetzbuch, § 1615l, Rn. 2.
230 Vgl. *Kemper*, in: Schulze Bürgerliches Gesetzbuch, § 1615l, Rn. 4.
231 Vgl. OLG Oldenburg, vom 27.6.2018 – 11 WF 110/18, NZFam 2018, 702, 702.
232 Vgl. OLG Oldenburg, vom 27.6.2018 – 11 WF 110/18, NZFam 2018, 702, 702.
233 Vgl. OLG Oldenburg, vom 27.6.2018 – 11 WF 110/18, NZFam 2018, 702, 702.

könne.[234] Dieser Auffassung der Rechtsprechung haben sich weite Teile der Literatur angeschlossen.[235]

Die überwiegende Auffassung führt in dem Fall einer Nichtehe wiederum zu dem Problem, dass den Beteiligten die Unwirksamkeit ihrer Ehe mangels gerichtlicher Nichtigkeitsfeststellung nicht bekannt ist und ihnen daher auch das Wissen bzgl. weiterer rechtlicher Schritte, wie z.B. einer Vaterschaftsanerkennung fehlt. Daher können in der Praxis bei der Geltendmachung des Unterhaltsanspruchs nach § 1615l BGB weitere Probleme auf die vermeintlichen Ehegatten zukommen. Insbesondere müsste die Ehefrau dafür sorgen, dass die Vaterschaft des leiblichen Vaters durch eine Vaterschaftsanerkennung oder im Rahmen eines Feststellungsverfahrens auch rechtlich begründet wird.

d) Unterhaltsanspruch gegenüber den Eltern des Minderjährigen

Im Rahmen der Gesetzesreform zur Bekämpfung von Kinderehen wurde auch der Verwandtenunterhalt nach § 1601 BGB angepasst. Zuvor wurde im Wortlaut des § 1601 BGB a.F. eine Einschränkung auf minderjährige unverheiratete Kinder vorgenommen. Diese Einschränkung wurde gestrichen, so dass es zu keiner Sonderbehandlung von verheirateten Kindern mehr kommt.[236] Bei der Einstufung als Nichtehe wären die Eltern dem minderjährigen Ehepartner aber auch nach dem alten Gesetzeswortlaut zu Unterhalt verpflichtet gewesen, da die Einschränkung „verheiratet" aufgrund der Einstufung als Nichtehe nicht einschlägig gewesen wäre. Nach der Änderung des § 1601 BGB gilt dies umso mehr. Mithin kann der Minderjährige weiterhin Unterhaltsansprüche gegenüber den eigenen Eltern geltend machen.

e) Staatliche Leistungen an den Minderjährigen

Man könnte vertreten, dass der Minderjährige nicht schutzlos gestellt sei, denn auch in dem Fall, dass weder sein vermeintlicher Ehegatte noch seine Eltern für seinen Unterhalt aufkommen, könnte er nach dem SGB VIII staatliche Leistungen beziehen. Gegen diese Argumentation ist jedoch einzuwenden, dass der andere Ehepartner in diesem Fall auf Kosten des Steuerzahlers entlastet würde.[237] Zudem richtet sich der Anspruch auf Unterhaltszahlungen gegen den Ehegatten nach dessen Leistungsfähigkeit, so dass er deutlich höher ausfallen kann.

---

234 Vgl. OLG Oldenburg, vom 27.6.2018 – 11 WF 110/18, NZFam 2018, 702, 702.
235 Vgl. u.a. *Reinken*, in: BeckOK BGB, § 1615l, Rn. 5.
236 Vgl. *Schwab*, FamRZ 2017, 1369, 1371.
237 Vgl. *Hüßtege*, FamRZ 2017, 1374, 1378.

Leistungen nach dem SGB VIII zu beantragen, kann daher nur eine Notlösung sein und vermag keinen ausreichenden Minderjährigenschutz zu vermitteln.

5. Güterrechtliche Ansprüche

Das zuvor Gesagte gilt auch für die Beurteilung güterrechtlicher Ansprüche, wie z.B. des Zugewinnausgleichs nach § 1372 BGB. Eine Zugewinngemeinschaft besteht nur dann, wenn eine wirksame Ehe besteht bzw. bestand,[238] was bei der Nichtehe zu verneinen ist. Daher bestehen zwischen den Ehegatten auch keinerlei güterrechtliche Ansprüche.[239]

6. Unterhaltsrechtliche Ansprüche eines aus der Nichtehe hervorgegangenen Kindes

Ein Unterhaltsanspruch eines Kindes gegen die Eltern oder einen Elternteil richtet sich nach den §§ 1600 ff. BGB. Dabei ist das Bestehen eines verwandtschaftlichen Verhältnisses wiederum die Grundlage für das Bestehen bzw. Nichtbestehen eines solchen Anspruchs.[240]

Nach § 1601 BGB sind Verwandte in gerader Linie verpflichtet, einander Unterhalt zu gewähren. In gerader Linie verwandt sind die Personen, die voneinander abstammen.[241]

Bei einem Kind, welches aus einer Nichtehe hervorgegangen ist, besteht folgendes Problem: Solange der leibliche Vater die Vaterschaft nicht anerkennt oder diese gerichtlich festgestellt wurde, ist er nach § 1592 BGB nicht der Vater des Kindes, auch wenn die leibliche Vaterschaft feststeht. Für einen Unterhaltsanspruch nach § 1601 BGB ist aber allein die rechtliche Verwandtschaft nach den §§ 1589 ff. BGB maßgeblich und nicht die genetische Abstammung.[242] Grundsätzlich fehlt es daher bereits an der ersten Voraussetzung des Verwandtenunterhalts nach § 1601 BGB.[243] Während bzgl. des Unterhaltsanspruchs der Ehegatten zusätzlich auf § 1615l BGB zurückgegriffen werden kann, ist dies bei dem Kindesunterhalt nicht möglich.[244] § 1615l BGB regelt allein die Unterhaltsansprüche der Mutter und des Vaters, nicht jedoch den Kindesunterhalt. Dieser richtet sich

238 Vgl. *Koch*, in: MüKo BGB, § 1372, Rn. 4.

239 Vgl. *Kriewald*, in: Beck Großkommentar, § 1303, Rn. 33.

240 Vgl. *Wellenhofer*, in: MüKo BGB, § 1589, Rn. 16.

241 Vgl. *Hammermann*, in: Erman § 1601, Rn. 3.

242 Vgl. *Irnich*, RNotz 2008, 462, 462.

243 Vgl. *Klinkhammer*, in: Staudinger BGB, § 1601, Rn. 7.

244 Vgl. *Hohloch*, FR 2005, 486, 486.

stets nach § 1601 BGB.[245] Das geht auch ausdrücklich aus § 1615a BGB hervor, wonach ehe- und uneheliche Kinder gleichgestellt werden. Die zuvor bestehenden Sonderregelungen bzgl. der Unterhaltsansprüche nicht ehelicher Kinder in den §§ 1615b – 1615i BGB wurden 1998 aufgehoben.[246]

In einer bestimmten Ausnahmekonstellation hat der BGH eine Ausnahme vom Erfordernis der rechtlichen Verwandtschaft anerkannt, und zwar in den sog. vereitelten Scheinvaterregressfällen.[247] Hierbei kann der Ehemann, der aufgrund der bestehenden Ehe nach § 1592 Nr. 1 BGB als Vater des Kindes gilt (Scheinvater), gegen den leiblichen Vater einen Unterhaltsregress geltend machen, ohne dass dessen Vaterschaft zuvor gem. den §§ 1592 Nr. 2, 1600d BGB festgestellt wurde.[248] Ein solcher Fall liegt bei der Geburt eines Kindes innerhalb einer Nichtehe jedoch nicht vor und weitere Ausnahmen sind gerichtlich gerade nicht anerkannt.

Mithin besteht bis zum Zeitpunkt der Vaterschaftsanerkennung/ Vaterschaftsfeststellung kein Unterhaltsanspruch des Kindes nach § 1601 BGB.

Der Mutter steht die Möglichkeit offen, nach § 247 FamFG den Unterhalt bereits vorläufig vor der Geburt des Kindes und vor der entsprechenden Vaterschaftsfeststellung geltend zu machen.[249] Allerdings müsste sich die Mutter hierfür auch bewusst sein, dass rein rechtlich zwischen dem Kind und dem Mann keinerlei Beziehung besteht. Sie müsste sich demnach zum einen darüber im Klaren sein, dass die eingegangene Ehe rechtlich eine Nichtehe ist und von ihr daher keinerlei Rechtsfolgen ausgehen können, zum anderen auch darüber, dass diese Einordnung auch Auswirkung auf die Abstammung hat und es keinerlei rechtliche Bedeutung hat, wenn der Mann der leibliche Vater ist. Ob dies von juristischen Laien erwartet werden kann, ist mehr als fraglich. Daher erscheint es kaum vorstellbar, dass eine nach ihren eigenen Vorstellungen verheiratete Frau von der Möglichkeit des § 247 FamFG Gebrauch macht oder ein Vaterschaftsfeststellungsverfahren einleitet.

---

245 Vgl. *Reinken*, in: BeckOK BGB, § 1615a, Rn. 1.

246 Vgl. Gesetz zur Vereinheitlichung des Unterhaltsrechts minderjähriger Kinder, BGBl. I, 1998, 666.

247 Vgl. *Klinkhammer*, in: Staudinger BGB, § 1601, Rn. 10.

248 Vgl. BGH, vom 16.4.2008 – XII ZR 144/06, FamRZ 2008, 1424.

249 Vgl. *Klinkhammer*, in: Staudinger BGB, § 1601 Rn. 12.

7. Erbrecht der Ehegatten einer Nichtehe

Die Einstufung als Nichtehe führt dazu, dass dem vermeintlichen Ehegatten keinerlei erbrechtliche Ansprüche zustehen.[250] Weder gilt der Ehegatte als gesetzlicher Erbe nach § 1931 BGB, noch stehen ihm Pflichtteilsansprüche aus § 2303 Abs. 2 BGB zu. Solche Ansprüche können nur durch eine wirksame Ehe begründet werden.

Dies kann zu nicht hinnehmbaren Ergebnissen führen. *Schwab* führt folgenden Fall an, um die drastischen Folgen der Einstufung als Nichtehe deutlich zu machen:

Eine 15-Jährige und ein 21- Jähriger heiraten, die Ehe besteht über die gesamte Lebenszeit, bis der Mann im Alter von 80 Jahren verstirbt.[251]

Der Frau würden in dieser Konstellation, trotz des Zusammenlebens in vermeintlich ehelicher Gemeinschaft, keinerlei erbrechtliche Ansprüche zustehen, wenn der Mann sie nicht in einer letztwilligen Verfügung bedacht hat.[252]

Der nichteheliche Partner des Verstorbenen wird jedoch als Familienangehöriger i.S.d. § 1969 Abs. 1 S. 1 BGB eingestuft.[253] Dies hat zur Folge, dass der überlebende Partner, wenn er zuvor von dem Verstorbenen Unterhalt erhalten hat, in den ersten dreißig Tagen nach dem Erbfall von den Erben diesen Unterhalt verlangen und zudem die Benutzung der Wohnung und der Haushaltsgegenstände geltend machen kann.[254] Diese Ansprüche sind jedoch nur kurzfristig hilfreich und dienen keinesfalls zur langfristigen Absicherung des Partners.

Eine langfristige Absicherung des Partners kann in diesem Fall nur über eine entsprechende letztwillige Verfügung erfolgen.[255]

8. Erbrecht des Kindes

Solange die Vaterschaft bzgl. des aus der Nichtehe stammenden Kindes nicht anerkannt oder durch ein gerichtliches Verfahren festgestellt wurde, besteht rechtlich zwischen dem Kind und dem Vater keine Verwandtschaft.

Das gesetzliche Erbrecht gründet auf einer verwandtschaftlichen Verbindung zwischen dem Erben und dem Erblasser. So sind die gesetzlichen Erben erster

250 Vgl. *Erbarth*, in: Beck Großkommentar, § 1353 Rn. 132.
251 Vgl. *Schwab*, FamRZ 2017, 1369, 1370 f.
252 *Schwab*, FamRZ 2017, 1369, 1370 f.
253 Vgl. *Irnich*, RNotZ 2008, 462, 463.
254 Vgl. *Irnich*, RNotZ 2008, 462, 463.
255 Vgl. *Irnich*, RNotZ 2008, 462, 465.

Ordnung gem. § 1924 BGB die Abkömmlinge des Erblassers.[256] Sind Abkömmlinge des Erblassers vorhanden, so werden sie gesetzliche Erben und schließen die entfernteren Verwandten aus. Nachrangig erben als gesetzliche Erben zweiter Ordnung gem. § 1925 BGB die Eltern des Erblassers und deren Abkömmlinge.[257] Wiederum nachrangig werden gem. § 1926 BGB die Großeltern des Erblassers bzw. deren Abkömmlinge gesetzliche Erben. Hinsichtlich der gesetzlichen Erbfolge ist dabei allein die rechtliche Verwandtschaft und nicht die genetische Verwandtschaft entscheidend.[258]

Mithin stehen auch den Kindern zunächst keinerlei gesetzliche Erbansprüche nach § 1924 BGB oder Pflichtteilsansprüche nach § 2303 Abs. 1 BGB zu.

Nur wenn eine Verwandtschaft zuvor rechtlich begründet wurde, kann ein Kind solche Ansprüche geltend machen. Allein auf der genetischen Verwandtschaft basieren keinerlei gesetzliche Erbansprüche.[259]

Unbenommen bleibt das Recht des leiblichen Vaters, das Kind in einer letztwilligen Verfügung zu bedenken.

9. Ehe- und Erbverträge[260]

Durch das Gesetz zur Bekämpfung von Kinderehen wurden auch die § 1411 BGB und § 2275 BGB geändert. Aufgrund der Auffassung des Gesetzgebers, dass Regelungen bzgl. eines minderjährigen Ehegatten aufgrund der Gesetzesreform obsolet seien, wurden alle Normen im BGB diesbezüglich angepasst. Der minderjährige Ehegatte wurde aus dem BGB eliminiert.[261]

a) Gesetzesänderung des § 1411 BGB

Bis zur Gesetzesreform wurde es minderjährigen Ehegatten nach § 1411 BGB ausdrücklich ermöglicht, unabhängig von der beschränkten Geschäftsfähigkeit einen Ehevertrag selbst zu schließen.[262] Danach sollte der beschränkt Geschäftsfähige den Vertrag persönlich abschließen; als Schutz war dennoch die Zustimmung des gesetzlichen Vertreters erforderlich.[263]

---

256 Vgl. hierzu ausführlich *Leipold*, in: MüKo BGB, § 1924, Rn. 1 ff.
257 Vgl. hierzu ausführlich *Müller-Christmann*, in: BeckOK BGB, § 1925, Rn. 1 ff.
258 Vgl. *Leipold*, in: MüKo BGB, § 1924, Rn. 3.
259 Vgl. *Große-Boyman*, in: Burandt/Rojahn, Erbrecht, § 1924, Rn. 2.
260 Folgendes gilt entsprechend für Abschnitt D. I. 3. h) dieser Arbeit.
261 Vgl. *Schwab*, FamRZ 2017, 1369, 1371.
262 Vgl. zur alten Fassung *Kanzleiter*, in: MüKo BGB, § 1411, Rn. 1 ff.
263 Vgl. zur alten Fassung *Kanzleiter*, in: MüKo BGB, § 1411, Rn. 1 ff.

Wortwörtlich lautete die alte Fassung des § 1411 Abs. 1 BGB:

„Wer in der Geschäftsfähigkeit beschränkt ist, kann einen Ehevertrag nur mit der Zustimmung seines gesetzlichen Vertreters schließen.“

Der Bundestag ging aufgrund der Gesetzesänderung davon aus, dass die Eheschließung von Minderjährigen nicht mehr möglich sei und entsprechende Sonderregelungen im BGB daher entbehrlich und somit aufzuheben seien.[264] Dem folgend wurde die Regelung bzgl. beschränkt Geschäftsfähiger in § 1411 BGB ersatzlos gestrichen.

§ 1411 BGB ist nun nur noch auf Personen anwendbar, die unter Betreuung stehen, und nicht mehr auf Personen, die aufgrund ihres Alters beschränkt geschäftsfähig sind.[265] Allerdings lässt sich aus dem Gesetz gerade nicht entnehmen, dass die Ehevertragsfähigkeit von der Ehemündigkeit abhängt und beschränkt Geschäftsfähige deshalb korrespondierend zu § 1303 BGB auch keine Eheverträge mehr schließen können. Daher geht die Literatur davon aus, dass auch in der Zukunft durch die gesetzlichen Vertreter Eheverträge auch für Minderjährige geschlossen werden können. Denn weder aus § 1411 BGB noch aus dem geänderten § 1303 BGB lassen sich Ehevertragsverbote für Minderjährige ableiten.[266] Da § 1411 BGB aber keine Sonderregelung bzgl. des Abschlusses eines Ehevertrags durch einen beschränkt geschäftsfähigen Minderjährigen mehr enthält, ist nun auf die allgemeinen Bestimmungen der §§ 104 ff. BGB zurückzugreifen.[267]

Der Abschluss eines Ehevertrags ist daher auch nach der Gesetzesänderung noch möglich, auch wenn hierfür nun nicht mehr die Sonderregel des § 1411 BGB greift. Denkbar ist beispielsweise ein Fall, in dem die Ehe zwar erst nach dem Erreichen der Volljährigkeit eingegangen, zuvor aber bereits ein Ehevertrag ausgehandelt und abgeschlossen werden soll.

b) Gesetzesänderung des § 2275 BGB

Aufgrund der Annahme des Gesetzgebers, dass aufgrund der Änderung des § 1303 BGB auch keine Sonderregelungen für minderjährige Ehegatten mehr erforderlich seien, wurde auch § 2275 BGB entsprechend geändert.[268]

264 BT-Drs. 18/12086, S. 21.

265 Vgl. *Siede*, in: BeckOK BGB, § 1411, Rn. 6.

266 Vgl. *Reetz*, in: Beck Großkommentar, § 1411, Rn. 28.

267 Vgl. *Reetz*, in: Beck Großkommentar, § 1411, Rn. 28.

268 Vgl. BT-Drs. 18/12086, S. 21.

Zuvor enthielt § 2275 in Abs. 2 und Abs. 3 BGB folgende Sonderregel:

„(1) Einen Erbvertrag kann als Erblasser nur schließen, wer unbeschränkt geschäftsfähig ist.

(2) Ein Ehegatte kann als Erblasser mit seinem Ehegatten einen Erbvertrag schließen, auch wenn er in der Geschäftsfähigkeit beschränkt ist. Er bedarf in diesem Falle der Zustimmung seines gesetzlichen Vertreters; ist der gesetzliche Vertreter ein Vormund, so ist auch die Genehmigung des Vormundschaftsgerichts erforderlich.

(3) Die Vorschriften des Absatzes 2 gelten auch für Verlobte."

Grundsätzlich verlangte § 2275 Abs. 1 BGB a.F. die unbeschränkte Geschäftsfähigkeit des Erblassers für den Abschluss eines Erbvertrags. Allerdings sah § 2275 Abs. 2 BGB a.F. eine Ausnahme für minderjährige Ehegatten vor, insofern als diese mit der Zustimmung des gesetzlichen Vertreters mit ihrem Ehegatten wirksam einen Erbvertrag abschließen konnten.[269] § 2275 Abs. 3 BGB a.F. erweiterte diese Ausnahme auf Verlobte. Dabei galten für die Zustimmungserklärung des gesetzlichen Vertreters die allgemeinen Vorschriften die §§ 108 f. BGB und die §§ 182 ff. BGB.[270] Die Mitwirkung des gesetzlichen Vertreters war dabei allein auf die Abgabe der Zustimmungserklärung beschränkt, denn entsprechend dem § 2274 BGB konnte auch der beschränkt Geschäftsfähige den Erbvertrag nur persönlich schließen.[271] Bis zur Abgabe einer entsprechenden Zustimmung war der Erbvertrag schwebend unwirksam, eine Heilung durch Genehmigung der gesetzlichen Vertreter konnte aber bis zum Tod eines Ehegatten erfolgen.[272] Mit dem Erreichen der unbeschränkten Geschäftsfähigkeit konnte der Ehegatte den zuvor geschlossenen Erbvertrag auch nachträglich selbst genehmigen.[273]

Aufgrund des Gesetzes zur Bekämpfung von Kinderehen wurden Abs. 2 und Abs. 3 ersatzlos gestrichen. Einen Erbvertrag kann nur noch schließen, wer unbeschränkt geschäftsfähig ist.[274] So besteht § 2275 BGB nach der Gesetzesreform nur noch aus dem vorherigen Abs. 1 und lautet in seiner neuen Fassung:

„Einen Erbvertrag kann als Erblasser nur schließen, wer unbeschränkt geschäftsfähig ist."

---

269 Vgl. *Hoeren*, in: Schulze Bürgerliches Gesetzbuch, § 2275, Rn. 6.

270 Vgl. *Hoeren*, in: Schulze Bürgerliches Gesetzbuch, § 2275, Rn. 6.

271 Vgl. *Musielak*, in: MüKo BGB (7. Auflage 2017), § 2275, Rn. 9.

272 Vgl. *Musielak*, in: MüKo BGB, § 2275 (7. Auflage 2017), Rn. 12.

273 Vgl. *Röhl*, in: Beck Großkommentar, § 2275, Rn. 14.

274 Vgl. *Litzenburger*, in: BeckOK BGB, § 2275, Rn. 3.

Erbverträge, die aufgrund einer vor dem 21.07.2017 eingegangenen Ehe unter Beteiligung eines minderjährigen Ehegatten geschlossen wurden, behalten aber auch nach der Gesetzesänderung ihre Gültigkeit.[275]

§ 2275 BGB stellt härtere Voraussetzungen auf als die bloße Testierfähigkeit. So kann ein beschränkt Geschäftsfähiger nun keinesfalls mehr einen Erbvertrag abschließen. Ab Vollendung des 16. Lebensjahres kann der Minderjährige nach § 2229 Abs. 1 BGB aber ein eigenhändiges Testament errichten.[276]

Minderjährige Ehegatten, die das 16. Lebensjahr noch nicht vollendet haben, können gem. § 2229 Abs. 1 BGB noch kein eigenhändiges Testament errichten. Ihnen fehlt folglich jegliche Möglichkeit, eine wirksame letztwillige Verfügung zu treffen. Wird eine solche letztwillige Verfügung dennoch getroffen, ist sie unheilbar nichtig.[277]

10. Bereicherungsrechtliche Rückabwicklung

Durch die Annahme einer Nichtehe stehen dem Minderjährigen, wie aufgezeigt, keinerlei Ansprüche gegen den Ehegatten zu. Dies kann sogar zu existenzbedrohenden Szenarien führen, da dem Minderjährigen weder Unterhalt durch den volljährigen Partner geleistet werden muss,[278] noch ein Zugewinnausgleich zugunsten des Minderjährigen stattfindet, so dass die gesamte Vermögensmehrung, die innerhalb der Ehe bei dem volljährigen Partner eingetreten ist, allein dem Partner verbleibt.[279] Im schlimmsten Fall könnte es dazu kommen, dass ein minderjähriger Ehegatte, der aufgrund der zu früh eingegangenen Ehe keinerlei Ausbildung hat, ohne wirtschaftliche Absicherung dasteht und zur Grundsicherung auf staatliche Leistungen zurückgreifen muss.[280] Es könnte daher angezeigt sein, zwischen den Ehegatten auch bereicherungsrechtliche Rückabwicklungsansprüche zuzulassen.

a) Rückabwicklung nach den Grundsätzen der fehlerhaften Gesellschaft

Möglicherweise könnte man die Grundsätze der fehlerhaften Gesellschaft auf eine Nichtehe zugunsten des minderjährigen Ehegatten entsprechend anwenden.

275 Vgl. *Röhl*, in: Beck Großkommentar, BGB, § 2275, Rn. 7.
276 Vgl. *Litzenburger*, in: BeckOK BGB, § 2275, Rn. 3.
277 Vgl. *Litzenburger*, in: BeckOK BGB, § 2275, Rn. 5.
278 Vgl. hierzu C. I. 4.
279 Vgl. hierzu C. I. 5.
280 Vgl. hierzu C. I. 4. e).

Abweichend von § 142 Abs. 1 BGB gilt bei einem fehlerhaften Gesellschaftsvertrag grundsätzlich die Nichtigkeit nicht von Beginn an. Vielmehr ist ein solcher Vertrag nur für die Zukunft aufhebbar, so dass es keiner Rückabwicklung der bis dahin erbrachten Leistungen bedarf.[281]

Dem folgend könnte man auch bei der Eheschließung unter Beteiligung eines Minderjährigen vertreten, dass die Nichtehe erst für die Zukunft aufgelöst und für die Vergangenheit als wirksam erachtet wird. Dagegen spricht jedoch, dass die Grundsätze der fehlerhaften Gesellschaft gerade nicht zur Anwendung kommen, wenn Minderjährige an dieser Gesellschaft beteiligt sind. Denn sind beschränkt Geschäftsfähige an einer Gesellschaft beteiligt, so sind die Grundsätze aufgrund des besonderen Schutzbedürfnisses der Minderjährigen nicht anzuwenden. Stattdessen gelten die Beitrittserklärungen von beschränkt Geschäftsfähigen als schwebend unwirksam.[282]

Werden Minderjährige ohnehin bereits aus dem Anwendungsbereich der Grundsätze einer fehlerhaften Gesellschaft ausgenommen, so können diese erst recht nicht auf einen weiteren Lebensbereich übertragen werden. Zudem unterliefe man mit einer solchen Anwendung die Wertungen des Gesetzgebers, da die Nichtehe dann doch wie eine aufhebbare, für die Vergangenheit wirksame Ehe behandelt würde.

b) Bereicherungsrechtliche Ansprüche gem. § 812 BGB

In Betracht kommt auch eine bereicherungsrechtliche Rückabwicklung der Beziehung. Da die vermeintlichen Ehegatten aufgrund der Einstufung als Nichtehe rein rechtlich tatsächlich in einer nichtehelichen Gemeinschaft leben, muss auch für die Beurteilung der Rückabwicklung auf die Rechtsgrundsätze der Rückabwicklung der nichtehelichen Gemeinschaft zurückgegriffen werden. Der BGH bejaht dabei die Möglichkeit einer Zweckverfehlungskondiktion zwischen den nichtehelichen Partnern.[283] Hierbei kommen jedoch keine Ansprüche bzgl. solcher Leistungen in Betracht, die der Gestaltung des täglichen Lebens dienen.[284]

Die Zweckverfehlungskondiktion ist jedoch subsidiär gegenüber der Leistungskondiktion.

281 Vgl. *Wedemann*, in: Oetker, Handelsgesetzbuch, § 230, Rn. 63.
282 Vgl. *Schöne*, in: BeckOK BGB, § 705, Rn. 88.
283 Vgl. BGH, vom 9.7.2008 – XII ZR 179/05, NJW 2008, 3277.
284 Vgl. *Stein*, FamFR 2011, 409, 411.

Im Falle einer Nichtehe könnte aber auch ein vorrangiger Anspruch aus § 812 Abs. 1 S. 1 Alt. 1 BGB (Leistungskondiktion) bzgl. des entsprechend dem § 1360 BGB geleisteten Familienunterhalts in Betracht kommen. Familienunterhalt nach § 1360 BGB wird innerhalb wirksamer Ehen von den Ehegatten geschuldet.[285] Voraussetzung des Familienunterhalts ist daher das Bestehen einer formgültigen Ehe.[286] Erfolgt eine Leistung des Familienunterhalts ohne zugrundeliegende Ehe, könnte man daher vertreten, dass diese Leistung ohne Rechtsgrund i.S.d. § 812 BGB erfolgt.[287] Dagegen ist jedoch einzuwenden, dass eine Nichtehe dazu führt, dass die Partner in einer nichtehelichen Lebensgemeinschaft leben und in einer solchen die Rückforderung von gegenseitig erbrachten Unterhaltsforderungen im Rahmen einer Zweckverfehlungskondiktion ausgeschlossen ist.[288] Dies würde umgangen, wenn man im Falle einer Nichtehe nun jedoch eine Leistungskondiktion mangels wirksamer Ehe zuließe, was dazu führen würde, dass die Partner einer Nichtehe schlechter gestellt würden als diejenigen einer nichtehelichen Lebensgemeinschaft, obwohl beide rechtlich in der gleichen Beziehungsform leben. Daher kommt eine Leistungskondiktion von vornherein nicht in Betracht und eine bereicherungsrechtliche Rückabwicklung nur, wie bei einer nichtehelichen Lebensgemeinschaft, durch eine Zweckverfehlungskondiktion. Zudem würde ein solcher bereicherungsrechtlicher Anspruch auch zu Folgeproblemen führen. Denn nach § 812 BGB ist die Herausgabe des Erlangten geschuldet. Problematisch ist dies, wenn ein Ehegatte seine Unterhaltspflicht durch die Führung des Haushalts oder die Kinderbetreuung erfüllt hat. In diesem Fall ist nach § 818 Abs. 2 BGB der Empfänger zu Wertersatz verpflichtet, was wiederum weitere Bewertungsprobleme des Naturalunterhalts aufwirft.

Da die Partner einer Nichtehe im Normallfall wohl in Unkenntnis über die Unwirksamkeit ihrer Verbindung leben und der Familienunterhalt zu keiner anhaltenden Bereicherung führt, sondern der Bestreitung des täglichen Lebens dient, könnte sich der Anspruchsgegner außerdem stets nach § 818 Abs. 3 BGB auf Entreicherung berufen. In diesem Fall wäre der Anspruch nicht durchsetzbar.

Die Grundsätze der nichtehelichen Gemeinschaft und deren Rückabwicklung sprechen dafür, keinen bereicherungsrechtlichen Anspruch bzgl. des Unterhalts anzunehmen, selbst dann nicht, wenn sich die Beteiligten nicht auf die Einrede

---

285 Vgl. *Beutler*, in: BeckOK BGB, § 1360, Rn. 4.
286 Vgl. *Beutler*, in: BeckOK BGB, § 1360, Rn. 4.
287 Vgl. *Stadler*, in: Jauernig, § 812, Rn. 12.
288 Vgl. *Schwab*, in: MüKo BGB, § 812, Rn. 501.

der Entreicherung berufen. Denn nach der Rechtsprechung des BGH sind Leistungen innerhalb einer nichtehelichen Gemeinschaft, die dem gemeinsamen Zusammenleben dienen und das tägliche Zusammenleben ermöglichen, von einem Bereicherungsanspruch ausgeschlossen.[289] Dies sollte ebenso für die das rechtliche Gebilde der Nichtehe gelten. Denn auch wenn die Vorstellung der vermeintlichen Ehegatten zuträfe und sie wirksam verheiratet wären, bestünde im Falle einer Scheidung bzgl. des geleisteten Familienunterhalts, keinerlei Anspruch auf eine Rückabwicklung. Allerdings kommt, der Rechtsprechung des BGH für nichteheliche Gemeinschaften[290] folgend, eine Zweckverfehlungskondiktion in Betracht. Zwar wird ein Anspruch nicht bzgl. der Leistungen des täglichen Lebens gewährt, für darüber hinausgehende Leistungen ist ein solcher Anspruch jedoch denkbar, wenn eine Bereicherung eines Ehegatten gegeben ist.[291]

c) Ausgleichsansprüche gem. § 313 BGB

Den vermeintlichen Ehegatten könnten zudem auch Ausgleichsansprüche nach § 313 BGB zustehen, wenn z.B. während des gemeinsamen Zusammenlebens ein Familienheim errichtet wurde.

Konsequenterweise muss auch hierbei die Rückabwicklung wie bei einer nichtehelichen Gemeinschaft erfolgen. Hierbei ging die Rechtsprechung lange Zeit davon aus, dass grundsätzlich keine bereicherungsrechtlichen Ausgleichsansprüche möglich seien, da die Partner bewusst auf die Eingehung einer Ehe und die daraus resultierenden Rechte und Pflichten verzichten.[292] Mit seiner Entscheidung im Jahr 2011 hat der BGH[293] jedoch klargestellt, dass auch innerhalb einer nichtehelichen Gemeinschaft Ausgleichsansprüche aufgrund des Wegfalls einer Geschäftsgrundlage nach § 313 BGB in Betracht kommen. Zuvor war allein eine Lösung über das Gesellschaftsrecht, bei Vorliegen einer Gesellschaft des bürgerlichen Rechts (GbR), als möglich erachtet worden.[294]

Bereits der Grundsatz, dass die Beteiligten die Ehe bewusst nicht eingehen, trifft bei einer Nichtehe, die aufgrund des Alters eines der Eheschließenden vorliegt, nicht zu. Vielmehr wollten die Ehegatten die Ehe mit all ihren Rechten und

---

289 Vgl. *Grziwotz*, NZFam 2015, 543, 544.
290 Vgl. BGH, vom 9.7.2008 – XII ZR 179/05, NJW 2008, 3277.
291 Vgl. BGH, vom 9.7.2008 – XII ZR 179/05, NJW 2008, 3277.
292 Vgl. *Stein*, FamFR 2011, 409, 409.
293 Vgl. BGH, vom 6.7.2011 – XII ZR 190/08, NJW 2011, 2880.
294 Vgl. *Stein*, FamFR 2011, 409, 409.

Pflichten eingehen, konnten dies aufgrund der Gesetzeslage aber nicht tun (möglicherweise sogar ohne das Wissen der Beteiligten um ihre Nichtehe). Fraglich ist daher, ob diese Fälle tatsächlich gleich zu bewerten sind. Rein rechtlich handelt es sich um die gleichen Situationen. In beiden Fällen liegt eine nichteheliche Gemeinschaft vor. Der große Unterschied ist dabei, dass die einen tatsächlich keinerlei rechtliche Bindung in Form einer Ehe eingehen wollen, während sich die anderen genau diese Bindung gewünscht, aber nicht erreicht haben. Allein dieser subjektive Aspekt wird für sich genommen wohl keine andere Bewertung rechtfertigen. Dafür spricht auch der Wille des Gesetzgebers, der ausdrücklich klarstellt, dass diese Verbindung keine rechtlichen Folgen nach sich ziehen soll,[295] womit nach seiner Auffassung eine nichteheliche Lebensgemeinschaft vorliegt. Dass der Gesetzgeber keine andere Bewertung der Nichtehe wollte, wird auch dadurch deutlich, dass er keine eigenen Regelungen zur Abwicklung der Nichtehe vorgesehen hat. Dementsprechend ist die Nichtehe als eine nichteheliche Lebensgemeinschaft rückabzuwickeln.

Der BGH weicht mit der aktuellen Rechtsprechung immer weiter von dem Grundsatz der rechtlichen Unverbindlichkeit ab und sieht auch bei nichtehelichen Gemeinschaften Rechte bzgl. eines möglichen Ausgleichs vor.[296] Entsprechend könnte auch bei der Nichtehe ein Ausgleichsanspruch in Betracht kommen. Ein solcher Anspruch nach § 313 BGB ist jedoch auf die Fälle begrenzt, in denen es um größere Beträge geht, die zu einer tatsächlichen Bereicherung des anderen Partners geführt haben.[297]

11. Elterliche Sorge für den minderjährigen Ehegatten[298]

Aufgrund des Gesetzes zur Bekämpfung von Kinderehen ist § 1633 BGB, der das Sorgerecht für verheiratete Minderjährige regelte, ersatzlos weggefallen.[299] Nach § 1633 BGB war die elterliche Sorge ab dem Zeitpunkt der Heirat auf die persönlichen Angelegenheiten des Minderjährigen begrenzt.[300] Mit dem Wegfall des § 1633 BGB ändert sich durch eine Eheschließung nun nichts mehr an der elterlichen Sorge. Diese bleibt trotz Eheschließung bei den Eltern des Minderjährigen und zwar ohne Beschränkung.[301]

295 Vgl. BT-Drs. 18/12086, S. 13.
296 Vgl. *Stein,* FamFR 2011, 409, 411.
297 Vgl. *Stein*, FamFR 2011, 409, 411.
298 Gilt entsprechend für Abschnitt D. I. 3. j) dieser Arbeit.
299 Vgl. BGBl. I Nr. 48/2429, 2430.
300 Vgl. *Schwab*, FamRZ 2017, 1369, 1372.
301 Vgl. *Schwab*, FamRZ 2017, 1369, 1372.

12. Stellungnahme

Dem Minderjährigen wird durch die Nichtigkeitslösung jeglicher Schutz versagt. Zwar entfaltet diese Lösung ein starkes politisches Signal, jedoch ist mehr als fraglich, ob sie dabei auch der Realität gerecht wird. *Schwab* nennt die Gesetzesänderung gar übermotiviert und über das Ziel hinausgeschossen.[302]

Als Vorteil dieser drastischen Lösung lässt sich mit Sicherheit der vereinfachte Verwaltungsaufwand ins Feld führen.

Eine solche Lösung verstößt jedoch gegen die Grundprinzipien des Minderjährigenschutzes. Minderjährigen Ehegatten stehen aufgrund der Einstufung als Nichtehe keinerlei Ansprüche gegen den vermeintlichen Ehepartner zu. Unterhaltsrechtlich kann eine minderjährige Ehefrau maximal Ansprüche aus § 1615l BGB geltend machen. Zwar kann die Frau für sich einen Betreuungsunterhalt nach § 1615l BGB und Unterhalt für die Zeit vor der Geburt geltend machen. Dem Kind stehen hingegen aus § 1601 BGB keinerlei Unterhaltsansprüche zu. Hierfür müsste zunächst eine rechtliche Verwandtschaft bestehen, welche sich aufgrund der Einordnung als Nichtehe nicht kraft Gesetzes ergibt.

Der Minderjährige steht aufgrund der Nichtigkeitslösung deutlich schlechter da, da diese gerade die Folgefragen völlig außer Acht lässt.[303] Zwar heißt es in dem Gesetzentwurf, die Nichtigkeitslösung entspreche dem Minderjährigenschutz,[304] doch zeigt die hier vorgenommene Überprüfung der Auswirkungen auf eine solche Verbindung, dass dies gerade nicht der Fall ist. Vielmehr tritt die Nichtigkeitslösung den Minderjährigenschutz regelrecht mit Füßen.

Zudem erscheint die Anordnung der Nichtehe auch unverhältnismäßig. So sieht das BGB auch für schwere Fehler wie eine Eheschließung unter Drohung oder Täuschung oder auch bei einer Ehe unter Verwandten stets die Aufhebbarkeit und nicht die Anordnung einer Nichtehe vor.[305] Eine solche Rechtsfolge bei der Beteiligung eines Minderjährigen unter 16 Jahren anzuordnen, ist daher nicht verhältnismäßig. Vielmehr müsste ein Gleichlauf zwischen den Fehlerfolgen bestehen.

Mangels Heilungs- und Bestätigungsmöglichkeit wird zudem in die Privatautonomie der betroffenen Minderjährigen eingegriffen.[306] Diese können nun nicht mehr mit dem Erreichen der Volljährigkeit und damit der Erlangung der

---

302 Vgl. *Schwab*, FamRZ 2017, 1369, 1373.

303 Vgl. Stellungnahme *Weller* 17.05.2017.

304 Vgl. BT-Drs. 18/12086, S. 17.

305 Vgl. *Schwab*, FamRZ 2017, 1369, 1374.

306 Vgl. Stellungnahme *Weller* 17.05.2017.

vollen Geschäftsfähigkeit über den Fortbestand der ehelichen Gemeinschaft autonom entscheiden.[307] Ein solches Ergebnis erscheint nicht systemgerecht und widerspricht den Grundsätzen des BGB zur Privatautonomie und Eigenverantwortung. Den Partnern wäre es jedoch möglich, nach dem Eintritt der Volljährigkeit des minderjährigen Partners die Ehe erneut zu schließen, um eine wirksame Ehe zu begründen. In diesem Fall würde zwischen den Partnern zwar eine Ehe begründet, aber nur über den Umweg der erneuten Eheschließung und nicht durch das bloße Fortführen der ehelichen Gemeinschaft. Die Partner daher der Einfachheit halber auf diesen Weg zu verweisen, erscheint nicht interessengerecht, zumal in diesem Fall auch ein weiterer Verwaltungsakt und dabei die Mitwirkung eines Standesbeamten erforderlich wäre.

Zudem kann bei einer solch pauschalen Regelung das Kindeswohl nicht ausreichend einbezogen werden. Wie dargestellt, umfasst das Kindeswohl die Gesamtheit der kindlichen Bedürfnisse und Interessen, wobei zu seiner Beurteilung häufig auf die Unterstützung von Sachverständigen zurückzugreifen ist.[308] Wenn die Bewertung des Kindeswohls die Familiengerichte und auch die Sachverständigen[309] in jedem Einzelfall vor Schwierigkeiten stellt, wie soll dann eine pauschale Regelung, die tief in die Privatsphäre der Kinder eingreift, dem Kindeswohl genügen? Vielmehr ist es so, dass aufgrund der Neuregelung des § 1303 BGB gerade nicht mehr individuell auf das Kindeswohl im Einzelfall abgestellt wird, sondern alle Sachverhalte den gleichen Rechtsfolgen unterliegen, unabhängig von deren Auswirkungen auf das Kindeswohl. Allein eine Regelung, die eine Einzelfallprüfung ermöglicht, kann auch dem Kindeswohl gerecht werden. Dabei stellt sich die Frage, ob die Beurteilung des Kindeswohls in diesen Fällen allein dem Gericht überlassen werden soll oder ob verpflichtend ein Sachverständigengutachten eingeholt werden sollte. Zumindest in komplexeren Fällen erscheint es durchaus angemessen, auf die Bewertung eines Sachverständigen zurückzugreifen. Eine generelle Pflicht zur Einholung einer solchen Einschätzung wäre jedoch zu weitgehend. Daher sollte der Richter nach seinem Ermessen entscheiden, ob er in dem jeweiligen konkreten Fall auf die Unterstützung eines Sachverständigen zurückgreift. Allerdings bliebe auch dann die endgültige Entscheidungsgewalt stets bei dem jeweiligen zuständigen Richter.[310] Dieser könnte ein Gutachten als Hilfestellung heranziehen, aber dürfte die Entscheidung gerade

307 Vgl. Stellungnahme *Weller* 17.05.2017.
308 Vgl. *Coester*, NZFam 2016, 577, 577.
309 Vgl. *Kircher*, NZFam 2016, 600, 600.
310 Vgl. *Metzger*, FPR 2008, 273, 278.

nicht den Sachverständigen überlassen; er hätte selbst über die Aussagekraft und Glaubwürdigkeit des Gutachtens zu entscheiden.[311]

Auch wenn der Gesetzgeber auf der Rechtsfolge der Nichtehe besteht, hätte er dabei zumindest die Folgefragen und Folgeansprüche im Blick behalten müssen. Nur wenn dem minderjährigen Partner, der möglicherweise bereits seit Jahren mit dem volljährigen Partner zusammenlebt, Folgeansprüche zustehen können, ist dem Minderjährigenschutz angemessen Rechnung getragen.

II. Rechtsfolgen bei Fällen mit Auslandsbezug

Bei Fällen mit Auslandsbezug ist zwischen einer Eheschließung ausländischer Staatsangehöriger in Deutschland und einer Eheschließung im Ausland zu unterscheiden.

1. Eheschließung ausländischer Staatsangehöriger im Ausland

Erfolgt eine Eheschließung ausländischer Staatsangehöriger im Ausland, kann sich die Frage nach der Wirksamkeit dieser Ehe nach deutschem Recht stellen.

a) Entscheidende Normen

Für die Beurteilung dieser Ehen enthält das EGBGB die entsprechenden Kollisionsvorschriften. Dabei ist zwischen der Formwirksamkeit und den materiellen Ehevoraussetzungen zu unterscheiden. Während sich die Formwirksamkeit nach Art. 11 EGBGB richtet, kommt bzgl. der materiellen Ehevoraussetzungen ebenfalls Art. 13 EGBGB zur Anwendung.[312]

b) Alte Rechtslage: Ordre public bei einer Minderjährigenehe

Vor der Neuregelung des Art. 13 EGBGB richtete sich die Ehemündigkeit gem. Art. 13 Abs. 1 EGBGB a.F. nach dem jeweiligen Heimatrecht der Verlobten. Danach waren die Beteiligten in Deutschland als ehemündig anzusehen, wenn die Verlobten nach ihrem Heimatrecht ehemündig waren. Dementsprechend konnten auch Ehen unter Beteiligung Minderjähriger in Deutschland als wirksam anzusehen sein. Eine Korrektur der Beurteilung war nur nach dem allgemeinen ordre public gem. Art. 6 EGBGB möglich. Art. 6 EGBGB ist einschlägig, wenn ein Ergebnis vorliegt, dass mit den Grundsätzen des deutschen Rechts

---

311 Vgl. *Metzger*, FPR 2008, 273, 278.
312 Vgl. *Antomo*, NJW 2016, 3358, 3359.

unvereinbar ist.[313] Nach Art. 6 EGBGB kann die Anerkennung der Wirksamkeit der Ehe nach deutschem Recht versagt werden, wenn nach ausländischem Recht eine Beurteilung vorliegt, die nach den Grundsätzen des deutschen Rechts untragbar ist.[314]

Daher wurde bereits vor der Neuregelung des Art. 13 Abs. 3 EGBGB in bestimmten Konstellationen ein ordre public-Verstoß angenommen und Ehen unter Beteiligung Minderjähriger die Anerkennung versagt.[315] Dabei war jedoch stets umstritten, ab welchem Alter ein solcher Verstoß anzunehmen ist. Einstimmig wurde dabei angenommen, dass entsprechend dem § 1303 Abs. 2 BGB a.F. ein ordre public-Verstoß ab Vollendung des 16. Lebensjahres nicht mehr gegeben ist.[316] Da ab diesem Alter auch in Deutschland eine Eheschließung nach § 1303 Abs. 2 BGB a.F. möglich war, stellte eine solche Eheschließung gerade keinen Verstoß gegen die deutschen Grundsätze dar.

Teilweise wurde vertreten, dass ein ordre public-Verstoß aber bereits dann anzunehmen sei, wenn ein Beteiligter bei der Eheschließung unter 16 Jahren alt war.[317]

Andererseits wurde in der Literatur gefordert, die Altersgrenze niedriger anzusetzen und einen ordre public-Verstoß nur dann zu bejahen, wenn ein Ehegatte bei der Eheschließung jünger als 14 Jahre war.[318]

Als Mittelweg wurde vorgeschlagen, einen Verstoß gegen den ordre public bei einer Eheschließung vor der Vollendung des 15. Lebensjahres anzunehmen.[319]

Wurde ein ordre public-Verstoß angenommen, sollten sich die Fehlerfolgen, wenn möglich, nach dem Heimatrecht der Ehegatten richten. Nur wenn dieses keine geeigneten Fehlerfolgen vorsah, sollte auf das deutsche Recht zurückgegriffen werden.[320]

c) Neue Rechtslage: Anerkennung ausländischer Ehen

Die §§ 1303 ff. BGB spielen bei der Beurteilung einer ausländischen Ehe zunächst keine Rolle.[321] Stattdessen ist das Kollisionsrecht entscheidend und nach diesem

---

313 Vgl. *Antomo*, NJW 2016, 3358, 3360.
314 Vgl. *Antomo*, NJW 2016, 3558, 3561.
315 Vgl. KG Berlin, vom 21.11.2011 – 1 W 79/11, NJOZ 2012, 165.
316 Vgl. *Antomo*, NJW 2016, 3558, 3561.
317 Vgl. *Coester*, in: MüKo BGB (6. Auflage 2015), Art. 13 EGBGB, Rn. 38.
318 Vgl. *Frank*, StAZ 2012, 129, 130.
319 Vgl. *Mankowski*, FamRZ 2016, 1274, 1275.
320 Vgl. *Antomo*, NJW 2016, 3558, 3562.
321 Vgl. *Antomo*, NJW 2016, 3558, 3559.

das anwendbare Recht zu ermitteln. Im Ausland geschlossene Ehen ausländischer Staatsangehöriger werden in Deutschland grundsätzlich automatisch anerkannt, wenn sie nach dem Heimatrecht der Ehegatten wirksam sind.[322] Es bedarf hierbei im Normalfall keines besonderen Anerkennungsverfahrens im Inland.[323]

d) Sonderfall der Ehemündigkeit

Aufgrund der Einführung des neuen Art. 13 Abs. 3 EGBGB wird nun zur Beurteilung der Ehemündigkeit der Grundsatz der automatischen Anerkennung durchbrochen. Nach dem neuen Art. 13 Abs. 3 EGBGB wird bzgl. der Ehemündigkeit nicht mehr auf das Heimatrecht der Ehegatten abgestellt,[324] stattdessen ordnet Art. 13 Abs. 3 EGBGB selbst starre Altersgrenzen und die Rechtsfolgen bei einem Verstoß gegen diese Altersgrenzen an. Bei Art. 13 Abs. 3 EGBGB handelt es sich also nicht um eine Kollisionsvorschrift im eigentlichen Sinne, sondern um eine Sachvorschrift, die sich gegenüber ausländischem Recht durchsetzt.[325] Die Neufassung des Art. 13 Abs. 3 EGBGB ist also eine positive Ausprägung eines speziellen deutschen ordre public, wodurch die starren Altersgrenzen zur Beurteilung der Ehemündigkeit internationale Geltung erlangen.[326]

Ist nach dem Heimatrecht der Ehegatten eine Ehe wirksam geschlossen, kann diese nach Art. 13 Abs. 3 Nr. 1 EGBGB somit in Deutschland dennoch als Nichtehe eingestuft werden. Mangels wirksamer Ehe bedarf es im Inland in diesem Fall keinerlei rechtlicher Gestaltung oder gerichtlicher Feststellung.[327] In diesem Fall liegt ein sog. hinkendes Rechtsverhältnis vor, da ein und dasselbe Rechtsverhältnis in einem Staat als wirksam und in einem anderen als unwirksam angesehen wird.[328]

Beispielsweise können Mädchen in Syrien ab Vollendung des 13. Lebensjahres mit einer gerichtlichen Genehmigung und der Zustimmung des Vaters die Ehe schließen.[329] Heiratet nun in Syrien eine 13-jährige syrische Staatsangehörige

---

322 Vgl. *Bongartz*, NZFam 2017, 541, 542.

323 Vgl. *Antomo*, NJW 2016, 3558, 3359.

324 Vgl. *Bongartz*, NZFam 2017, 541. 542.

325 Vgl. *Majer*, NZFam 2017, 537, 541.

326 Vgl. *Majer*, NZFam 2017, 537, 541.

327 Vgl. *Erbarth*, in: Beck Großkommentar, BGB, § 1353, Rn. 130.

328 Vgl. *Hausmann*, in: Hausmann/Odersky, § 3, Rn. 95.

329 Vgl. § 18 des syrischen Personalstatutsgesetz, deutsche Übersetzung abrufbar unter: https://www.familienrecht-in-syrien.de/syr/gesetze/das_syrische_personalstatutsge/psg_die_ehe.cfm

einen 18-jährigen, ebenfalls syrischen Staatsangehörigen mit einer entsprechenden gerichtlichen Genehmigung des syrischen Gerichts, ist diese Ehe nach dem syrischen Heimatrecht der Ehegatten wirksam. Verlegen die Ehegatten ihren Lebensmittelpunkt nach Deutschland, ist ihre Ehe dort nicht wirksam, sondern nach Art. 13 Abs. 3 Nr. 1 EGBGB als Nichtehe einzustufen. Es besteht ein hinkendes Rechtsverhältnis.

Nur ausnahmsweise kann eine solche Ehe nach Art. 229 § 44 Abs. 4 EGBGB in Deutschland als wirksam angesehen werden.[330]

e) *Fehlende Ehemündigkeit als Ehehindernis*

Die fehlende Ehemündigkeit stellt ein Ehehindernis dar. Bisher wurde die fehlende Ehemündigkeit als einseitiges Ehehindernis qualifiziert.[331] Es betraf demnach nur die Person, bei der das Ehehindernis vorlag. Diese Person sollte aufgrund des Vorliegens des Ehehindernisses die Ehe nicht eingehen dürfen. Ein volljähriger Deutscher konnte bei der Einstufung als einseitiges Ehehindernis die Ehe grundsätzlich mit einem Minderjährigen eingehen, wenn dieser nach seinem Heimatrecht als ehemündig anzusehen gewesen wäre.[332] Dass die Ehemündigkeit nach dem deutschen Recht nicht gegeben war, war bei einer Einstufung als einseitiges Ehehindernis unbeachtlich.[333]

Allerdings wurden in der Vergangenheit in der Literatur vermehrt Stimmen laut, die darauf drängten, die fehlende Ehemündigkeit, insbesondere im Hinblick auf die Kinderehen, als zweiseitiges Ehehindernis anzusehen.[334] Ein zweiseitiges Ehehindernis verbietet dabei auch dem Partner, bei dem das Ehehindernis nicht vorliegt, die Ehe mit dem anderen einzugehen. Mit der Annahme eines zweiseitigen Ehehindernisses würde es demnach auch dem Volljährigen versagt, die Ehe mit dem Minderjährigen zu schließen, selbst wenn nach dem Heimatrecht des Minderjährigen dessen Ehemündigkeit zu bejahen wäre.[335] Soll das Verbot von Kinderehen wirksam in der Praxis umgesetzt werden, muss die fehlende Ehemündigkeit als zweiseitiges Ehehindernis angesehen werden.

Die Einstufung als zweiseitiges Ehehindernis blieb jedoch vor der Gesetzesänderung ohne Folgen, wenn das gleiche Eheschließungsrecht für beide Beteiligten

330 Vgl. B. IV.
331 Vgl. *Andrae*, NZFam 2016, 923, 924.
332 Vgl. *Antomo*, NZFam 2016, 1155, 1157.
333 Vgl. *Antomo*, NZFam 2016, 1155, 1157.
334 Vgl. *Andrae*, NZFam 2016, 923, 924.
335 Vgl. *Antomo*, NZFam 2016, 1155, 1157.

anzuwenden war und dieses Recht die Ehemündigkeit auf ein geringeres Alter festschrieb oder zwar verschiedene Rechtsordnungen als Heimatrechte zur Anwendung gelangten, aber beide Rechtsordnungen übereinstimmend das Ehemündigkeitsalter niedriger ansetzten.[336] Aufgrund der erfolgten Änderung des Art. 13 Abs. 3 EGBGB ist diesen Ehen in Deutschland nun aber wiederum die Wirksamkeit zu versagen, und zwar unabhängig von der Einstufung als einseitiges oder zweiseitiges Ehehindernis.

2. Eheschließung ausländischer Staatsangehöriger im Inland

Erfolgt eine Eheschließung unter Beteiligung eines oder zweier ausländischer Staatsangehöriger in Deutschland, ist das anwendbare Recht bzgl. der materiellen Ehevoraussetzungen nach Art. 13 EGBGB zu ermitteln.[337] Nach Art. 13 Abs. 1 EGBGB ist für ausländische Staatsangehörige diesbezüglich das jeweilige Heimatrecht anwendbar. Ein Standesbeamter in Deutschland hat vor einer Eheschließung daher zu überprüfen, ob die Eheschließungsvoraussetzungen nach dem jeweiligen Heimatrecht der Verlobten vorliegen.[338] Dies ist in der Praxis mit zahlreichen Schwierigkeiten verbunden, da der Standesbeamte im Normalfall das ausländische Recht nicht kennt. § 1309 BGB hält daher eine Erleichterung bereit. Nach § 1309 Abs. 1 BGB haben ausländische Staatsangehörige vor der Eheschließung ein sog. Ehefähigkeitszeugnis beizubringen. In diesem Ehefähigkeitszeugnis wird von den Behörden des Heimatstaates bestätigt, dass nach dem Heimatrecht keine Ehehindernisse vorliegen.[339]

Bzgl. der Form der Eheschließung ist gem. Art. 13 Abs. 4 EGBGB allein das deutsche Recht entscheidend, wenn die Eheschließung im Inland erfolgt.

3. Rechtsfolgen

Wird eine Ehe unter Beteiligung eines unter 16-Jährigen im Ausland geschlossen, ist sie nach Art. 13 Abs. 3 Nr. 1 EGBGB unwirksam und somit als Nichtehe zu qualifizieren. Dabei ist es gleichgültig, welche Staatsangehörigkeit die Beteiligten besitzen und ob das Heimatrecht die Ehe als wirksam ansieht.

---

336 Vgl. *Antomo*, NZFam 2016, 1155, 1157.
337 Vgl. *Bongartz*, NZFam 2017, 541, 542.
338 Vgl. *Antomo*, NZFam 2016, 1155, 1157.
339 Vgl. *Wellenhofer*, in: MüKo BGB, § 1309, Rn. 1.

a) Abstammung

Bzgl. der Beurteilung der Abstammung kann bei einer Ehe mit Auslandsbezug nicht ohne Weiteres auf das deutsche Sachrecht zurückgegriffen werden. Stattdessen ist zunächst nach dem Internationalen Privatrecht das anwendbare Recht zu ermitteln.

Aus deutscher Sicht ist hierfür Art. 19 EGBGB entscheidend. Dieser enthält alternative Anknüpfungspunkte zur Beurteilung der Abstammung, zwischen denen kein Rangverhältnis besteht.

aa) Anknüpfung an das Aufenthaltsstatut

Nach Art. 19 Abs. 1 S. 1 EGBGB ist das Recht desjenigen Staates anwendbar, in dem das Kind seinen gewöhnlichen Aufenthalt hat.[340] Der gewöhnliche Aufenthalt bezeichnet dabei nicht den einfachen Wohnsitz oder aktuellen Aufenthaltsort, sondern den Ort des Lebensmittelpunkts.[341] Hat die Familie den Mittelpunkt ihres Lebens in Deutschland, ist nach Art. 19 Abs. 1 S. 1 EGBGB auch die Abstammung nach deutschem Recht zu beurteilen. Als Vorfrage stellt sich in diesem Zusammenhang die Frage nach einer wirksamen Eheschließung, da nur dann nach deutschem Recht gem. § 1592 Nr. 1 BGB die Vaterschaft rechtlich begründet wird.

Befindet sich der gewöhnliche Aufenthalt des Kindes hingegen im Ausland, ist gem. Art. 19 Abs. 1 S. 1 EGBGB auch das ausländische Recht durch die deutschen Gerichte/Behörden anzuwenden.

(i) Anknüpfung von Vorfragen im Internationalen Privatrecht

Es ist strittig, nach welchem Recht eine Vorfrage zu beurteilen ist, wenn die Hauptfrage nach einer ausländischen Rechtsordnung zu beantworten ist. In diesem Zusammenhang ist umstritten, ob eine solche Vorfrage selbstständig oder unselbstständig angeknüpft wird.[342]

Nach der selbstständigen Anknüpfung soll unabhängig davon, ob auf die Beurteilung der Hauptfrage ausländisches oder deutsches Recht anzuwenden ist, die Vorfrage nach den Kollisionsnormen der lex fori beantwortet werden.[343] Für

---

340 Vgl. *Heiderhoff*, in: BeckOK BGB, Art. 19 EGBGB, Rn. 11.

341 Vgl. *Heiderhoff*, in: BeckOK BGB, Art. 19 EGBGB, Rn. 11.

342 Vgl. *Fritz Sturm/Gudrun Sturm*, in: Staudinger BGB, Einleitung zum Internationalen Privatrecht, Rn. 270.

343 Vgl. *Fritz Sturm/Gudrun Sturm*, in: Staudinger BGB, Einleitung zum Internationalen Privatrecht, Rn. 270.

eine selbstständige Anknüpfung der Vorfrage spricht die Wahrung des internen Entscheidungseinklangs.[344] Nur durch eine selbstständige Anknüpfung kann gewährleistet werden, dass Rechtsverhältnisse im Inland von allen Behörden und Gerichten auch gleich beurteilt werden.[345]

Bei der unselbstständigen Anknüpfung soll hingegen dasjenige Recht zur Anwendung kommen, das auch bei der Beurteilung der Hauptfrage anzuwenden ist. Ist auf die Hauptfrage ausländisches Recht anzuwenden, ist demnach zur Ermittlung des anwendbaren Rechts zur Beurteilung der Vorfrage ebenfalls auf die ausländischen Kollisionsnormen zurückzugreifen.[346] Für die unselbstständige Anknüpfung spricht die Förderung des internationalen Entscheidungseinklangs.[347] Nur durch die unselbstständige Anknüpfung kann gewährleistet werden, dass über die Hauptfrage unabhängig von der internationalen gerichtlichen Zuständigkeit einheitlich entschieden wird und so ein internationaler Entscheidungseinklang besteht.[348]

Eine selbstständige Anknüpfung ist jedoch zu befürworten. Dafür spricht, dass der Anwendungsbereich der zahlreichen internationalen Übereinkommen/Regelungen stets beschränkt ist. Diese Beschränkung wird missachtet, wenn man unselbstständig für Vorfragen an das Recht der Hauptfrage anknüpft.[349] Des Weiteren missachtet eine unselbstständige Anknüpfung den internen Entscheidungseinklang und könnte im Extremfall zu hinkenden Rechtsverhältnissen im Inland führen.[350] Der interne Entscheidungseinklang ist von besonderer Wichtigkeit für die Rechtssicherheit im Inland und gewichtiger zu bewerten als der internationale Entscheidungseinklang.[351] Andernfalls könnte es z.B. dazu kommen, dass eine Frau bzgl. einer unterhaltsrechtlichen Frage als verheiratet gälte, bei der Beurteilung einer erbrechtlichen Frage eine wirksame Ehe jedoch abzulehnen wäre.[352] Ein solches Ergebnis kann nicht hingenommen werden.

Auch die Vorfrage nach dem Bestehen einer wirksamen Ehe wird grundsätzlich selbstständig angeknüpft.[353]

---

344 Vgl. Rauscher § 5 B III, Rn. 512.
345 Vgl. *v. Hein*, in: MüKo BGB, Einleitung zum Internationalen Privatrecht, Rn. 173.
346 Vgl. *Fritz Sturm/Gudrun Sturm*, in: Staudinger BGB, Einleitung zum Internationalen Privatrecht, Rn. 270.
347 Vgl. *v. Hein*, in: MüKo BGB, Einleitung zum Internationalen Privatrecht, Rn. 171.
348 Vgl. *v. Hein*, in: MüKo BGB, Einleitung zum Internationalen Privatrecht, Rn. 171.
349 Vgl. *v. Hein*, in: MüKo BGB, Einleitung zum Internationalen Privatrecht, Rn. 175.
350 Vgl. *v. Hein*, in: MüKo BGB, Einleitung zum Internationalen Privatrecht, Rn. 176.
351 Vgl. Rauscher § 5 B III, Rn. 514.
352 Vgl. *v. Hein*, in: MüKo BGB, Einleitung zum Internationalen Privatrecht, Rn. 177.
353 Vgl. Rauscher § 8 A I, Rn. 731.

Von dem Grundsatz der selbstständigen Anknüpfung wurden jedoch bisher einige Ausnahmen anerkannt. Zum Beispiel werden im internationalen Namensrecht Vorfragen nach der Abstammung unselbstständig angeknüpft. Eine weitere Ausnahme war die Beurteilung einer Ehe als Vorfrage der Abstammung.[354] Nach dieser Ausnahme war für die Beurteilung der Ehe an dasjenige Recht anzuknüpfen, das auch für die Beantwortung der Hauptfrage zur Anwendung kam.

Eine solche unselbstständige Anknüpfung der Vorfrage bzgl. der wirksamen Ehe liefe jedoch der Gesetzesänderung des Art. 13 Abs. 3 EGBGB zuwider. Ließe man weiterhin in Ausnahmesituationen eine unselbstständige Anknüpfung zu, würden die Regelungen des Art. 13 Abs. 3 EGBGB ins Leere laufen und ausländische Ehen müssten aufgrund der unselbstständigen Anknüpfung in Deutschland ebenfalls als wirksam angesehen werden, auch wenn dies dem Art. 13 Abs. 3 EGBGB widerspräche. Das liefe dem eindeutigen Willen des Gesetzgebers, der die Wirksamkeit ausländischer Ehen in Bezug zur Ehemündigkeit einheitlich nach Art. 13 Abs. 3 EGBGB beurteilen will, zuwider.[355] Denn die zuvor geltende Rechtslage, wonach eine solche Ehe in Deutschland lediglich aufgrund eines Verstoßes gegen den ordre public des Art. 6 EGBGB unwirksam sein konnte, sah der Gesetzgeber als unbefriedigend an.[356] Hielte man nun dennoch ausnahmsweise an der unselbstständigen Anknüpfung fest, umginge man damit die Neuregelung des Art. 13 Abs. 3 EGBGB. Die Neuregelung des Art. 13 EGBGB würde quasi obsolet und der Wille des Gesetzgebers missachtet, so dass eine solche Lösung aufgrund der Gesetzesänderung nicht mehr vertretbar ist. Außerdem stünde einer solchen Beurteilung der interne Entscheidungseinklang entgegen. Somit ist die Ehe als Vorfrage stets selbstständig anzuknüpfen.

(ii) Zwischenergebnis zur Anknüpfung von Vorfragen im Internationalen Privatrecht

Zur Prüfung einer Vorfrage ist eine selbstständige Anknüpfung vorzunehmen. Aufgrund dessen wird im weiteren Fortgang der Arbeit ohne weitere Darstellung dieses Streitstands stets auf eine selbstständige Anknüpfung zur Beurteilung von Vorfragen zurückgegriffen.[357]

---

354 Vgl. *Helm*, in: MüKo BGB, Art. 19 EGBGB, Rn. 43 ff.

355 Vgl. BT-Drs. 18/12086, S. 14 f.

356 Vgl. BT-Drs. 18/12086, S. 15.

357 Die Anknüpfung kann durch Regelungen in den entsprechenden Verordnungen bzw. Staatsverträgen unterschiedlich und auch explizit geregelt werden, so dass die Art der Anknüpfung tatsächlich von Fall zu Fall variieren kann. So legt z.B. Art. 1 Abs. 2 Rom-III-VO i.V.m. EG 10 sowie EG 21 zur EuGüVO nahe, dass im Rahmen dieser

(iii) Beurteilung der Vorfrage nach einer wirksamen Eheschließung

Im Rahmen einer selbstständigen Anknüpfung wenden deutsche Gerichte demnach die eigenen deutschen Kollisionsnormen an. Zur Beurteilung der Wirksamkeit einer Eheschließung ist folglich Art. 13 EGBGB die entscheidende Norm.

Wie zuvor dargestellt, ist eine Ehe unter Beteiligung eines Minderjährigen unter 16 Jahren eine Nichtehe und somit nach deutschem Kollisionsrecht gem. Art. 13 Abs. 3 Nr. 1 EGBGB unwirksam.

(iv) Abstammung nach dem Recht des gewöhnlichen Aufenthalts gem. Art. 19 Abs. 1 S. 1 EGBGB

Aufgrund der Qualifikation als Nichtehe ist bei einem gewöhnlichen Aufenthalt des Kindes in Deutschland eine Vaterschaft nach Art. 19 Abs. 1 S. 1 EGBGB i.V.m. § 1592 Nr. 1 BGB zu verneinen. Stattdessen muss in diesem Fall nach § 1592 Nr. 2 BGB eine Vaterschaftsanerkennung oder nach § 1582 Nr. 3 BGB eine gerichtliche Vaterschaftsfeststellung erfolgen. Andernfalls besteht nach § 1591 BGB keine rechtliche Verwandtschaft.

Dieses Ergebnis wird rechtspolitisch teilweise als zu engstirnig und als nicht der modernen Zeit angemessen angesehen. Vielmehr sei für die Vater-Kind-Zuordnung entscheidend, dass der Mann mit hoher Wahrscheinlichkeit der Erzeuger ist und vermutlich die soziale Vaterrolle einnehmen wird.[358] Für diese Faktoren sei es dabei vollkommen unerheblich, ob die Ehe aus der deutschen Sicht als wirksam anzusehen ist. Vielmehr sei entscheidend, dass zwischen Mann und Frau eine derart enge Beziehung besteht, dass diese eine starke Basis für die Vaterschaftsvermutung darstellt.[359] Eine solche Einschätzung widerspricht jedoch dem Gedanken der selbstständigen Anknüpfung und würde zudem zu einer Folgeproblematik führen. Denn wann eine solche gefestigte Verbindung zwischen den Eltern anzunehmen ist, ist nicht eindeutig zu bestimmen, womit eine solche Beurteilung zu einer großen Rechtsunsicherheit führen würde. Zudem würde diese Anknüpfung wiederum dazu führen, dass das Rechtsverhältnis der Ehe unterschiedlich bewertet bzw. berücksichtigt wird. So wäre die Ehe nach deutschem Recht zwar unwirksam, aber dennoch ausreichend, um wegen dieser Verbindung eine Abstammung zu bejahen. Eine Vorhersehbarkeit

---

Verordnungen stets selbstständig anzuknüpfen ist; vgl. hierzu *Dutta*, MüKo BGB, Vorb. Art. 20 EuErbVO, Rn. 50.

358 Vgl. *Helms*, in: MüKo BGB, Art. 19 EGBGB, Rn. 43.

359 Vgl. *Helms*, in: MüKo BGB, Art. 19 EGBGB, Rn. 43.

der Beurteilung der Abstammung wäre in diesem Fall nicht gegeben. Daher ist diese Ansicht abzulehnen.

bb) Anknüpfung an die Staatsangehörigkeit (Personalstatut)

Alternativ kann nach Art. 19 Abs. 1 S. 2 EGBGB auch an die Staatsangehörigkeit des jeweiligen Elternteils angeknüpft werden. Hierbei ist nach Art. 5 EGBGB allein die effektive Staatsangehörigkeit bei Mehrstaatlern zu berücksichtigen.[360]

Da es sich um eine alternative Anknüpfungsmöglichkeit handelt, auf die neben der zuvor dargestellten Anknüpfung an den gewöhnlichen Aufenthalt zurückgegriffen werden kann, ist es möglich, dass gem. Art. 19 Abs. 1 S. 2 EGBGB entgegen der Anknüpfung an Art. 19 Abs. 1 S. 2 EGBGB die Abstammung bejaht werden kann. Hierfür sind in jedem Einzelfall das Recht der Staatsangehörigkeit und dessen Abstammungsregeln zu prüfen. Eine pauschale Aussage über die Beurteilung der Abstammung kann an dieser Stelle nicht getroffen werden; entscheidend ist hierfür das jeweilige ausländische Recht.

cc) Anknüpfung an das Ehestatut

Die weiteren Anknüpfungen des Art. 19 EGBGB beziehen sich jeweils auf eine Eheschließung, so dass sich hier ebenfalls die Vorfrage nach der wirksamen Ehe stellt.

Wie zuvor dargestellt, liegt aus deutscher Sicht keine wirksame Ehe vor. Folglich kann keine Anknüpfung an das Ehestatut nach Art. 19 Abs. 1 S. 3 EGBGB erfolgen. Eine Beurteilung der Abstammung nach Art. 19 Abs. 1 S. 3 EGBGB ist daher bei dem Vorliegen einer Nichtehe ausgeschlossen.

dd) Grundsatz der Beurteilung der Abstammung nach Art. 19 EGBGB

Zwischen den Anknüpfungsalternativen des Art. 19 EGBGB besteht ausdrücklich kein Rangverhältnis. Auf welche Anknüpfungsalternative zurückzugreifen ist, wird daher unterschiedlich bewertet. Von Amts wegen soll bei der Beurteilung der Abstammung auf diejenige Anknüpfungsalternative abgestellt werden, nach der das Kind am ehesten einen Vater bzw. eine Mutter hat.[361] Danach ist für

360 Vgl. *Hohloch*, in: Erman, Art. 19 EGBGB, Rn. 9.

361 Vgl. *Thorn*, in: Palandt BGB, Art. 19 EGBGB, Rn. 6; zur Auflösung der Konkurrenz divergierender Vaterschaften werden zudem die Günstigkeitslösung vertreten (wonach das Kindeswohl entscheidend sein soll) oder aber auch auf die genetische Abstammungswahrscheinlich abgestellt, vgl. zu den verschiedenen Auffassungen ausführlich auch *Helms*, in: MüKo BGB, Art. 19 EGBGB, Rn. 13 ff. sowie *Heiderhoff*, in BeckOK BGB, Art. 19 EGBGB, Rn. 23 ff.

das betroffene Kind allgemein und abstrakt diejenige Rechtsordnung am günstigsten, die ihm am schnellsten „zu einem Vater verhilft" – unabhängig davon, ob es sich hierbei um den leiblichen Vater oder um einen Vater im Rechtssinne handelt.[362]

b) Sorgerecht

Die Beurteilung des Sorgerechts richtet sich international aus deutscher Sicht nach dem Haager Kindesschutzübereinkommen (KSÜ).[363] Art. 3 lit. b KSÜ nimmt dabei Maßnahmen bzgl. des Sorgerechts ausdrücklich in den Anwendungsbereich des Übereinkommens auf.

Das anwendbare Recht ist an die Zuständigkeit der Gerichte gekoppelt. Nach Art. 15 Abs. 1 KSÜ wenden die zuständigen Gerichte ihr eigenes Recht an.[364] Nach Art. 5 Abs. 1 KSÜ begründet der gewöhnliche Aufenthalt des Kindes die entsprechende gerichtliche Zuständigkeit.[365]

Bzgl. der elterlichen Sorge findet sich im KSÜ zudem eine Sonderregelung bzgl. des anwendbaren Rechts in den Art. 16–18 KSÜ. Das Sorgerecht bestimmt sich danach ebenfalls nach dem Recht desjenigen Staates, in dem das Kind seinen gewöhnlichen Aufenthalt hat. Dies ist auch dann der Fall, wenn kein Gericht eingeschaltet wurde.[366] Ist die elterliche Sorge nach dem Recht des Staates des gewöhnlichen Aufenthalts einmal begründet, erlischt sie gem. Art. 16 Abs. 3 KSÜ auch nicht bei Verlegung des gewöhnlichen Aufenthalts in einen anderen Staat.[367]

Hat das Kind seinen gewöhnlichen Aufenthalt in Deutschland, so ist gem. Art. 16 Abs. 1 KSÜ demnach auch das deutsche Recht zur Beurteilung der elterlichen Sorge anwendbar. Im Rahmen des Sorgerechts nach § 1626 BGB stellt sich dann wiederum die Vorfrage nach der Abstammung und bei deren Beurteilung dieser nach Art. 19 Abs. 1 S. 1 EGBGB die Vorfrage nach der wirksamen Ehe. Diese ist zu verneinen,[368] so dass das Sorgerecht zunächst gem. § 1626a BGB lediglich bei der Mutter liegt.

---

362 OLG Nürnberg, vom 25. 4. 2005 – 7 WF 350/05, NJOZ 2005, 4043, 4044.
363 Vgl. *Hausmann*, in: Hausmann/Odersky, § 5 Rn. 53.
364 Vgl. *Kemper*, in: Schulze Bürgerliches Gesetzbuch, Anhang zu Art. 21, Rn. 9.
365 Vgl. *Kemper*, in: Schulze Bürgerliches Gesetzbuch, Anhang zu Art. 21, Rn. 4.
366 Vgl. *Kemper*, in: Schulze Bürgerliches Gesetzbuch, Anhang zu Art. 21, Rn. 10.
367 Vgl. *Kemper*, in: Schulze Bürgerliches Gesetzbuch, Anhang zu Art. 21, Rn. 10.
368 Vgl. C. II. 3. a) aa) (i).

Etwas anderes könnte sich bei der Anknüpfung der Vorfrage der Abstammung an Art. 19 Abs. 1 S. 2 EGBGB ergeben, wonach die Abstammung zu bejahen sein kann, wenn sie nach dem Heimatrecht des jeweiligen Elternteils zu bejahen ist. In diesem Fall liegt nach dem deutschen Recht nach § 1626 BGB das Sorgerecht bei beiden Elternteilen (gemeinsames Sorgerecht).

Entscheidend für die Beurteilung des Sorgerechts bei internationalen Sachverhalten ist somit die Beantwortung der Vorfrage nach der Abstammung. Nur wenn die Abstammung bejaht wird, kann beiden Elternteilen nach Art. 15. Abs. 1 bzw. Art. 16 Abs. 1 KSÜ iVm. § 1626 BGB auch das gemeinsame Sorgerecht zustehen, wenn der gewöhnliche Aufenthalt in Deutschland liegt.

c) Unterhaltsrechtliche Ansprüche

aa) Trennungs- und Scheidungsunterhalt

Bei internationalen Sachverhalten ist auch bzgl. möglicher Unterhaltsansprüche zunächst das anwendbare Recht zu ermitteln. Dafür ist auf das Haager Unterhaltsprotokoll (HUP) abzustellen. Gem. Art. 1 Abs. 1 HUP ist dieses Protokoll auf all diejenigen Unterhaltspflichten anzuwenden, die sich aus familiären, verwandtschaftlichen und ehelichen Beziehungen ergeben.

Nach Art. 3 Abs. 1 HUP ist dabei das Recht desjenigen Staates anzuwenden, in dem die berechtigte Person ihren gewöhnlichen Aufenthalt hat.[369] Das Recht des Aufenthaltsstaates bestimmt also materiell-rechtlich die Unterhaltsfragen für den Zeitraum, in dem die berechtigte Person dort ihren gewöhnlichen Aufenthalt hat.[370]

Wird die vermeintliche Ehe in Deutschland gelebt, ist demnach das deutsche Unterhaltsrecht anzuwenden.

Wie zuvor dargestellt, ist die essenzielle Voraussetzung eines Unterhaltsanspruchs nach deutschem Recht das Bestehen einer wirksamen Ehe.[371] Dementsprechend stellt sich auch hier wieder die Vorfrage nach der wirksamen Ehe. Diese Frage ist zu verneinen.[372] Folglich können nach Art. 3 Abs. 1 HUP i.V.m. den §§ 1570 ff BGB oder § 1361 BGB keine eherechtlichen Unterhaltsansprüche bestehen, wenn die berechtigte Person ihren gewöhnlichen Aufenthalt in Deutschland hat. Dies gilt sowohl für den Scheidungsunterhalt nach den §§ 1570 ff. BGB als auch für den Trennungsunterhalt nach § 1361 BGB.[373]

---

369 Vgl. *Staudinger*, in: MüKo BGB, Art. 3 HUP, Rn. 2.

370 Vgl. *Staudinger*, in: MüKo BGB, Art. 3 HUP, Rn. 16.

371 Vgl. C. I. 4.

372 Vgl. C. II. 3. a) aa) (i).

373 Vgl. C. I. 4. a) und b).

Der Anwendung des Art. 3 HUP steht Art. 5 HUP dabei nicht entgegen. Gem. Art. 5 HUP findet die Regelung des Art. 3 HUP keine Anwendung, wenn die Ehe für ungültig erklärt wurde. Art. 5 HUP findet jedoch ausdrücklich nur auf ungültig erklärte Ehen Anwendung[374] und demnach gerade nicht auf Nichtehen. Ob eine Ehe für ungültig erklärt wurde ist zunächst nach der EuEheVO und nachrangig nach § 107 FamFG zu bewerten.[375] Bei einer Nichtehe hingegen handelt es sich gerade nicht um eine ungültig erklärte Ehe,[376] stattdessen ist sie bereits kraft Gesetzes als nichteheliche Verbindung anzusehen, so dass Art. 3 HUP und auch Art. 4 HUP anzuwenden sind.

Nach Art. 4 HUP könnte ausnahmsweise ein ausländisches Recht zur Anwendung kommen und dieses einen Unterhaltsanspruch vorsehen. Erhält der Unterhaltsberechtigte nach dem nach Art. 3 HUP anwendbaren Recht keinen Unterhalt, ist Art. 4 HUP zu beachten, der eine besondere Form des Günstigkeitsprinzips darstellt.[377] Nach Art. 4 HUP kann eine berechtigte Person auch dann Unterhalt verlangen, wenn ihr nach den allgemeinen Vorschriften des nach Art. 3 HUP anwendbaren Rechts kein Unterhalt zusteht. Art. 4 HUP schützt allerdings nicht alle Unterhaltsberechtigten, sondern nennt abschließend drei Fallgruppen, in denen Art. 4 HUP zur Anwendung gelangt.[378] Folgende unterhaltsrechtlichen Konstellationen werden dabei erfasst:

1. Eltern gegenüber ihren Kindern (Art. 4 Abs. 1 lit. a HUP)
2. Andere Personen gegenüber Personen unter 21 Jahren (Art. 4 Abs. 1 lit. b HUP)
3. Kinder gegenüber ihren Eltern (Art. 4 Abs. 1 lit. c HUP)

Im Falle einer Minderjährigenehe könnte die Ausnahme des Art. 4 Abs. 1 lit. b HUP greifen, wenn der unterhaltsberechtigte Partner das 21. Lebensjahr noch nicht überschritten hat.

Nach Art. 4 Abs. 2 HUP ist das am Ort des angerufenen Gerichts geltende Recht anzuwenden, wenn nach Art. 3 HUP kein Unterhalt verlangt werden kann.[379]

Hat die berechtigte Person ein Gericht am gewöhnlichen Aufenthaltsort des Unterhaltsverpflichteten angerufen, so ist auch unabhängig von Art. 3 HUP nach

374 Vgl. *Heiderhoff*, in: BeckOK BGB, Art. 5 HUP, Rn. 6.
375 Vgl. *Staudinger*, in: MüKo BGB, Art. 5 HUP, Rn. 7.
376 Vgl. *Staudinger*, in: MüKo BGB, Art. 5 HUP, Rn. 7 und Art. 1 HUP, Rn. 14.
377 Vgl. *Mankowski*, in: Staudinger BGB, Art. 4 HUP, Rn. 1.
378 Vgl. *Staudinger*, in: MüKo BGB, Art, 4 HUP, Rn. 2.
379 Vgl. *Heiderhoff*, in: BeckOK BGB, Art. 4 HUP, Rn. 6.

Art. 4 Abs. 3 HUP dessen Recht anzuwenden. Steht dem Unterhaltsberechtigten nach dem Recht des gewöhnlichen Aufenthalts des Unterhaltsverpflichteten jedoch kein Unterhalt zu, ist dennoch das Recht des gewöhnlichen Aufenthalts des Unterhaltsberechtigten anzuwenden.

Art. 4 Abs. 4 HUP sieht noch eine weitere Ausnahme vor. Kann der Unterhaltsberechtigte nach dem zuvor Gesagten keinen Unterhalt geltend machen, ist hilfsweise das Recht der gemeinsamen Staatsangehörigkeit anzuwenden.[380]

Durch Art. 4 HUP soll sichergestellt werden, dass in diesen drei Konstellationen ein Unterhalt zu gewähren ist. Art. 4 HUP enthält dementsprechend für den Unterhaltsberechtigten gleich mehrere Begünstigungen. So kann nach Art. 4 Abs. 2 und Abs. 4 HUP eine hilfsweise Anknüpfung erfolgen und der Berechtigte seine Klage auch bei dem Gericht einreichen, an dessen Ort der Verpflichtete seinen gewöhnlichen Aufenthalt hat, und somit dieses Recht zur Anwendung bringen.[381] Aufgrund der Sonderregelung des Art. 4 HUP ist es somit möglich, dass nach einer ausländischen Rechtsordnung ein Unterhaltsanspruch besteht. Ein solcher Anspruch ist aber nur dann denkbar, wenn er nach dem ausländischen Recht keine wirksame Ehe voraussetzt. Stellt sich in diesem Rahmen wiederum die Vorfrage nach einer wirksamen Ehe, so ist diese aufgrund der selbstständigen Anknüpfung gem. Art. 13 Abs. 3 Nr. 1 EGBGB zu verneinen.

bb) Unterhaltsanspruch nach § 1615l BGB

Ob ein Anspruch nach § 1615l BGB in Betracht kommt, ist wiederum nach dem aufgrund des HUP anwendbaren Recht zu ermitteln.[382] Bei einem gewöhnlichen Aufenthalt in Deutschland und der damit verbundenen Anwendbarkeit deutschen Rechts auf die Beurteilung des Unterhalts könnte ein solcher Anspruch folglich bestehen.[383]

cc) Unterhaltsanspruch des minderjährigen Ehegatten gegenüber seinen Eltern

Das anwendbare Recht zur Beurteilung eines Unterhaltsanspruchs des minderjährigen Ehegatten gegenüber seinen Eltern ist ebenfalls nach dem HUP zu ermitteln.

---

380 Vgl. *Heiderhoff*, in: BeckOK BGB, Art. 4 HUP, Rn. 18.

381 Vgl. *Staudinger*, in: MüKo BGB, Art. 4 HUP, Rn. 6.

382 Vgl. *Hohloch*, in: Erman, Art. 19 EGBGB, Rn. 26.

383 Vgl. C. I. 4. c).

Lebt der minderjährige Ehegatte in Deutschland, ist nach Art. 3 Abs. 1 HUP auch das deutsche Recht anzuwenden, so dass die Eltern gem. § 1601 BGB trotz der Eheschließung unterhaltsverpflichtet sind.[384]

d) Güterrechtliche Ansprüche

aa) Rechtslage bei Ehen, die vor dem 29.01.2019 geschlossen wurden

Zur Ermittlung des anwendbaren Rechts auf güterrechtliche Ansprüche ist das Ehestatut zu ermitteln. Art. 15 Abs. 1 EGBGB a.F. verweist dabei bzgl. güterrechtlicher Fragen auf das allgemeine Ehestatut gem. Art. 14 EGBGB a. F.[385] Wenn beide Ehegatten dem gleichen Staat angehören, ist nach Art. 14 Abs. 1 Nr. 1 EGBGB a.F. das Recht desjenigen Staates maßgeblich, dem beide Ehegatten im Zeitpunkt der Eheschließung angehörten. Gehören die Ehegatten verschiedenen Staaten an, ist auf Art. 14 Abs. 1 Nr. 2 EGBGB a.F. zurückzugreifen. Danach ist das Recht desjenigen Staates anwendbar, in dem die Ehegatten ihren gemeinsamen gewöhnlichen Aufenthalt im Zeitpunkt der Eheschließung hatten. Andernfalls ist nach Art. 14 Abs. 1 Nr. 3 EGBGB a.F. das Recht desjenigen Staates anwendbar, zu dem die Ehegatten im Zeitpunkt der Eheschließung den engsten Bezug hatten. Das Ehestatut wird somit im Zeitpunkt der Eheschließung unwandelbar begründet. Mithin stellt sich auch hier die Vorfrage nach der wirksamen Ehe und damit nach dem Ehestatut. Eine wirksame Eheschließung liegt aufgrund der selbstständigen Anknüpfung nicht vor, so dass zwischen den Partnern einer Nichtehe auch kein Ehestatut besteht.

Mangels wirksamer Ehe können demnach auch keine güterrechtlichen Ansprüche bestehen.

bb) Rechtslage bei Ehen, die nach dem 28.01.2019 geschlossen wurden

Für Ehen, die nach dem 28.01.2019 geschlossen wurden, richten sich güterrechtliche Ansprüche nicht mehr nach Art. 15 EGBGB a. F., sondern es gilt die neue Europäische Güterrechtsverordnung (EuGüVO). Unter Güterrecht sind dabei gem. Art. 3 Abs. 1 lit. a und b alle vermögensrechtlichen Regelungen zwischen den Ehegatten zu verstehen, die aufgrund des ehelichen Verhältnisses oder dessen Beendigung gelten.[386] Zu beachten ist dabei, dass die EuGüVO den Begriff der Ehe selbst nicht definiert, wie sich aus dem 17. Erwägungsgrund der

---

384 Vgl. C. I. 4. d).

385 Auf Altfälle sind die Art. 14, 15 EGBGB mangels Rechtswahl gem. Art. 229 § 47 Abs. 1 und 2 Nr. 2 EGBGB in ihrer alten Fassung weiterhin anzuwenden.

386 Vgl. ausführlich zur neuen Verordnung *Ziereis*, JuS 2018, 1040, 1040.

Verordnung ergibt.[387] Für die Frage nach der Anknüpfung der Vorfrage einer wirksamen Ehe trifft die EuGüVO allerdings eindeutige Aussagen.[388] Nach dem 21. Erwägungsgrund der Verordnung sind Vorfragen, z.B. nach dem Bestehen der Ehe oder der Anerkennung einer ausländischen Ehe, nach dem nationalen Internationalen Privatrecht des Mitgliedstaats und damit selbstständig anzuknüpfen.[389] Eine selbstständige Anknüpfung der Vorfrage nach der Wirksamkeit der Ehe richtet sich in Deutschland somit nach Art. 13 Abs. 3 Nr. 1 EGBGB. Danach liegt eine Nichtehe vor, so dass keine Ansprüche nach der EuGüVO in Betracht kommen.

cc) Fazit

Weder bei Altfällen, bei denen sich das Güterrecht nach Art. 15 EGBGB a.F. i.V.m. Art. 14 EGBGB a.F. richtet. noch bei Neufällen, bei denen die EuGüVO bereits zur Anwendung kommt, stehen den Ehegatten mangels wirksamer Ehe güterrechtliche Ansprüche zu.

e) Unterhaltsansprüche des Kindes

Das anwendbare Recht auf Unterhaltsansprüche des Kindes ist ebenfalls nach dem HUP zu ermitteln. Dabei ist wie bei einem Ehegattenunterhaltsanspruch zunächst auf Art. 3 HUP und damit auf das Recht des gewöhnlichen Aufenthalts des Unterhaltsberechtigten, also des Kindes, abzustellen. Lebt das Kind in Deutschland, hat es demnach gem. § 1601 BGB nur dann einen Unterhaltsanspruch, wenn die Abstammung feststeht.

Allerdings sind Kinder besonders schutzbedürftig, so dass auch hier Art. 4 HUP und die alternativ anwendbaren Rechtsordnungen zu beachten sind.[390]

Nach Art. 4 HUP ist es aufgrund der Anwendbarkeit des ausländischen Rechts daher wahrscheinlich das dem in einer Nichtehe geborenen Kind ein Unterhaltsanspruch zusteht.

---

387 Vgl. *Ziereis*, JuS 2018, 1040, 1041.
388 Vgl. hierzu sowie ausführlich zur Neuregelung durch die Verordnung *Weber*, DNotZ 2016, 659, 669.
389 Vgl. *Weber*, DNotZ 2016, 659, 669.
390 Vgl. C. II. 3. c).

f) Erbrechtliche Ansprüche

aa) Erbstatut

Das anwendbare Erbrecht in einem Erbfall mit Auslandsbezug ist nach der Europäischen Erbrechtsverordnung (EuErbVO) zu ermitteln. Der Anwendungsbereich der EuErbVO ist dabei nicht auf europäische Fälle begrenzt, sondern erfasst gem. Art. 20 EuErbVO auch Drittstaatenfälle.[391]

Liegt eine Rechtswahl bzgl. des anwendbaren Erbrechts vor, so ist sie gem. Art. 22 EuErbVO vorrangig zu beachten.

Wurde keine Rechtswahl getroffen, bestimmt sich das anwendbare Erbrecht nach der allgemeinen Kollisionsnorm des Art. 21 EuErbVO. Nach Art. 21 Abs. 1 EuErbVO ist das Recht desjenigen Staates anzuwenden, in dem der Erblasser im Zeitpunkt seines Todes seinen gewöhnlichen Aufenthalt hatte.[392] Der Begriff des gewöhnlichen Aufenthalts ist auch nach der EuErbVO autonom auszulegen und meint den eigenen Daseinsmittelpunkt.[393]

Ausnahmsweise kann nach Art. 21 Abs. 2 EuErbVO an ein anderes Recht angeknüpft werden, und zwar dann, wenn eine engere Verbindung zu einem anderen Staat besteht. Dies ist nur dann möglich, wenn sich aus den Gesamtumständen eine offensichtlich engere Beziehung zu einem anderen Staat ergibt als zu dem Staat des gewöhnlichen Aufenthalts.[394] Der Anwendungsbereich dieser Ausweichklausel ist eng zu verstehen und soll absolute Ausnahmefälle erfassen, aber nicht dazu dienen, über sie zu einer Anwendung des Heimatrechts zu gelangen.[395]

bb) Erbrechtliche Ansprüche des Ehegatten

Wird eine als Nichtehe zu qualifizierende Verbindung in Deutschland gelebt und haben die Partner dementsprechend zum Zeitpunkt des Todes des Erstversterbenden ihren gewöhnlichen Aufenthalt in Deutschland, so ist das deutsche Recht gem. Art. 21 Abs. 1 EuErbVO als Erbstatut anwendbar.[396]

Da sich ein gesetzliches Erbrecht nach deutschem Recht nur bei dem Bestehen einer wirksamen Ehe ergibt, stellt sich auch bei der Beurteilung der erbrechtlichen Ansprüche die Vorfrage nach der wirksamen Ehe. Eine wirksame Ehe ist

391 Vgl. *Pawlytta/Pfeiffer*, in: Scherer Anwaltshandbuch Erbrecht, § 33, Rn. 14.
392 Vgl. *Sonnentag*, in: jurisPK BGB, Art. 21 EuErbVO, Rn. 4.
393 Vgl. *Sonnentag*, in: jurisPK BGB, Art. 21 EuErbVO, Rn. 9.
394 Vgl. *Sonnentag*, in: jurisPK BGB, Art. 21 EuErbVO, Rn. 31.
395 Vgl. *Sonnentag*, in: jurisPK BGB, Art. 21 EuErbVO, Rn. 33.
396 Vgl. *Sonnentag*, in: jurisPK BGB, Art. 21 EuErbVO, Rn. 4.

aufgrund der selbstständigen Anknüpfung nach Art. 13 Abs. 3 Nr. 1 EGBGB zu verneinen. Dem Ehegatten stehen daher keinerlei gesetzliche Erbansprüche zu.

cc) Erbrechtliche Ansprüche des Kindes

Verstirbt ein Elternteil mit gewöhnlichem Aufenthalt in Deutschland, so kommt gem. Art. 21 Abs. 1 EuErbVO das deutsche Erbrecht zur Anwendung. Nach deutschem Recht stellt sich dann wiederum die Vorfrage nach der Abstammung. Nur wenn diese nach dem nach Art. 19 EGBGB anwendbaren Recht zu bejahen ist, bestehen nach dem deutschen Recht gesetzliche Erbansprüche des Kindes. Andernfalls stehen auch dem Kind keinerlei gesetzliche Erbansprüche zu.

Eine andere Beurteilung könnte sich ergeben, wenn ein Elternteil mit gewöhnlichem Aufenthalt im Ausland verstirbt.

dd) Absicherungsmöglichkeiten

Eine mögliche Lösung, um die Familie im Todesfall abzusichern, ist eine Rechtswahl gem. Art. 22 EuErbVO. Nach Art. 22 EuErbVO kann das Recht des Staates, dessen Staatsangehörigkeit man besitzt, als Erbstatut gewählt werden.[397] Bestehen nach dem Heimatrecht der Partner Erbansprüche der vermeintlichen Ehegatten und/oder Kinder, so könnten sie demnach durch eine entsprechende Rechtswahl zum Tragen kommen.

Eine andere Möglichkeit ist, wie auch bei den reinen Inlandsfällen, eine Vorsorge durch eine letztwillige Verfügung, z.B. ein Testament oder einen Erbvertrag.

Für die Prüfung der Wirksamkeit eines Testaments bzw. Erbvertrags ist dabei auf das Haager Testamentsformübereinkommen (HTestFormÜ) bzw. Art. 27 EuErbVO zurückzugreifen. Diese Regelungen zielen darauf ab, dem letzten Willen möglichst häufig zur Wirksamkeit zu verhelfen. Daher sehen sie zur Ermittlung des anwendbaren Rechts, nach dem sich die formelle Wirksamkeit der letztwilligen Verfügung beurteilt, zahlreiche alternative Anknüpfungspunkte vor.[398]

Die materielle Wirksamkeit letztwilliger Verfügungen richtet sich hingegen stets nach der EuErbVO, genauer gesagt nach Art. 24 EuErbVO. Art. 24 EuErbVO stellt hierbei auf das sog. hypothetische Erbstatut, also den gewöhnlichen Aufenthalt im Zeitpunkt der Errichtung der letztwilligen Verfügung, ab.[399]

---

397 Vgl. *Dutta*, in: MüKo BGB, Art. 22 EuErbVO, Rn. 2.

398 Vgl. hierzu ausführlich *Dutta*, in: MüKo BGB, Art. 1 HTestformÜ, Rn. 2 ff.

399 Vgl. *Pawlytta/Pfeiffer*, in: Scherer Anwaltshandbuch Erbrecht, § 33, Rn. 36.

Wird die letztwillige Verfügung zu einem Zeitpunkt errichtet, an dem der Verfügende seinen gewöhnlichen Aufenthalt in Deutschland hat, so ist demnach das deutsche Recht zur Beurteilung der materiellen Wirksamkeit dieser Verfügung heranzuziehen.

Bei diesen Überlegungen stellt sich in der Praxis jedoch wieder das bereits dargestellte Problem: Oftmals wissen die Beteiligten gerade nicht von der völligen Unwirksamkeit ihrer Verbindung und sehen dementsprechend auch keinen Handlungsbedarf. Zudem kann ein solcher Fall zur Anwendung verschiedener Rechtsordnungen führen, so dass es ohne juristischen Beistand mit erheblichen Schwierigkeiten verbunden sein kann, eine tatsächlich wirksame letztwillige Verfügung zu verfassen.

g) Ehe- und Erbverträge

aa) Eheverträge

Bei der Beurteilung eines Ehevertrags im internationalen Zusammenhang ist zwischen der formellen Wirksamkeit und der materiellen Wirksamkeit eines solchen Vertrags zu unterscheiden.

Die formelle Wirksamkeit richtet sich nach dem Formstatut gem. Art. 11 EGBGB. Das auf die materielle Wirksamkeit anwendbare Recht ist hingegen über das Güterrechtsstatut zu ermitteln.

(i) Rechtslage bei Ehen, die vor dem 29.01.2019 geschlossen wurden

Bei denjenigen Fällen, bei denen die Eheschließung vor dem 29.01.2019 erfolgte, bestimmt sich das Güterrechtsstatut nach Art. 15 EGBGB a.F.. Gem. Art. 15 Abs. 1 EGBGB i.V.m. Art. 14 Abs. 1 Nr. 1 EGBGB a.F. ist danach grundsätzlich das Heimatrecht der Beteiligten maßgeblich.[400] Auch die Frage nach der Zulässigkeit eines Ehevertrags wird ebenfalls von dem Güterrechtsstatut erfasst.[401] Hierbei stellt sich das Problem, dass sich im Falle einer Nichtehe nach Art. 15 i.V.m. Art. 14 EGBGB a.F. kein Ehe- bzw. Güterrechtsstatut zur Anknüpfung ermitteln lässt. Aufgrund der Nichtehe ist Art. 14 EGBGB von vornherein nicht anwendbar.[402] Stattdessen muss auf die Regelungen für nichteheliche Lebensgemeinschaften zurückgegriffen werden.[403] Teilweise wird dabei vertreten, dass

---

400 Vgl. zu den verschiedenen Problemstellungen in diesem Zusammenhang: *Looschelders,* in MüKo BGB, Art. 15 EGBGB, Rn. 37 ff.

401 Vgl. BGH, vom 13.7.2011 – XII ZR 48/09, NJW RR 2011, 1225.

402 Vgl. *Looschelders,* in: MüKo BGB, Art. 14 EGBGB, Rn. 23.

403 Vgl. *Looschelders,* in: MüKo BGB, Art. 14 EGBGB, Rn 23.

bei nichtehelichen Lebensgemeinschaften Art. 14 Abs. 1 EGBGB analog angewendet werden soll,[404] wobei dann auf das Kollisionsrecht für nichteheliche Lebensgemeinschaft der nach Art. 14 EGBGB anwendbaren Rechtsordnung verwiesen wird.[405] Der BGH hingegen knüpft für jeden möglichen Anspruch an das jeweilige Gesellschafts-, Schuldvertrags- oder Bereicherungsstatut an und greift gerade nicht auf Art. 14 EGBGB zurück.[406] Eine Streitentscheidung kann hier dahinstehen, wenn ein nach ausländischem Recht wirksamer Ehevertrag in Deutschland ohnehin keine Wirkung erzeugen würde. Dagegen könnte Art. 6 EGBGB sprechen, da durch einen Ehevertrag zwischen den Beteiligten eine rechtliche Bindung bestünde, die von dem deutschen Recht gem. Art. 13 Abs. 3 EGBGB gerade nicht mehr gewollt ist. Gegen einen ordre public-Verstoß spricht jedoch, dass auch nach deutschem Recht weiterhin Eheverträge unter Beteiligung Minderjähriger geschlossen werden können, wenn diese bei Vertragsschluss von ihren Eltern vertreten werden.[407] Gegen die Wirksamkeit aus deutscher Sicht spricht wiederum die Änderung des Art. 13 Abs. 3 EGBGB, die gerade darauf abzielt, dass von einer Nichtehe keinerlei rechtliche Wirkungen ausgehen. Würde ein nach dem ausländischen Recht wirksam geschlossener Ehevertrag in Deutschland dennoch Wirkung entfalten, liefe dies den Wertungen des Art. 13 Abs. 3 Nr. 1 EGBGB zuwider. Aufgrund ehevertraglicher Regelungen könnten die Beteiligten sogar weiter aneinandergebunden sein, obwohl rechtlich zwischen ihnen keinerlei Grundlage besteht. Zudem könnten zwar die Eltern gem. den §§ 105 ff. BGB für ihre minderjährigen Kinder einen Ehevertrag abschließen, Wirkung würde dieser aber nur dann entfalten, wenn anschließend auch die Ehe wirksam eingegangen würde. Daher liefe es den Wertungen des Art. 6 iVm. Art. 13 Abs. 3 EGBGB zuwider, wenn ein ausländischer Ehevertrag trotz Nichtehe im Inland Wirkung entfalten könnte. Unabhängig von der Ermittlung des anwendbaren Rechts für nichteheliche Lebensgemeinschaften entfaltet ein ausländischer Ehevertrag im Inland daher keine Wirkung.

(ii) Rechtslage bei Ehen, die nach dem 28.01.2019 geschlossen wurden

Erfolgte die Eheschließung nach dem 28.01.2019, ist das anwendbare Recht nach der EuGüVO zu ermitteln.[408] Wurde zwischen den Ehegatten keine

---

404 Vgl. *Mankowski*, in: Staudinger BGB, Art. 14 EGBGB, Rn. 23.

405 Vgl. *Mankowski*, in: Staudinger BGB, Art. 14 EGBGB, Rn. 23.

406 Vgl. BGH, vom13.04.2005 – XII ZR 296/00, IPRax 2005, 545, 546f.

407 Vgl. C. I. 9. a).

408 Vgl. *Weber*, DNotZ 2016, 659, 675.

Rechtswahlvereinbarung getroffen, ist nach Art. 26 Abs. 1 lit. a EuGüVO vorrangig an das Recht des Staates anzuknüpfen, in dem die Ehegatten nach der Eheschließung ihren ersten gemeinsamen gewöhnlichen Aufenthalt haben. Wie zuvor dargestellt lässt sich im Falle der Nichtehe gerade kein Güterrechtsstatut ermitteln und die EuGüVO nicht analog anzuwenden. Dies muss hinsichtlich der EuGüVO genauso gelten wie im Rahmen des Art. 15 EGBGB i.V.m. Art. 14 EGBGB a.F..

bb) Erbverträge

Das auf Erbverträge anwendbare Recht bestimmt sich aus deutscher Sicht in internationalen Sachverhalten nach Art. 25 EuErbVO. Der Begriff Erbvertrag wird durch Art. 3 Abs. 1 lit. b EuErbVO weiter gefasst als nach dem nationalen deutschen Recht und umfasst u.a. auch gemeinschaftliche Ehegattentestamente, wenn diese wechselbezügliche Verfügungen enthalten.[409] Danach bezeichnet der Begriff Erbvertrag eine Vereinbarung, einschließlich gegenseitiger Testamente, die mit oder ohne Gegenleistung Rechte am künftigen Nachlass oder künftigen Nachlässen einer oder mehrerer an dieser Vereinbarung beteiligter Personen begründet, ändert oder entzieht. Wollen Ehegatten einen Erbvertrag schließen, ist Art. 25 Abs. 2 EuErbVO entscheidend. Danach ist ein Erbvertrag zwischen den Ehegatten zulässig, wenn er nach jedem der Rechte zulässig ist, die nach dieser Verordnung auf die Rechtsnachfolge der einzelnen beteiligten Personen anzuwenden wären, wenn diese zu dem Zeitpunkt verstorben wären, in dem der Erbvertrag geschlossen wurde. Das hypothetische Erbstatut stellt somit auf den gewöhnlichen Aufenthalt der Vertragschließenden im Zeitpunkt der Errichtung ab.[410]

Haben die Vertragschließenden zum Zeitpunkt des Vertragsschlusses ihren gewöhnlichen Aufenthalt bereits in Deutschland, ist nach Art. 25 Abs. 2 EuErbVO deutsches Recht anzuwenden.[411] Da der Abschluss eines Erbvertrags gem. § 2275 BGB nur unbeschränkt Geschäftsfähigen möglich ist, ist die Frage nach der Geschäftsfähigkeit als Vorfrage zu klären. Entscheidend hierfür ist das Heimatrecht gem. Art. 7 Abs. 1 EGBGB.[412] Sind die Beteiligten nach dem Heimatrecht unbeschränkt geschäftsfähig, können sie nach § 2275 BGB auch bei einem gewöhnlichen Aufenthalt im Inland einen Erbvertrag schließen.

---

409 Vgl. *Dutta*, in: MüKo BGB, Art. 3 EuErbVO, Rn. 11.

410 Vgl. *Dutta*, in: MüKo BGB, Art. 25 EuErbVO, Rn. 4.

411 Vgl. *Burandt/Schmuck*, in: Burandt/Rojahn, Art. 25 EuErbVO, Rn. 4.

412 Vgl. hierzu *Lipp*, in: MüKo BGB, Art. 7 EGBGB, Rn. 12 ff.

Haben die Partner im Zeitpunkt des Abschlusses des Erbvertrags ihren gewöhnlichen Aufenthalt im Ausland, muss die Zulässigkeit des Vertrags hingegen gem. Art. 25 Abs. 2 EuErbVO nach dem ausländischen Recht beurteilt werden.

Haben die Partner ihren gewöhnlichen Aufenthalt in verschiedenen Staaten, so muss der Abschluss des Erbvertrags nach beiden Rechtsordnungen zulässig sein.[413]

h) Bereicherungsrechtliche Ansprüche

Grundsätzlich ist das anwendbare Recht bzgl. bereicherungsrechtlicher Ansprüche nach der Rom-II-VO zu ermitteln. Nach Art. 1 Abs. 2 lit. a Rom-II-VO sind vom Anwendungsbereich der Rom-II-VO jedoch Ansprüche ausgeschlossen, die ihren Rechtsgrund in einem familien- oder erbrechtlichen Verhältnis haben.[414] Daher ist ein bereicherungsrechtlicher Rückforderungsanspruch, der auf die Rückforderung von Unterhalt oder güterrechtlicher Leistungen gerichtet ist, nach der Rom-II-VO ausgeschlossen.[415] Nicht von dem Anwendungsbereich der Rom-II-VO ausgeklammert sind hingegen Zuwendungen, die zwar aufgrund der ehelichen Beziehung erfolgen, in dieser aber nicht ihre rechtliche Grundlage haben.[416] Hierbei ist nach Art. 10 Abs. 1 Rom-II-VO dasjenige Recht anzuwenden, dem auch das zugrundeliegende Rechtsverhältnis unterliegt. Ein Ehestatut ist bei der Einstufung als Nichtehe jedoch gerade nicht bestimmbar. Daher muss bei dem Vorliegen einer Nichtehe auf Art. 10 Abs. 2 Rom-II-VO zurückgegriffen werden.[417] Danach ist das Recht des Staates anzuwenden, in dem die Parteien zum Zeitpunkt der ungerechtfertigten Bereicherung ihren gewöhnlichen Aufenthalt haben. Wird die Nichtehe demnach in Deutschland gelebt, ist also der gewöhnliche Aufenthalt im Inland zu bejahen, ist demnach das deutsche Recht anzuwenden.[418]

---

413 Vgl. *Dutta*, in: MüKo BGB, Art. 25 EuErbVO, Rn. 9.

414 Vgl. Rauscher §10 C III, Rn. 1468.

415 Vgl. Rauscher § 10 C III, Rn. 1468.

416 Vgl. Rauscher § 10 C III, Rn. 1468.

417 A.A. *Mankowski*, in: Staudinger BGB, Art. 14 EGBGB, Rn. 23, der Art. 14 EGBGB in diesem Fall analog anwenden will.

418 Vgl. Rechtsfolgen nach dem deutschen Recht unter C. I. 10.

i) Sorgerecht für den minderjährigen Ehegatten

Auch das Sorgerecht für den minderjährigen Ehegatten bestimmt sich nach dem KSÜ und damit gem. Art. 15 bzw. Art. 16 Abs. 1 KSÜ nach dem Recht des gewöhnlichen Aufenthalts des Kindes.

Hat der minderjährige Ehegatte seinen gewöhnlichen Aufenthalt in Deutschland, so ist das deutsche Recht anwendbar. Somit bleibt das Sorgerecht auch nach der Eheschließung weiter bei den Eltern des Minderjährigen.[419]

4. Inobhutnahme eines minderjährigen ausländischen Ehegatten

Das Jugendamt muss unbegleitete minderjährige Flüchtlinge unmittelbar nach dem Grenzübertritt nach Deutschland in Obhut nehmen. Gem. § 42a Abs. 1 SGB VIII gilt ein Minderjähriger als unbegleitet, wenn seine Einreise nicht in der Begleitung eines Personensorge- oder Erziehungsberechtigten erfolgt.

Aufgrund der Flüchtlingskrise wurde auch § 42a SGB VIII neu gefasst. Nach der Neufassung ist auch ein verheirateter ausländischer Minderjähriger grundsätzlich als unbegleitet anzusehen, wenn seine Einreise nicht in der Begleitung eines Personensorge- oder Erziehungsberechtigten erfolgt.[420] Daher sind auch verheiratete minderjährige Flüchtlinge grundsätzlich von dem zuständigen Jugendamt in Obhut zu nehmen.[421] Mit der Inobhutnahme soll dabei das Kindeswohl geschützt werden.[422] Unmittelbar nach dem Grenzübertritt nach Deutschland sind danach minderjährige Ehegatten in Obhut zu nehmen, und zwar auch dann, wenn zu diesem Zeitpunkt die Prüfung der unbegleiteten Einreise noch nicht abgeschlossen ist.[423]

Bereits vor der Gesetzesänderung war die Inobhutnahme minderjähriger verheirateter Flüchtlinge gängige Praxis der Jugendämter. Die Stellung der Jugendämter sollte durch die Änderung des § 42a Abs. 1 S. 2 SGB VIII bestätigt und vor allem gestärkt werden.[424] Dies trägt einerseits dem Umstand Rechnung, dass bei Minderjährigen, deren Ehe im Ausland geschlossen wurde, das Alter und die Identität sowie die Wirksamkeit der Ehe geprüft werden müssen, andererseits soll dem Schutzbedürfnis der Minderjährigen bereits vor Abschluss dieser

419 Vgl. hierzu bereits C. I. 11.
420 *Bongartz*, NZFam 2017, 541, 543.
421 Vgl. BT-Drs. 18/12086, S. 18.
422 Vgl. BT-Drs. 18/12086, S. 18.
423 Vgl. BT-Drs. 18/12086, S. 27.
424 Vgl. BT-Drs. 18/12086, S. 27.

Prüfung Rechnung getragen werden.[425] Dabei können sich die Betroffenen auch nicht darauf berufen, dass nach dem Heimatrecht eine wirksame Ehe besteht.[426] Das Jugendamt wird durch die Inobhutnahme in die Lage versetzt, zu prüfen, ob das Wohl des Minderjährigen weitere Schutzmaßnahmen erfordert. Hierbei ist vor allem der besonderen Situation und Bedarfslage der vorwiegend weiblichen verheirateten Minderjährigen, auch unter Beachtung geschlechtsspezifischer und kultureller Aspekte, Rechnung zu tragen.[427] Insbesondere hat das Jugendamt im Einzelfall zu prüfen, ob eine Trennung des Minderjährigen von seinem Ehegatten zur Abwendung einer Kindeswohlgefährdung erforderlich ist.[428] Eine solche Beurteilung bedarf jedoch einer genauen Prüfung und nimmt einige Zeit in Anspruch. Während der Prüfungszeit bleiben die minderjährigen verheirateten Flüchtlinge in der Obhut des Jugendamtes.

5. Flüchtlingsehen

Im Rahmen von Flüchtlingsehen sind bei deren Beurteilung einige Besonderheiten zu beachten. Gem. § 2 Abs. 1 AsylG gilt für Flüchtlinge Art. 12 Abs. 1 der Genfer Flüchtlingskonvention (GFK).[429] Danach bestimmt sich das Personalstatut eines Flüchtlings abweichend von den sonstigen gesetzlichen Regelungen nach dem Recht des Staates, in dem der Flüchtling seinen Wohnsitz hat, und in Ermangelung eines Wohnsitzes nach dem Recht des Staates, in dem er seinen Aufenthalt hat.

Relevant wird § 2 Abs. 1 AsylG i.V.m. Art. 12 GFK dann, wenn ein Geflüchteter nach seiner Flucht die Ehe schließen möchte. Lebt er z.B. nach seiner Flucht in Deutschland und will nun die Ehe eingehen, ist auf die Ehevoraussetzungen nicht gem. Art. 13 Abs. 1 EGBGB sein Heimatrecht anzuwenden, sondern das Personalstatut ergibt sich nun aus dem Recht des Staates seines Wohnorts. Somit müssten die Ehevoraussetzungen nach dem deutschen Recht vorliegen. Das Heimatrecht wäre in diesem Fall unbeachtlich.

425 BT-Drs. 18/12086, S. 27.
426 Vgl. BT-Drs. 18/12086, S. 27.
427 BT-Drs. 18/12086, S. 27.
428 BT-Drs. 18/12086, S. 27.
429 Vgl. *Antomo*, NZFam 2016, 1155, 1156.

6. Rechtsprechung zu Kinderehen unter Beteiligung Minderjähriger unter 16 Jahren

Zur Beurteilung ausländischer Kinderehen findet sich aktuell nur wenig Rechtsprechung.

Im Folgenden sollen die bereits ergangenen Entscheidungen im Zusammenhang mit Eheschließungen vor der Vollendung des 16. Lebensjahres näher beleuchtet werden.

a) OLG Bamberg, Beschluss vom 12.05.2016 – 2 UF 58/16[430]

In der Literatur wurde die Entscheidung des OLG Bamberg vom 12.05.2016 besonders heftig diskutiert.

aa) Sachverhalt

Ein Ehepaar floh vor dem Bürgerkrieg aus Syrien über die Balkanroute nach Deutschland. Beide Ehepartner waren syrische Staatsangehörige. In Deutschland kamen die Eheleute im August 2015 an. Das Geburtsdatum des Ehemannes wurde auf den 01.01.1994 datiert und das Geburtsdatum der Ehefrau auf den 01.01.2001.[431] Nach der Registrierung in Deutschland wurde die Ehefrau aufgrund ihrer Minderjährigkeit von dem Jugendamt in Obhut genommen und lebte anschließend in einer Jugendhilfeeinrichtung für weibliche Flüchtlinge. Das AG Aschaffenburg stellte das Ruhen der elterlichen Sorge für die Ehefrau fest und ordnete im Folgenden die Vormundschaft für die Ehefrau an. Daraufhin legte der Ehemann eine Heiratsurkunde in arabischer Schrift vor und begehrte neben der Aufhebung der Vormundschaft auch die Aufhebung der Inobhutnahme und die Rückführung der Ehefrau zu ihm. Zusätzlich legte er auch eine Übersetzung der Heiratsurkunde mit Beglaubigungszeichen sowie ein weiteres Bestätigungsschreiben über die Eheschließung vor.[432] Nach mündlicher Verhandlung am 18.01.2016 wies das Amtsgericht Aschaffenburg mit Verfügung vom 28.01.2016 darauf hin, dass die seitens des Ehemannes begehrte Überprüfung und Aufhebung der Inobhutnahme nicht mehr erforderlich sei, da sich die Inobhutnahme durch das Stadtjugendamt aufgrund der Bestellung eines Vormundes für die Ehefrau erledigt habe. Eine Inobhutnahme sei nicht mehr gegeben.[433] Vielmehr übe der bestellte Vormund durch den Aufenthalt der Ehefrau

---

430 OLG Bamberg, vom 12.5.2016 – 2 UF 58/16, BeckRS 2016, 9621.
431 Vgl. OLG Bamberg Beschl. v. 12.5.2016 – 2 UF 58/16, BeckRS 2016, 9621, Rn. 1.
432 Vgl. OLG Bamberg Beschl. v. 12.5.2016 – 2 UF 58/16, BeckRS 2016, 9621, Rn. 3.
433 Vgl. OLG Bamberg Beschl. v. 12.5.2016 – 2 UF 58/16, BeckRS 2016, 9621, Rn. 4.

in der Jugendhilfeeinrichtung sein Aufenthaltsbestimmungs- und Umgangsbestimmungsrecht aus. Das Begehren des Ehemannes sei daher nun als Antrag auf Regelung eines Umgangsrechts auszulegen. Im weiteren Verlauf sprach das AG dem Ehemann ein Umgangsrecht mit seiner Ehefrau zu, wonach sich beide an den Wochenenden von Freitag- bis Sonntagabend sehen durften.[434]

Das AG führte hierzu im Wesentlichen aus, dass die Beteiligten sich seit September 2015 im Inland befänden, deswegen dort ihren gewöhnlichen Aufenthalt hätten und demzufolge sich das Umgangsrecht nach deutschem Recht richte. Der Ehemann sei dabei eine enge Bezugsperson im Sinne des § 1685 Abs. 2 Satz 1 BGB. Beide hätten daher ein Recht auf Umgang miteinander. Die bisher eingeräumten begleiteten Umgänge von je zwei Stunden pro Woche seien nicht kindeswohlgerecht. Insbesondere drohe keine Verwirklichung des Straftatbestandes nach § 182 Abs. 3 StGB, da eine Ausnutzung einer fehlenden sexuellen Selbstbestimmung aufseiten der Ehefrau nicht zu befürchten sei. Die Ehefrau sei nicht ohne Weiteres mit deutschen 14- oder 15-jährigen Mädchen vergleichbar, sie habe vielmehr bereits in Syrien vor der gemeinsamen Flucht mit dem Ehemann wie Mann und Frau zusammengelebt.[435] Auch sei insoweit nicht von einer Zwangsheirat auszugehen. Den beiden Ehegatten sei daher einzuräumen, am Wochenende von Freitagabend bis Sonntagabend die Freizeit unbegleitet miteinander zu verbringen. Hiergegen wendete sich wiederum das zuständige Jugendamt mit seiner Beschwerde vor dem OLG Bamberg.[436]

bb) Entscheidung des OLG Bamberg

Das OLG Bamberg wies die Beschwerde des Jugendamtes als zulässig, aber unbegründet zurück.[437]

Zunächst ermittelte das Gericht das auf die Personensorge anwendbare Sachrecht und kam hierbei zu dem Ergebnis, dass nach Art. 15 KSÜ das deutsche Sachrecht anzuwenden sei.[438]

Anschließend stellte sich die Vorfrage nach der Wirksamkeit der Ehe. Dabei war nach Art. 13 Abs. 1 EGBGB a.F. das syrische Recht anwendbar. Nach dem syrischen Recht war die Ehe wirksam. Dementsprechend bejahte das OLG

434 Vgl. OLG Bamberg Beschl. v. 12.5.2016 – 2 UF 58/16, BeckRS 2016, 9621, Rn. 5.
435 Vgl. OLG Bamberg, vom 12.5.2016 – 2 UF 58/16, BeckRS 2016, 9621, Rn. 5.
436 Vgl. zum gesamten Sachverhalt OLG Bamberg, vom 12.5.2016 – 2 UF 58/16, BeckRS 2016, 09621 Rn. 1–11.
437 Vgl. OLG Bamberg, vom 12.5.2016 – 2 UF 58/16, BeckRS 2016, 9621, Rn. 12.
438 Vgl. OLG Bamberg, vom 12.5.2016 – 2 UF 58/16, BeckRS 2016, 9621, Rn. 18.

Bamberg die Vorfrage nach einer wirksamen Ehe. In diesem Zusammenhang sei auf die Erfüllung der Voraussetzungen der Art. 11 EGBGB und Art. 13 EGBGB abzustellen, woran in diesem Fall keine Zweifel bestünden.[439] Dabei ließ das OLG die Frage nach einem ordre public-Verstoß nach Art. 6 EGBGB ausdrücklich offen,[440] da die Unterschreitung des Ehemündigkeitsalters des § 1303 BGB bei einer Eheschließung im Ausland dazu führt, dass selbst bei Unterstellung eines Verstoßes gegen den ordre public nicht die Nichtigkeit der Ehe angenommen werden kann, wenn nach dem für die Eheschließung gem. den Art. 11 und 13 EGBGB anzuwendenden ausländischen Recht die Ehe bei Unterschreitung des dort geregelten Ehemündigkeitsalters nicht unwirksam, sondern nur anfechtbar oder aufhebbar wäre.[441] Eine in Syrien nach syrischem Eheschließungsrecht wirksam geschlossene Ehe einer zum Eheschließungszeitpunkt 14-Jährigen mit einem Volljährigen sei als wirksam anzuerkennen, wenn die Ehegatten wie vorliegend der sunnitischen Glaubensrichtung angehören und die Ehe bereits vollzogen ist.[442] Nach syrischem Recht lag daher eine wirksame Ehe vor. Die Fehlerfolge nach dem syrischen Recht im Falle einer fehlerhaften Ehe ist zudem nicht deren Unwirksamkeit, sondern lediglich die Anfechtbarkeit. Da im Rahmen eines ordre public-Verstoßes auf diese Fehlerfolge abzustellen sei, sei die Ehe auch in Deutschland als wirksam anzusehen.

Bei seiner Entscheidung berücksichtigte das OLG Bamberg das Kindeswohl der minderjährigen Ehefrau. Diesbezüglich führte es aus, dass die Ehegatten die schwierige Flucht gemeinsam durchgestanden hatten und auch nach der UN-Kinderrechtskonvention keine starren Altersgrenzen existieren, wonach eine Ehe stets als unwirksam anzusehen sei. Die Belange des Kindeswohls stünden der Fortführung der Ehe in Deutschland daher nicht entgegen. Vielmehr sei die Fortsetzung für die Integration der Eheleute förderlich. Aufgrund dessen sei die Ehe auch aus Kindeswohlgesichtspunkten nicht als unwirksam anzusehen, zumal es sich auch nicht um eine Zwangsheirat gehandelt habe.[443]

Aufgrund der wirksamen Ehe stehe daher nicht dem Vormund das Aufenthaltsbestimmungsrecht bzgl. des minderjährigen Ehegatten zu, sondern diesem selbst. Die minderjährige Ehefrau könne daher gem. § 1633 BGB a.F. jederzeit

439 Vgl. OLG Bamberg, vom 12.5.2016 – 2 UF 58/16, BeckRS 2016, 9621, Rn. 23.
440 Vgl. OLG Bamberg, vom 12.5.2016 – 2 UF 58/16, BeckRS 2016, 9621, Rn. 24.
441 OLG Bamberg, vom 12.5.2016 – 2 UF 58/16, BeckRS 2016, 9621 (3. Amtlicher Leitsatz).
442 OLG Bamberg, vom 12.5.2016 – 2 UF 58/16, BeckRS 2016, 9621 (2. Amtlicher Leitsatz).
443 Vgl. OLG Bamberg, vom 12.5.2016 – 2 UF 58/16, BeckRS 2016, 9621, Rn. 29.

selbst entscheiden, zu ihrem volljährigen Ehemann zu ziehen, so dass es auch keiner Umgangsregelung diesbezüglich bedürfe.[444]

cc) Reaktionen auf die Entscheidung in der Öffentlichkeit

In der Öffentlichkeit erntete die Entscheidung viel Kritik. Als Folge der Entscheidung des OLG Bamberg wurde insbesondere in der Presse eine rege Diskussion über die Änderung des § 1303 BGB und damit verbunden über die Anhebung des Ehemündigkeitsalters geführt.[445] Im Rahmen dieser Diskussion bezogen auch zahlreiche Politiker in der Presse Stellung zur Frage der Ehemündigkeit. Bayerns Justizminister *Winfried Bausback* teilte mit: „Das mittelalterliche Rechtsverständnis anderer Staaten widerspricht unserem Verständnis von Minderjährigenschutz."[446] Auch SPD-Fraktionschef *Thomas Oppermann* stellte klar: „Wir wollen keine Kinderehen. Zur Ehe gehören zwei volljährige Partner."[447]

Als Folge der Entscheidung wurde zudem eine Bund-Länder-Arbeitsgruppe eingesetzt, die sich mit der Frage befassen sollte, ob § 1303 BGB a.F. und dessen Ausnahmeregelung noch zeitgemäß ist.[448] Das Ergebnis ist bekannt. Man könnte demnach sagen, dass die Entscheidung des OLG Bamberg ausschlaggebend für das Gesetz zur Bekämpfung von Kinderehen war.

dd) Anmerkungen zur Entscheidung des OLG Bamberg

Insbesondere die Beurteilung der Wirksamkeit der Ehe als Vorfrage entspricht der alten Fassung des Art. 13 EGBGB. In dieser wurden gerade noch keine starren Altersgrenzen festgelegt und lediglich durch Abs. 1 auf das Heimatrecht der Eheschließenden verwiesen. Nach dem syrischen Heimatrecht war die Ehe trotz des Alters der Beteiligten wirksam.

Lediglich durch die Annahme eines ordre public-Verstoßes nach Art. 6 EGBGB hätte man der Ehe in Deutschland die Wirksamkeit absprechen können. Die entscheidende Frage war also die nach einem ordre public-Verstoß. Genau diese Frage ließ das OLG Bamberg vorliegend jedoch bewusst offen. Dabei ging das Gericht richtigerweise davon aus, dass es keine starren Altersgrenzen diesbezüglich gab. Stattdessen gingen die vertretenen Ansichten bei der Beurteilung eines ordre public Verstoßes aufgrund des Alters auseinander.[449] Richtigerweise

---

444 Vgl. OLG Bamberg, vom 12.5.2016 – 2 UF 58/16, BeckRS 2016, 9621, Rn. 31.
445 Vgl. *Issig*, WELT vom 31.5.2016.
446 Vgl. *Niemann*, ZEIT vom 12.01.2017.
447 Vgl. *Niemann*, ZEIT vom 12.01.2017
448 Vgl. *Majer*, NZFam 2016, 1019, 1022.
449 Vgl. C. II. 1. b).

ist im Rahmen des ordre public stets auf die Gesamtumstände abzustellen.[450] Altersgrenzen können dabei jedoch eine Art Richtlinie darstellen und sollten nicht, wie in diesem Fall, völlig außer Acht gelassen werden. Vielmehr wäre es von besonderer Bedeutung gewesen, hierzu Stellung zu nehmen, anstatt die Frage nach einem Verstoß gegen Art. 6 EGBGB offenzulassen.

Außerdem stellte das OLG Bamberg auf die Fehlerfolgen des syrischen Rechts ab. Dies entspricht dem Grundsatz, dass sich die Fehlerfolgen ebenfalls nach dem jeweiligen Heimatrecht der Eheschließenden beurteilen sollen.[451] Nach dem syrischen Heimatrecht ist eine Ehe bei Verstoß gegen die Ehemündigkeitsvorschriften nicht unwirksam, sondern anfechtbar und damit bis zur Anfechtung wirksam. Allerdings verkannte das OLG Bamberg hier, dass die Fehlerfolgen des ausländischen Rechts wiederum nach dem deutschen ordre public zu bewerten sind.[452] Nach der Argumentationslinie des OLG Bamberg müsste man andernfalls auch bei Zwangsehen und Ehen unter Beteiligung unter 14-Jähriger ebenfalls immer auf die ausländischen Fehlerfolgen abstellen.[453] Dies würde im Extremfall dazu führen, dass selbst Zwangsehen und Ehen unter Beteiligung unter 14-Jähriger in Deutschland als wirksam anzusehen wären.[454]

Folgerichtig hätte die vorliegende Ehe und deren Fortbestand am Maßstab des ordre public beurteilt werden müssen und die Frage nach einem Verstoß gegen diesen hätte gerade nicht offenbleiben dürfen.

Richtigerweise überprüfte das OLG, ob die Fortsetzung der Ehe gegen das Kindeswohl verstoßen würde, und nahm in diesem Rahmen die gebotene Gesamtbetrachtung vor. Insbesondere der engen Beziehung, die auf der Flucht entstanden war, maß das OLG dabei zu Recht eine besondere Bedeutung zu.

Der große Kritikpunkt der Entscheidung ist daher die fehlende Beurteilung eines möglichen ordre public-Verstoßes.

Die weiteren Ausführungen des OLG bzgl. des Aufenthaltsbestimmungsrechts der minderjährigen Ehefrau sind aufgrund der Annahme einer wirksamen Ehe folgerichtig.

---

450 Vgl. *Antomo*, NZFam 2016, 1155, 1159.

451 Vgl. *Coester*, in: MüKo BGB, Art. 13 EGBGB, Rn. 10.

452 Vgl. *Majer*, NZFam 2016, 1019, 1021.

453 Vgl. *Majer*, NZFam 2016, 1019, 1021.

454 Vgl. *Majer*, NZFam 2016, 1019, 1021.

ee) Beschwerde beim BGH

Die Stadt Aschaffenburg hat gegen den Beschluss des OLG Bamberg Beschwerde beim BGH eingelegt. Sie will damit eine Grundsatzentscheidung zur Behandlung ausländischer Kinderehen in Deutschland erreichen.[455] Am 14.12.2018 erging der Beschluss des BGH, das Verfahren auszusetzen und das Gesetz zur Bekämpfung von Kinderehen dem Bundesverfassungsgericht zur Prüfung auf seine Verfassungsmäßigkeit vorzulegen.[456]

ff) Beurteilung des Sachverhalts nach der erfolgten Gesetzesänderung

Wäre der Sachverhalt nach der Gesetzesänderung zur Bekämpfung von Kinderehen zu beurteilen gewesen, wäre die Entscheidung des OLG Bamberg in dieser Form keineswegs tragbar.

Nach der Neuregelung des Art. 13 Abs. 3 Nr. 1 EGBGB wäre die Ehe als Nichtehe einzustufen. Die Ehefrau war bei der Einreise nach Deutschland 15 Jahre alt, so dass auch die Eheschließung vor der Vollendung des 16. Lebensjahres erfolgte. Mithin wäre es nach dem geänderten Art. 13 Abs. 3 Nr. 1 EGBGB unbeachtlich, dass die Ehe nach dem syrischen Recht als wirksam anzusehen ist. Nach deutschem Recht wäre die Ehe jedenfalls als Nichtehe zu qualifizieren, so dass ein hinkendes Rechtsverhältnis vorliegen würde.

Folgerichtig wäre auch die Hauptfrage nach der Personensorge anders zu beantworten. Mangels Ehe ergäben sich nach der jetzigen Rechtslage auch keine Einschränkungen der Vormundschaft. Insbesondere stünde dem minderjährigen Ehegatten das Aufenthaltsbestimmungsrecht demnach nicht selbst zu, so dass dieser auch nicht selbst entscheiden könnte, zu seinem Ehegatten zu ziehen. Nach der Streichung des § 1633 BGB würde sich durch eine Eheschließung eines Minderjährigen nichts mehr an der elterlichen Sorge ändern. Stattdessen obläge das Aufenthaltsbestimmungsrecht den Eltern bzw. in diesem Fall dem Vormund.

b) KG Berlin, Beschluss vom 21.11.2011 – 1 W 79/11

aa) Sachverhalt[457]

Der im Mai 1992 geborene Ehemann und die im April 1995 geborene Ehefrau schlossen im August 2009 im Libanon die Ehe. Sie gehörten beide der muslimischen Glaubensgemeinschaft der Schiiten an.

---

455 Vgl. LTO, vom 16.6.2016.

456 Vgl. BGH, vom 14.11.2018 – XII ZB 292/16, NZFam 2019, 65.

457 Vgl. KG Berlin, vom 21.11.2011 – 1 W 79/11, NJOZ 2012, 165.

2005 wurde der Ehemann in Deutschland eingebürgert und besitzt seitdem die deutsche Staatsangehörigkeit und lebt auch in Deutschland. Seine Ehefrau reiste im Oktober 2010 unerlaubt nach Deutschland ein. Nach ihrer Einreise beantragten die Eheleute im Dezember 2010 die Beurkundung der ausländischen Ehe in Deutschland. Da die Eheleute bei der Eheschließung 17 und 14 Jahre alt waren, verweigerte das Standesamt zunächst die Anlegung des Eheregisters und legte die Sache dem Amtsgericht vor. Das AG entschied, dass die Eheschließung zu beurkunden sei, da die Ehe zwar nach deutschem Recht gem. § 13 Abs. 2 EGBGB i.V.m. § 1303 BGB a.F. bzgl. des Ehemannes aufhebbar, aber zunächst vollwirksam sei. Nach dem Heimatrecht der Ehefrau sei die Ehe ebenfalls gültig. Die Ehefrau sei nach libanesischem Recht zwar noch nicht ehemündig gewesen, habe jedoch eine gerichtliche Genehmigung zur Heirat nach dem Ottomanischen Familiengesetz erhalten. Einen ordre public-Verstoß stellte das AG dabei nicht fest.[458]

Über die Beschwerde gegen diese Entscheidung musste das KG Berlin entscheiden.

bb) Beschluss des KG Berlin

Das KG Berlin verneinte das Vorliegen der materiellen Voraussetzungen einer wirksamen Eheschließung.[459]

Nach Art. 13 Abs. 1 EGBGB sei für den Ehemann das deutsche Recht bzgl. der materiellen Ehevoraussetzungen anwendbar und für die Ehefrau auf das libanesische Recht abzustellen.

Nach dem libanesischen Recht sei die Ehe zwar als wirksam anzusehen, dieses Ergebnis widerspreche jedoch dem deutschen ordre public gem. Art. 6 EGBGB und sei mit den Grundsätzen des deutschen Rechts nicht vereinbar.[460] Denn das Ergebnis würde dazu führen, dass selbst 14-Jährige wirksam die Ehe schließen könnten, und zwar auch dann, wenn ein starker Bezug zu Deutschland bestehe und die Ehe tatsächlich im Inland gelebt werde.[461] Zudem wies das KG darauf hin, dass eine solche Ehe gegen den Minderjährigenschutz verstoße und dieser gerade essenzieller Bestandteil des deutschen Rechts sei.[462] Eine Eheschließung in diesem jungen Alter verstoße gegen den in Art. 1 Abs. 1, Art. 2 Abs. 1 GG

458 Vgl. KG Berlin, vom 21.11.2011 – 1 W 79/11, NJOZ 2012, 165, 165.
459 Vgl. KG Berlin, vom 21.11.2011 – 1 W 79/11, NJOZ 2012, 165, 165.
460 Vgl. KG Berlin, vom 21.11.2011 – 1 W 79/11, NJOZ 2012, 165, 165.
461 Vgl. KG Berlin, vom 21.11.2011 – 1 W 79/11, NJOZ 2012, 165, 165.
462 Vgl. KG Berlin, vom 21.11.2011 – 1 W 79/11, NJOZ 2012, 165, 166.

und Art. 6 Abs. 2 GG verankerten Minderjährigenschutz. Daher sei, auch wenn international kein festes Heiratsmindestalter existiere, ein ordre public-Verstoß anzunehmen.[463]

Dabei betonte das KG auch, dass eine Eheschließung in Deutschland in dieser Konstellation nicht möglich gewesen wäre, denn nach § 1303 Abs. 2 BGB a.F. konnte zwar ein Minderjähriger, der die Ehe mit einem Volljährigen eingehen wollte, die Befreiung von dem Erfordernis der Volljährigkeit beantragen,[464] eine Eheschließung zwischen zwei Minderjährigen war danach aber nicht möglich.

Die Fehlerfolgen bei der Annahme eines ordre public-Verstoßes richten sich ebenfalls nach dem ausländischen Recht, daher ermittelte das KG die Fehlerfolgen nach dem libanesischen Recht. Die Ehefrau war nach dem libanesischen Recht eheunmündig und die Ehe danach nur aufgrund der erteilten gerichtlichen Genehmigung zulässig. Nach dem Recht der Schiiten wäre die Ehe ohne gerichtliche Genehmigung ungültig gewesen, so dass von dieser keine Rechtswirkungen ausgegangen wäre.[465] Aufgrund dessen sah das KG Berlin die Ehe als unwirksam an.

cc) Anmerkungen zur Entscheidung des KG Berlin

Das KG Berlin nahm im Gegensatz zum OLG Bamberg Stellung zu einem ordre public-Verstoß. Richtigerweise bejahte das KG Berlin einen Verstoß gegen Art. 6 EGBGB aufgrund des Alters der Ehefrau und der fehlenden Einsichtsfähigkeit in dem jungen Alter der Eheschließenden. Die Argumentation diesbezüglich ist auch vor dem Hintergrund verständlich, dass nach § 1303 Abs. 2 BGB a.F. in Deutschland Ehen unter Beteiligung Minderjähriger nur nach Vollendung des 16. Lebensjahres geschlossen werden konnten und eine Eheschließung unter Beteiligung zweier Minderjähriger auch im Inland nicht möglich gewesen wäre.

dd) Beurteilung des Sachverhalts nach der erfolgten Gesetzesänderung

Nach Art. 13 Abs. 3 Nr. 1 EGBGB wäre die Ehe auch nach der Gesetzesänderung als nichtig anzusehen. Das Ergebnis wäre mithin das Gleiche. Allerdings müsste das Gericht nicht mehr auf Art. 6 EGBGB zurückgreifen, sondern die Unwirksamkeit ergäbe sich direkt aus Art. 13 Abs. 3 Nr. 1 EGBGB.

463 Vgl. KG Berlin, vom 21.11.2011 – 1 W 79/11, NJOZ 2012, 165, 166.
464 Vgl. KG Berlin, vom 21.11.2011 – 1 W 79/11, NJOZ 2012, 165, 165.
465 Vgl. KG Berlin, vom 21.11.2011 – 1 W 79/11, NJOZ 2012, 165, 166.

c) VG Berlin, Beschluss vom 30.11.2017 – 5 L 550.17 V

Zur neuen Rechtslage traf das VG Berlin am 30.11.2017 eine Entscheidung, durch welche die Auswirkungen des neuen Art. 13 Abs. 3 Nr. 1 BGB deutlich werden.

aa) Sachverhalt

Eine am 01.01.2000 geborene Syrerin (Ehefrau) heiratete im August 2014 einen 19-jährigen syrischen Staatsangehörigen (Ehemann). Die Eheschließung erfolgte in Syrien und wurde im Dezember 2014 von einem Scharia-Gericht als wirksam bestätigt.[466]

Im Oktober 2015 floh der Ehemann nach Deutschland. Dort wurde ihm im Dezember 2015 gem. § 3 Abs. 1 AsylG durch das Bundesamt für Migration und Flüchtlinge die Flüchtlingseigenschaft zuerkannt.[467] Seit diesem Zeitpunkt verfügte er daher auch über eine Aufenthaltsgenehmigung aus humanitären Gründen.[468]

Am 26.10.2016 beantragte die Ehefrau ein Visum zum Nachzug nach Deutschland. Diesen Antrag lehnte das Deutsche Generalkonsulat ab. Als Begründung führte es an, dass die Ehe zwischen den Antragstellern unwirksam sei und daher auch keinen Anspruch auf einen Nachzug nach Deutschland vermittele.[469]

Gegen die Ablehnung des Antrags erhoben die Eheleute Klage vor dem VG Berlin und begehrten gleichzeitig den Erlass einer einstweiligen Anordnung.[470]

bb) Beschluss des VG Berlin

In der Hauptsache wurde über die Klage der Eheleute bisher noch nicht entschieden. Eine Entscheidung erging jedoch zum Antrag auf Erlass einer einstweiligen Anordnung.

Dabei entschied das VG Berlin, dass der Antrag auf Erteilung eines Visums zum Ehegattennachzug im Wege der einstweiligen Anordnung nach § 123 Abs. 1 S. 2 VwGO keinen Erfolg hat.

Die Antragsteller konnten im Rahmen des § 123 VwGO weder einen Anordnungsanspruch noch einen Anordnungsgrund geltend machen.[471] Insbesondere

466 Vgl. VG Berlin, vom 30.11.2017 – 5 L 550.17 V, juris, Rn. 1.
467 Vgl. VG Berlin, vom 30.11.2017 – 5 L 550.17 V, juris, Rn. 1.
468 Vgl. VG Berlin, vom 30.11.2017 – 5 L 550.17 V, juris, Rn. 1.
469 Vgl. VG Berlin, vom 30.11.2017 – 5 L 550.17 V, juris, Rn. 2.
470 Vgl. VG Berlin, vom 30.11.2017 – 5 L 550.17 V, juris, Rn. 4.
471 Vgl. VG Berlin, vom 30.11.2017 – 5 L 550.17 V, juris, Rn. 6.

bestehe zwischen den Antragstellern keine wirksame Ehe gem. Art. 13 Abs. 3 Nr. 1 EGBGB. Gem. Art. 13 Abs. 1 EGBGB unterliegen die Voraussetzungen der Eheschließung für jeden Verlobten dem Recht des Staates, dem er angehört. Danach galt für beide Antragsteller, die als syrische Staatsangehörige in Syrien im Jahr 2014 die Ehe schlossen, syrisches Recht. Unterliegt die Ehemündigkeit eines Verlobten nach Abs. 1 ausländischem Recht, ist die Ehe nach deutschem Recht unwirksam, wenn der Verlobte im Zeitpunkt der Eheschließung das 16. Lebensjahr nicht vollendet hatte.[472] Da die Antragstellerin zum Zeitpunkt der Eheschließung erst 14 Jahre alt war, sei die in Syrien geschlossene Ehe daher gem. Art. 13 Abs. 3 Nr. 1 EGBGB als Nichtehe anzusehen.

Dabei betonte das VG, dass die Neufassung des Art. 13 Abs. 3 EGBGB auch auf die im Jahr 2014 geschlossene Ehe anzuwenden und die Ausnahmeregelung des Art. 229 § 44 Abs. 4 EGBGB gerade nicht einschlägig sei. Die Überleitungsvorschrift sehe vor, dass Art. 13 Abs. 3 Nr. 1 EGBGB (nur) dann nicht gilt, wenn der minderjährige Ehegatte vor dem 22.07. 1999 geboren wurde (Nr. 1) oder die nach ausländischem Recht wirksame Ehe bis zur Volljährigkeit des minderjährigen Ehegatten geführt wurde ist und kein Ehegatte seit der Eheschließung bis zur Volljährigkeit des minderjährigen Ehegatten seinen gewöhnlichen Aufenthalt in Deutschland hatte (Nr. 2).[473] Diese Voraussetzungen waren in dem vorliegenden Fall nicht gegeben.

Das Gesetz sei bei der Beurteilung der Ehe zwingend, so dass keine wirksame Ehe zwischen den Antragstellern angenommen werden könne. Dabei ging das VG auch auf die zahlreiche Kritik an der Gesetzesänderung ein und betonte, dass sich keine andere Beurteilung des Sachverhalts daraus ergeben könne, dass die Norm rechtspolitisch umstritten ist.[474]

cc) Anmerkungen zur Entscheidung des VG Berlin

Die Entscheidung des VG Berlin ist aufgrund der Gesetzesänderung folgerichtig. Dass die Ehe nach dem syrischen Recht wirksam geschlossen wurde, ist unbeachtlich. Entscheidend sind aus deutscher Sicht allein die Regelungen des Art. 13 Abs. 3 Nr. 1 EGBGB, wonach eine Ehe unter Beteiligung eines unter 16-Jährigen zwingend als Nichtehe anzusehen ist. Folgerichtig besteht auch kein Anspruch auf Erteilung eines Visums zur Ermöglichung des Ehegattennachzugs. Daher ist auch davon auszugehen, dass in der Hauptsache keine andere Entscheidung

472 Vgl. VG Berlin, vom 30.11.2017 – 5 L 550.17 V, juris, Rn. 8.
473 VG Berlin, vom 30.11.2017 – 5 L 550.17 V, juris, Rn. 9.
474 Vgl. VG Berlin, vom 30.11.2017 – 5 L 550.17 V, juris, Rn. 10.

ergehen wird. Die Rechtsfolgen des Art. 13 Abs. 3 Nr. 1 EGBGB sind eindeutig. Es besteht keinerlei Ermessensspielraum des Gerichts.

Das Ehepaar legte gegen die Entscheidung des VG Berlin zudem auch Beschwerde ein, diese wurde jedoch als unbegründet zurückgewiesen.[475]

d) AG Kassel, Beschluss vom 07.03.2018 – 524 F 3451/17 E1

aa) Sachverhalt

Ein 20-jähriger deutscher Staatsangehöriger und eine 14-jährige bosnisch-herzegowinische Staatsangehörige schlossen im Januar 2017 die Ehe. Die Ehefrau hatte vor der Eheschließung eine gerichtliche Erlaubnis zur Eheschließung erhalten.[476]

Vor dem Erlass des Gesetzes zur Bekämpfung von Kinderehen wurde den Eheleuten von den zuständigen Behörden mitgeteilt, dass die Ehe von Gesetzes wegen auch in Deutschland wirksam sei. Nach der gesetzlichen Neuregelung stellte die zuständige Behörde dann aber den Antrag auf Aufhebung der Ehe und beantragte hilfsweise festzustellen, dass die Ehe unwirksam ist.[477]

bb) Entscheidung des AG Kassel

Das AG Kassel befand den Antrag für zulässig und begründet und stellte fest, dass die im Januar 2017 geschlossene Ehe unwirksam sei.[478]

Dabei stellte das AG Kassel fest, dass die Ehe gem. Art. 13 Abs. 3 Nr. 1 EGBGB unwirksam sei, da einer der Eheleute das 16. Lebensjahr noch nicht vollendet habe und die Ehemündigkeit ausländischem Recht unterliege. Daher sei die Ehe vorliegend kraft Gesetzes unwirksam. Dennoch sei ein entsprechendes Feststellungsurteil aus Gründen der Rechtssicherheit erforderlich, denn der Antragsteller habe vor der gesetzlichen Neuregelung den Betroffenen schriftlich versichert, dass die geschlossene Ehe wirksam sei und damit für die Betroffenen einen entsprechenden Rechtsschein gesetzt.[479] Aufgrund dessen entschied das AG Kassel, dass die Unwirksamkeit der Ehe gem. Art. 13 Abs. 3 Nr. 1 EGBGB feststehe.

---

475 Vgl. OVG Berlin-Brandenburg, vom 24.1.2018 – 3 M 144/17, BeckRS 2018, 16787.
476 Vgl. AG Kassel, vom 07.03.2018 – 524 F 3451/17 E1, FamRZ 2018, 1149, 1149.
477 Vgl. AG Kassel, vom 07.03.2018 – 524 F 3451/17 E1, FamRZ 2018, 1149, 1149.
478 Vgl. AG Kassel, vom 07.03.2018 – 524 F 3451/17 E1, FamRZ 2018, 1149, 1149.
479 Vgl. AG Kassel, vom 07.03.2018 – 524 F 3451/17 E1, FamRZ 2018, 1149, 1150.

cc) Anmerkungen

Da vorliegend eine Eheschließung unter Beteiligung eines Minderjährigen vor der Vollendung des 16. Lebensjahres erfolgte, bestand für das AG Kassel keinerlei Ermessensspielraum. Gem. Art. 13 Abs. 3 Nr. 1 EGBGB liegt eine Nichtehe vor, so dass auch keine Aufhebung der Ehe in Betracht kam. Folglich musste das Gericht dem Hilfsantrag folgend feststellen, dass keine wirksame Ehe vorliegt und die vermeintlichen Eheleute stattdessen in einer nichtehelichen Lebensgemeinschaft leben. Die Möglichkeit einer Einzelfallprüfung bestand für das Gericht gerade nicht.

e) VG Berlin, vom 28.09.2018 – VG 3 K 349.16 V

aa) Sachverhalt

Eine im Jahr 2000 geborene Frau heiratete im Jahr 2015 einen neun Jahre älteren Mann in Syrien. Die Eheschließung erfolgte mit der Zustimmung des Vaters der Frau. Beide waren syrische Staatsangehörige. Nach der Eheschließung lebte das Paar sechs Monate gemeinsam in Aleppo. Aufgrund des syrischen Bürgerkriegs floh der Ehemann nach Deutschland. Im Februar 2016 wurde dem Ehemann die Flüchtlingseigenschaft zuerkannt und er erhielt eine Aufenthaltsgenehmigung aus humanitären Gründen. Die Ehefrau hingegen kehrte nach der Ausreise des Mannes in ihr Elternhaus zurück und floh gemeinsam mit ihrer Familie anschließend in die Türkei. Dort beantragte die Ehefrau im Deutschen Generalkonsulat in Istanbul ein Visum, um im Wege des Ehegattennachzugs ebenfalls nach Deutschland einzureisen. Den Antrag lehnte das Deutsche Generalkonsulat ab, woraufhin die Ehefrau Klage gegen diese Entscheidung erhob. Dabei erklärte die mittlerweile volljährige Ehefrau u.a., dass sie auch weiterhin an der Ehe festhalten wolle und daher eine Heilung eingetreten sei.[480] Zudem berief sie sich auf die Verfassungswidrigkeit der Nichtigkeitslösung.[481] Zuvor hatte die Ehefrau bereits vorgetragen, dass die angeordnete Nichtigkeit eine unzumutbare Härte darstelle.[482] Im Wege des Klageverfahrens begehrte die Ehefrau daher, dass das Deutsche Generalkonsulat zur Erteilung eines Visums zum Ehegattennachzug verpflichtet wird.

480 Vgl. VG Berlin, vom 28.09.2018 – VG 3 K 349.16 V, BeckRS 2018, 25786, Rn. 5.
481 Vgl. VG Berlin, vom 28.09.2018 – VG 3 K 349.16 V, BeckRS 2018, 25786, Rn. 5.
482 Vgl. VG Berlin, vom 28.09.2018 – VG 3 K 349.16 V, BeckRS 2018, 25786, Rn. 4.

bb) Entscheidung des VG Berlin

Am 28.09.2018 wies das VG Berlin die Klage der Ehefrau als unbegründet zurück und stellte fest, dass die Ehefrau keinen Anspruch auf Erteilung eines Visums habe.

Das VG Berlin stellte fest, dass die erste Voraussetzung zur Erteilung eines Visums zum Ehegattennachzug gem. den §§ 6 Abs. 3, 29 Abs. 1 und § 30 Abs. 1 AufenthG eine wirksame Ehe sei und es gerade an dieser wichtigsten Voraussetzung bereits fehle.[483] Auch wenn die Ehe nach dem syrischen Recht wirksam sei, so sei sie doch nach der erfolgten Gesetzesänderung gem. Art. 13 Abs. 3 Nr. 1 EGBGB nach deutschem Recht nichtig.[484] Dabei könne sich die Ehefrau auch nicht auf die Ausnahmeregelung des Art. 229 § 44 EGBGB berufen.[485]

Einen Verstoß gegen höherrangiges Recht lehnte das VG Berlin in seiner Entscheidung dabei ausdrücklich ab.[486]

Letztendlich verwies das Gericht die Beteiligten in seiner Entscheidung auf die Möglichkeit der erneuten Eheschließung, da zum Zeitpunkt der Entscheidung beide Ehegatten bereits volljährig waren.[487] Hierfür könne gem. § 7 Abs. 1 S. 3 AufenthG auch eine Einreiseerlaubnis zur Eingehung der Ehe beantragt werden.[488]

f) OLG Frankfurt am Main, Beschluss vom 11.01.2019 – S UF 172/18[489]

aa) Sachverhalt

Die 1998 geborene algerische und deutsche Staatsangehörige (im Folgenden Ehefrau) und der im Jahr 1985 geborene algerische Staatsangehörige (im Folgenden Ehemann) schlossen am 04.05.2014 in Algerien die Ehe. Aufgrund der Minderjährigkeit der Ehefrau erfolgte eine gerichtliche Befreiung von dem Erfordernis der Volljährigkeit. Bei der Eheschließung wirkte der Onkel der Ehefrau als Ehevormund mit entsprechender Vollmacht mit.[490]

483 Vgl. VG Berlin, vom 28.09.2018 – VG 3 K 349.16 V, BeckRS 2018, 25786, Rn. 15.
484 Vgl. VG Berlin, vom 28.09.2018 – VG 3 K 349.16 V, BeckRS 2018, 25786, Rn. 17 ff.
485 Vgl. VG Berlin, vom 28.09.2018 – VG 3 K 349.16 V, BeckRS 2018, 25786, Rn. 23.
486 Vgl. VG Berlin, vom 28.09.2018 – VG 3 K 349.16 V, BeckRS 2018, 25786, Rn. 31 ff.
487 Vgl. VG Berlin, vom 28.09.2018 – VG 3 K 349.16 V, BeckRS 2018, 25786, Rn. 38.
488 Vgl. VG Berlin, vom 28.09.2018 – VG 3 K 349.16 V, BeckRS 2018, 25786, Rn. 37.
489 OLG Frankfurt am Main, vom 11.01.2019 – S UF 172/18, BeckRS 2019, 3941.
490 Vgl. OLG Frankfurt am Main, vom 11.01.2019 – S UF 172/18, BeckRS 2019, 3941, Rn. 1.

Im Jahr 2015 brachte die Ehefrau das gemeinsame Kind auf die Welt.[491]

Zu einem zwischen den Eheleuten streitigen Zeitpunkt zwischen 2016 und 2017 erfolgte die Trennung.[492]

Am 14.06.2017 beantragte die Ehefrau die Scheidung bzw. hilfsweise die Eheaufhebung, welcher der Ehemann unter Bestreiten des Trennungszeitpunkts entgegentrat.[493]

Mit Beschluss vom 14.05.2018 stellte das Amtsgerichts Offenbach fest, dass die zwischen den Beteiligten erfolgte Eheschließung unwirksam ist.[494] Gegen diese Entscheidung wandte sich der Ehemann mit seiner Beschwerde und beantragte, den Beschluss des Amtsgerichts Offenbach aufzuheben und den Scheidungsantrag zurückzuweisen.[495]

bb) Entscheidung des OLG Frankfurt am Main

Das OLG Frankfurt am Main stellte fest, dass die Ehe der Beteiligten nicht unwirksam, sondern aufzuheben sei.[496] Das Amtsgericht Offenbach habe es gerade versäumt, die Ehe auf ihre Wirksamkeit nach dem algerischen Recht zu überprüfen. Nach diesem sei die Ehe gerade wirksam. Daher sei die Ehe wirksam, aber aufgrund des Hilfsantrags der Ehefrau aufzuheben.[497]

Aufgrund der Übergangsregelung des Art. 229 § 44 Abs. 4 Nr. 1 EGBGB greife vorliegend die Nichtigkeitslösung des Art. 13 Abs. 3 Nr. 1 EGBGB gerade nicht.

Stattdessen sei die Ehe nach deutschem Recht aufhebbar, da die Ehefrau die Ehe auch nicht nach dem Erreichen der Volljährigkeit bestätigt habe.[498] Mithin sei die Ehe entsprechend des Hilfsantrags aufzuheben gewesen.[499]

---

491 Vgl. OLG Frankfurt am Main, vom 11.01.2019 – S UF 172/18, BeckRS 2019, 3941, Rn. 2.

492 Vgl. OLG Frankfurt am Main, vom 11.01.2019 – S UF 172/18, BeckRS 2019, 3941, Rn. 3.

493 Vgl. OLG Frankfurt am Main, vom 11.01.2019 – S UF 172/18, BeckRS 2019, 3941, Rn. 4 und 5.

494 Vgl. OLG Frankfurt am Main, vom 11.01.2019 – S UF 172/18, BeckRS 2019, 3941, Rn. 10.

495 Vgl. OLG Frankfurt am Main, vom 11.01.2019 – S UF 172/18, BeckRS 2019, 3941, Rn. 14.

496 Vgl. OLG Frankfurt am Main, vom 11.01.2019 – S UF 172/18, BeckRS 2019, 3941, Rn. 16 ff.

497 Vgl. OLG Frankfurt am Main, vom 11.01.2019 – S UF 172/18, BeckRS 2019, 3941, Rn. 20.

498 Vgl. OLG Frankfurt am Main, vom 11.01.2019 – S UF 172/18, BeckRS 2019, 3941, Rn. 32.

499 Vgl. OLG Frankfurt am Main, vom 11.01.2019 – S UF 172/18, BeckRS 2019, 3941, Rn. 33.

7. Stellungnahme

Die Änderung des Art. 13 Abs. 3 EGBGB und die Einstufung der Ehe mit der Beteiligung eines unter 16-Jährigen als Nichtehe kann zu erheblichen Problemen bei der Beurteilung von Folgefragen führen.

a) Problematik gehäufter Vorfragen

Insbesondere treten immer wieder Vorfragen auf, wobei deren Anknüpfung ohnehin stets umstritten war. Nimmt man wie hier eine selbstständige Anknüpfung an, so führt dies stets zur Unwirksamkeit einer solchen Ehe aufgrund des Art. 13 Abs. 3 Nr. 1 EGBGB. Durchbricht man diesen Grundsatz und knüpft z.B., wie in der Literatur teilweise empfohlen, bei bestimmten Vorfragen doch unselbstständig an, untergräbt man damit die Gesetzesänderung des Art. 13 Abs. 3 EGBGB und erkennt z.B. in Bezug auf die Abstammung eine nach deutschem Recht nicht existierende Ehe dennoch als ausreichend an, um durch sie die Abstammung zu begründen. Dabei würden also reine Inlandsfälle anders behandelt als Fälle mit Auslandsbezug, da bei reinen Inlandsfällen die Verbindung in einer Nichtehe nicht ausreichen kann, um danach eine Abstammung zu begründen. Allerdings hat der Gesetzgeber Art. 13 EGBGB geändert, um so einen Gleichlauf zwischen der Beurteilung reiner Inlandsfälle und der Fälle mit Auslandsbezug zu erreichen. Hinsichtlich der eigenständigen Beurteilung der Wirksamkeit der Ehe ist dem Gesetzgeber dies auch gelungen – bzgl. der Folgefragen jedoch nicht; hierbei können die häufig alternativ bestehenden Anknüpfungspunkte zu abweichenden Ergebnissen führen. Insbesondere in Bezug auf einen möglichen Unterhaltsanspruch werden Kinder, die aus einer Nichtehe mit Auslandsbezug stammen, durch das HUP besser geschützt.

b) Widerspruch zum Grundsatz des internationalen Entscheidungseinklangs

Zudem läuft die Änderung des Art. 13 EGBGB den Grundsätzen des Internationalen Privatrechts zuwider. Grundsätzlich soll ein internationaler Entscheidungseinklang gefördert und hinkende Rechtsverhältnisse vermieden werden. Die Änderung des Art. 13 Abs. 3 Nr. 1 EGBGB fördert Letztere aber sogar. Ein hinkendes Rechtsverhältnis liegt vor, wenn das Rechtsverhältnis aus der Sicht einer Rechtsordnung wirksam und aus der Sicht mindestens einer anderen Rechtsordnung unwirksam ist.[500] Zwar folgten auch in der Vergangenheit aus

500 Rauscher § 5 B III, Rn. 526.

der Anwendung des ordre public gem. Art. 6 EGBGB hinkende Rechtsverhältnisse, wenn einer Ehe im Inland die Anerkennung versagt wurde, dies ist jedoch mit der pauschalen Neuregelung des Art. 13 Abs. 3 EGBGB nicht zu vergleichen. Denn aufgrund der Einführung des Art. 13 Abs. 3 Nr. 1 EGBGB ist die Entstehung von hinkenden Rechtsverhältnissen quasi zwingend. Überspitzt könnte man sagen, dass mit Grenzübertritt zwischen den ehemaligen Ehegatten keinerlei Bindung mehr besteht. Zumindest ist dies rechtlich nach deutschem Recht so. In Deutschland leben die Partner somit in einer nichtehelichen Gemeinschaft. Zieht es die Partner nun wieder zurück in ihr Heimatland, so sind sie mit dem Grenzübertritt wieder wirksam verheiratet.

Des Weiteren könnte es zu Doppelehen kommen. Wollte nun einer der in Deutschland lebenden Partner eine andere Person heiraten, so würde sich die Frage nach dem Vorliegen der Ehevoraussetzungen nach Art. 13 Abs. 1 EGBGB nach dem jeweiligen Heimatrecht richten. Hierbei würde sich aufgrund des Verbots von Doppelehen in Deutschland dann wiederum die Frage nach dem Bestehen einer wirksamen Ehe stellen. Nach dem Heimatrecht wäre eine solche gegeben und eine weitere Eheschließung abzulehnen, nach deutschem Recht hingegen würde keine wirksame Ehe existieren, so dass eine weitere Eheschließung erfolgen könnte. Entwickelt man diesen Fall weiter und es käme zu einer Eheschließung in Deutschland, würde dies im Extremfall dazu führen, dass diese Person nach deutschem Recht mit einer Person wirksam verheiratet ist und nach dem Heimatrecht eine wirksame Ehe mit einer anderen Person besteht. Die betroffenen Personen könnten so möglicherweise sogar gegen bestehende Verbote der Doppelehe ihres Heimatstaates verstoßen und sich deswegen strafbar machen – ein Ergebnis, das abstrus wirkt und nicht nur juristische Laien an die Grenzen des Nachvollziehbaren führt, zumal sich die nach dem Heimatrecht wirksam bestehende Ehe quasi unbemerkt mit dem Grenzübertritt auflöst. Dementsprechend werden wohl die wenigsten Partner aufgrund der eigenen Unwissenheit entsprechende Vorkehrungen zur Absicherung des Kindes und/oder des Partners im Rahmen der Privatautonomie vornehmen. Dies gilt umso mehr vor dem Hintergrund, dass ihre Ehe nach ihrem Heimatrecht und somit nach der den Ehegatten wohl besser vertrauten Rechtsordnung wirksam ist.

c) Fehlender Einzelfallbezug

Ein weiteres großes Manko der Einstufung als Nichtehe nach Art. 13 Abs. 3 Nr. 1 EGBGB ist auch, im internationalen Zusammenhang, der fehlende Einzelfallbezug. Gerade im Hinblick auf die Beurteilung von Flüchtlingsehen sollte eine Einzelfallprüfung des Sachverhalts erfolgen. Oft stehen die Eheleute auf einer

Flucht traumatische Erlebnisse gemeinsam durch und werden dadurch regelrecht zu einer Schicksalsgemeinschaft zusammengeschweißt. Daher sollte diese Verbindung nicht mit dem Grenzübertritt ohne weitere Prüfung ihre Wirksamkeit verlieren. Vielmehr sollte anhand des Kindeswohls überprüft werden, ob es den Individualinteressen entspricht, die Ehe auch in Deutschland zumindest in Härtefällen als wirksam anzusehen. Eine solche Möglichkeit besteht aufgrund der aktuellen Rechtslage nicht, was den größten Kritikpunkt der aktuellen Regelung darstellt.

D. Rechtsfolgen der Gesetzesänderung bei Eheschließungen unter Beteiligung Minderjähriger, die das 16. Lebensjahr bereits vollendet haben

Von dem zuvor Gesagten sind die Fälle zu unterscheiden, in denen eine Eheschließung unter Beteiligung eines Minderjährigen erfolgt, der bereits das 16., nicht aber das 18. Lebensjahr vollendet hat.

I. Rechtsfolgen bei reinen Inlandsfällen

Erfolgt eine Eheschließung im Inland ohne Auslandsbezug, richten sich die Wirksamkeit und die daraus resultierenden Folgen nach dem BGB.

1. Wirksamkeit der Ehe

Nach dem eindeutigen Wortlaut des geänderten § 1303 BGB kann eine Ehe nicht wirksam von einem Minderjährigen vor der Vollendung des 16. Lebensjahres eingegangen werden. Daraus ergibt sich im Umkehrschluss, dass eine Ehe, die mit einem Minderjährigen, der das 16. Lebensjahr bereits vollendet hat, eingegangen wird, zunächst einmal wirksam ist. Eine solche Ehe ist jedoch gem. § 1314 Abs. 1 Nr. 1 BGB aufhebbar. Bis zur möglichen Aufhebung ist die Ehe vollwirksam.

2. Heilungsmöglichkeiten

Eine Ehe unter Beteiligung eines Minderjährigen, der das 16. Lebensjahr bereits vollendet hat, kann gem. § 1315 BGB geheilt werden. Durch eine Heilung ist eine Aufhebung der Ehe ausgeschlossen.

Nach § 1315 Abs. 1 Nr. 1a BGB ist eine Eheaufhebung bei einem Verstoß gegen § 1303 S. 1 BGB ausgeschlossen, wenn der minderjährige Ehegatte nach dem Erreichen der Volljährigkeit zu erkennen gibt, dass er die Ehe fortsetzen will. Der ehemals Minderjährige kann die Ehe bestätigen und damit aufgrund einer autonomen Entscheidung den Fortbestand der Ehe sicherstellen.

Nach § 1315 Abs. 1 Nr. 1b BGB ist eine Eheaufhebung zudem in Härtefällen ausgeschlossen, und zwar dann, wenn außergewöhnliche Umstände vorliegen, durch welche die Aufhebung der Ehe eine so schwere Härte darstellen würde, dass der Fortbestand der Ehe ausnahmsweise geboten erscheint.[501] Diese Härtefallklausel wurde im Rahmen des Gesetzgebungsverfahrens für das Gesetz zur Bekämpfung von Kinderehen im Gesetz verankert.[502] Fraglich ist, wann ein solcher Härtefall anzunehmen ist. Im Gesetzentwurf wird diesbezüglich klargestellt, dass § 1315 Abs. 1 Nr. 1b BGB nur in absolut gravierenden Einzelfällen zur Anwendung kommen soll.[503] Entscheidendes Kriterium bei dieser Beurteilung soll dabei das Kindeswohl sein.[504]

3. Rechtsfolgen einer Aufhebung

Wird eine Ehe gem. § 1314 Abs. 1 Nr. 1 BGB aufgehoben, gilt für die Folgen der Aufhebung § 1318 BGB. Während von einer Nichtehe keinerlei rechtliche Ansprüche ausgehen können, weist der Gesetzgeber bzgl. aufhebbarer Ehen ausdrücklich auf § 1318 BGB und die daraus resultierende Möglichkeit von Folgeansprüchen hin.[505]

a) Abstammung

Wird ein Kind vor der Aufhebung der Ehe geboren, greift die Vermutung des § 1592 Nr. 1 BGB, so dass der Ehemann automatisch kraft Gesetzes als Vater des Kindes gilt.

Wird das Kind hingegen erst nach der Aufhebung der Ehe geboren, besteht keine wirksame Ehe mehr und § 1592 Nr. 1 BGB ist nicht einschlägig. Stattdessen bedarf es zur Begründung eines Vater-Kind-Verhältnisses einer Vaterschaftsanerkennung nach § 1592 Nr. 2 BGB oder einer gerichtlichen Vaterschaftsfeststellung gem. § 1592 Nr. 3 BGB.[506]

b) Sorgerecht

Für die Beurteilung des Sorgerechts ist ebenfalls entscheidend, ob das Kind vor oder nach der Aufhebung der Ehe geboren wird.

---

501 Entsprechende Rechtsprechung zu der n.F. unter F. IV. 4.
502 Vgl. BT-Drs. 18/12086, S. 17.
503 Vgl. BT-Drs. 18/12086, S. 17.
504 Vgl. BT-Drs. 18/12086, S. 17.
505 Vgl. BT-Drs. 18/12086, S. 13.
506 Vgl. C. I. 2.

Wird das Kind vor der Aufhebung geboren und die Elternschaft dementsprechend kraft Gesetzes begründet, haben die Eltern nach § 1626 BGB das gemeinsame Sorgerecht.

Wird das Kind nach der Aufhebung geboren, steht dem Mann gem. § 1626 BGB nur dann das Sorgerecht zu, wenn die Vaterschaft zuvor nach § 1592 Nr. 2 oder Nr. 3 BGB begründet wurde. Ist dies nicht der Fall, hat die Mutter nach § 1626a BGB das alleinige Sorgerecht.

c) Unterhaltsrechtliche Ansprüche der Ehegatten

Wird eine Ehe aufgehoben, stellt sich die Frage, ob die Ehegatten unterhaltsrechtliche Ansprüche geltend machen können.

§ 1318 Abs. 1 BGB verweist nur in bestimmten Fällen auf eine Anwendung der Vorschriften aus dem Scheidungsrecht. Dabei handelt es sich um eine Rechtsgrundverweisung, so dass auch jeweils die Voraussetzungen der entsprechenden Normen aus dem Scheidungsrecht vorliegen müssen.[507]

Nach § 1318 Abs. 2 BGB finden die Vorschriften über den Unterhalt nach den §§ 1569 – 1586b BGB entsprechend Anwendung, wenn der grundsätzlich unterhaltsberechtigte Ehegatte die Aufhebbarkeit aufgrund eines Verstoßes gegen § 1303 BGB nicht kannte. Das Erfordernis der Kenntnis soll den Ehegatten schützen, der auf den Fortbestand der Ehe vertraute, da er den Aufhebungsgrund nicht kannte.[508] Dabei schadet nur die positive Kenntnis, nicht aber grob fahrlässige Unkenntnis.[509] Entscheidend ist die Kenntnis im Zeitpunkt der Eheschließung. Erhält ein Ehegatte zeitlich nach der Eheschließung Kenntnis von dem Aufhebungsgrund, ist dies unschädlich.[510]

Die Beweislast bzgl. der Gutgläubigkeit trägt dabei der Ehegatte, der den Unterhalt beansprucht.[511]

aa) Unterhaltsansprüche des minderjährigen Ehegatten

Ist der minderjährige Ehegatte unterhaltsberechtigt, kann er, wenn er die Aufhebbarkeit der Ehe nicht kannte, einen Unterhaltsanspruch geltend machen, wenn die weiteren Voraussetzungen der Tatbestände nach den §§ 1570 ff. BGB vorliegen. Die notwendige Kenntnis bezieht sich dabei nicht auf das Alter des

---

507 Vgl. *Roth*, in: Erman, § 1318, Rn. 2.
508 Vgl. *Voppel*, in: Staudinger BGB, § 1318, Rn. 15.
509 Vgl. *Voppel*, in: Staudinger BGB, § 1318, Rn. 16.
510 Vgl. *Schiefer*, in: jurisPK-BGB, § 1318, Rn. 9.
511 Vgl. *Voppel*, in: Staudinger BGB, § 1318, Rn. 34.

Eheschließenden, sondern allein auf die daraus resultierende Aufhebbarkeit der Ehe.

Hinsichtlich des Minderjährigen ist dabei die Folgefrage aufzuwerfen, ob ihm die Kenntnis von der Aufhebbarkeit überhaupt zugerechnet werden kann. Hierfür könnten vor allem die Wertungen des § 828 BGB sprechen, wonach im Schadensrecht eine Zurechnung erfolgt, wenn der Minderjährige die zur Erkenntnis der Verantwortlichkeit entsprechende Einsichtsfähigkeit besitzt. Man könnte diese Wertungen auch auf die Kenntnis der Aufhebbarkeit übertragen, so dass auch hier die Einsichtsfähigkeit des Minderjährigen das maßgebliche Kriterium ist.[512] Im Rahmen des § 828 BGB ist es entscheidend, dass der Minderjährige die geistige Reife aufweist, dass Unrecht seiner Handlungen zu erkennen.[513] Dies lässt sich derart auf die Kenntnis vom Aufhebungsgrund übertragen, dass auf die Kenntnis des Minderjährigen abzustellen ist, wenn dieser die geistige Reife besitzt, den Aufhebungsgrund und die daraus resultierenden Folgen zu erkennen.

bb) Unterhaltsansprüche des volljährigen Ehegatten

Fraglich ist dabei, ob dies auch zulasten eines Minderjährigen gelten kann. Wäre dies der Fall, müsste der Minderjährige seinem unterhaltsberechtigten volljährigen Ehegatten Unterhalt zahlen, wenn dieser gutgläubig war und die Aufhebbarkeit der Ehe nicht kannte und die weiteren Voraussetzungen der §§ 1570 ff. BGB bzw. § 1361 BGB gegeben wären.[514] Diesbezüglich gibt es zahlreiche kritische Stimmen in der Literatur, die einen solchen Anspruch zulasten des Minderjährigen nicht zulassen wollen.[515] Inhaltlich würde der Minderjährige aufgrund der bei der Eheschließung abgegebenen Willenserklärung zu möglicherweise sehr hohen Unterhaltszahlungen verpflichtet, obwohl genau dieser Willenserklärung bzgl. der Eheschließung gerade keine bindende Wirkung zugesprochen wird.[516] Diese Haftung des Minderjährigen im Rahmen von Unterhaltszahlungen verstieße gegen das allgemeine Persönlichkeitsrecht nach Art. 2 Abs. 1 i.V.m. Art. 1 Abs. 1 GG, da dieses gerade verbietet, einen Minderjährigen unter Umständen mit erheblichen Schulden aus der Minderjährigkeit zu entlassen.[517]

---

512 Vgl. *Spindler*, in: BeckOK BGB, § 828, Rn. 7.

513 Vgl. *Spindler*, in: BeckOK BGB, § 828, Rn. 7.

514 Vgl. *Roth*, in: Erman, § 1318, Rn. 3a.

515 Vgl. *Brudermüller*, in Palandt BGB, § 1318, Rn. 2.

516 Vgl. *Roth*, in: Erman, § 1318, Rn. 3a.

517 Vgl. *Roth*, in: Erman, § 1318 Rn. 3a; BVerfG, 13.05.1986 – 1 BvR 1542/84, BVerfGE 72, 155.

In der Tat spricht aber vor allem der Wortlaut des § 1318 BGB für eine Haftung des Minderjährigen. Der Wortlaut sieht gerade keine Beschränkung einer möglichen Unterhaltspflicht auf den volljährigen Ehegatten vor.[518] Bzgl. einer Ehe, die infolge einer Täuschung oder Drohung eingegangen wurde, sieht das Gesetz eine solche Beschränkung hingegen ausdrücklich vor, so dass in einem solchen Fall nur der Getäuschte bzw. Bedrohte einen Unterhaltsanspruch geltend machen könnte.[519] Eine solche Ausnahmeregelung findet sich im Hinblick auf einen minderjährigen Unterhaltsschuldner gerade nicht. Auch wenn dieses Ergebnis befremdlich ist, könnte man daher vertreten, dass sich aufgrund des Wortlauts ein Anspruch gegen den minderjährigen Ehegatten nicht umgehen lässt, da die §§ 1569 ff. BGB zugunsten jedes Ehegatten anwendbar sind, der im Zeitpunkt der Eheschließung gutgläubig war.[520]

Gegen die Inanspruchnahme des Minderjährigen spricht der Minderjährigenschutz, der im deutschen Recht von besonderer Bedeutung ist. Dem Gesetzgeber obliegt es dabei den Minderjährigen derart zu schützen, dass dieser ohne unzumutbare finanzielle Belastung in die Volljährigkeit starten kann.[521] Insbesondere das allgemeine Persönlichkeitsrecht nach Art. 2 Abs. 1 GG i.V.m. Art. 1 Abs. 1 GG erfordert den Ausschluss eines Unterhaltsanspruchs gegen den minderjährigen Ehegatten. Daher kann der volljährige Ehegatte entgegen des Wortlauts des Gesetzes auch dann keinen Unterhaltsanspruch gegen den Minderjährigen geltend machen, wenn er gutgläubig war.[522]

cc) Zwischenergebnis

Dementsprechend kann dem Minderjährigen gegenüber dem volljährigen Ehegatten ein Unterhaltsanspruch zustehen, wenn die weiteren Voraussetzungen der Unterhaltsvorschriften nach den §§ 1570 ff. BGB bzw. § 1360 BGB vorliegen. Der volljährige Ehegatte hingegen kann keinen Unterhaltsanspruch gegen den Minderjährigen geltend machen.

dd) Betreuungsunterhalt

Eine Besonderheit sieht § 1318 Abs. 1 S. 2 BGB bzgl. des Betreuungsunterhalts vor. Auch wenn die Voraussetzungen nach § 1318 Abs. 1 S. 1 BGB nicht vorliegen,

518 Vgl. *Wellenhofer*, in: MüKo BGB, § 1318, Rn. 6.
519 Vgl. *Wellenhofer*, in: MüKo BGB, § 1318, Rn. 7.
520 Vgl. *Hahn*, in: BeckOK BGB, § 1318, Rn. 6.
521 Vgl. BVerfG, vom 13.05.1986 – 1 BvR 1542/84, BVerfGE 72, 155.
522 Vgl. *Roth*, in: Erman, § 1318, Rn. 3a.

kommt nach § 1318 Abs. 1 S. 2 BGB dennoch ein Unterhalt gem. § 1570 BGB analog wegen der Betreuung eines gemeinsamen Kindes in Betracht, wenn sich eine Versagung des Unterhalts negativ auf die Belange des Kindes auswirken würde und daher grob unbillig wäre.[523] Entscheidend bei dieser Beurteilung ist das Kindeswohl, so dass das Alter des Kindes, sein körperlicher und geistiger Entwicklungsstand sowie anderweitige Betreuungsmöglichkeiten von besonderer Bedeutung sind.[524]

d) Güterrechtliche Ansprüche

Die Vorschriften über einen Zugewinnausgleich nach den §§ 1371 ff. BGB können gem. § 1318 Abs. 3 BGB auch im Falle der Aufhebung entsprechend angewendet werden. Dadurch soll eine schuldrechtliche Rückabwicklung der Ehe ausgeschlossen werden.[525] Das macht deutlich, dass eine Eheaufhebung den Güterstand der Zugewinngemeinschaft nicht rückwirkend entfallen lässt.[526]

Ein Zugewinnausgleich soll nach § 1318 Abs. 3 BGB dann nicht stattfinden, wenn dies im Hinblick auf die Umstände der Eheschließung grob unbillig wäre. Grobe Unbilligkeit ist dabei dann zu bejahen, wenn der Zugewinnausgleich dem Gerechtigkeitsgefühl in einem unerträglichen Maße widerspricht.[527] Das ist vor allem dann anzunehmen, wenn eine Eheschließung infolge einer Täuschung oder Drohung zustande kam.[528] Auch bei einer Scheinehe ist ein Zugewinnausgleich aufgrund der Umstände der Eheschließung ausgeschlossen.[529] Im Endeffekt ist bei der Billigkeitskontrolle jeder Fall einzeln zu beleuchten, wobei auch die Einkommens- und Vermögensverhältnisse der Ehegatten sowie die Dauer der Ehe zu beachten sind.[530]

Bei einer Eheschließung unter Verletzung des § 1303 BGB kann nicht generell eine grobe Unbilligkeit angenommen werden. Ein Zugewinnausgleich ist daher grundsätzlich möglich, wenn nicht besondere Umstände hinzutreten, die im Einzelfall eine grobe Unbilligkeit begründen.

---

523 Vgl. *Wellenhofer*, in: MüKo BGB, § 1318, Rn. 9.
524 Vgl. *Schiefer*, in: jurisPK-BGB, § 1318, Rn. 15.
525 Vgl. *Roth*, in: Erman, § 1318, Rn. 6.
526 Vgl. *Schiefer*, in: jurisPK-BGB, § 1318, Rn. 17.
527 *Schiefer*, in: jurisPK-BGB, § 1318, Rn. 19.
528 Vgl. *Voppel*, in: Staudinger BGB, § 1318, Rn. 36.
529 Vgl. *Schiefer*, in: jurisPK-BGB, § 1318, Rn. 19.
530 Vgl. *Roth*, in: Erman, § 1318, Rn. 6.

Auch bzgl. des Anspruchs auf Zugewinnausgleich stellt sich daher die Frage, ob ein solcher auch gegen den minderjährigen Ehegatten geltend gemacht werden kann.[531] Hier spricht ebenfalls der Wortlaut dafür, einen solchen Anspruch auch gegen den minderjährigen Ehegatten zuzulassen. Dagegen spricht jedoch wiederum der effektive Minderjährigenschutz. Allerdings ist zu beachten, dass durch einen Zugewinnausgleich nur dasjenige auszugleichen ist, was aufgrund des gemeinsamen Zusammenlebens erwirtschaftet wurde. Der Ehegatte hat also gerade auch einen Anteil an dem Zugewinn. Erwerbe, die das Vermögen steigern, aber in keinem Zusammenhang mit dem ehelichen Zusammenleben stehen, werden gem. § 1374 Abs. 2 BGB von dem Zugewinnausgleich ausgenommen. Des Weiteren ist der Zugewinnausgleich gem. § 1378 Abs. 2 BGB auf das vorhandene Vermögen begrenzt, um zu verhindern, dass sich der Ehegatte zur Erfüllung des Zugewinnausgleichs verschulden müsste. Der Minderjährige wird auch nicht wie im Rahmen einer Unterhaltspflicht möglicherweise dauerhaft bzw. langfristig belastet. Dementsprechend ist ein Zugewinnausgleich auch gegen einen minderjährigen Ehegatten zuzulassen. Dieser wird durch die Anrechnungsregelung des § 1374 Abs. 2 BGB und die Begrenzung des zu leistenden Ausgleichs nach § 1378 Abs. 2 BGB hinreichend geschützt. Zudem könnte im Rahmen der Billigkeitskontrolle von einem Ausgleichsanspruch gegen den Minderjährigen abgesehen werden, wenn dieser dadurch unzumutbar belastet würde. Den Anspruch zum Schutz des Minderjährigen von vornherein zu versagen, ist daher nicht notwendig.

e) Unterhaltsansprüche des Kindes

Bei der Beurteilung möglicher Unterhaltsansprüche des Kindes nach § 1601 BGB ist entscheidend, ob rein rechtlich nach § 1591 BGB und § 1592 BGB eine verwandtschaftliche Beziehung begründet wurde. Bei der Mutter ist dies nach § 1591 BGB grundsätzlich der Fall. Bei dem Vater hingegen kommt es wiederum auf den Zeitpunkt der Geburt an.[532]

Wird das Kind vor der Aufhebung geboren, gilt der Ehemann gem. § 1592 Nr. 1 BGB als Vater und ein Unterhaltsanspruch nach § 1601 BGB könnte bestehen, wenn die weiteren Voraussetzungen des § 1601 BGB gegeben sind.

Wird das Kind nach der Aufhebung geboren, kann ein Unterhaltsanspruch nach § 1601 BGB nur dann bestehen, wenn die Vaterschaft zunächst rechtlich nach § 1592 Nr. 2 und 3 BGB begründet wurde.

---

531 Vgl. zum Streit bzgl. des Bestehen eines Unterhaltsanspruchs G. I. 3. c) bb).

532 Vgl. D. I. 3. a).

Da eine Aufhebung der Ehe nicht ohne die Kenntnis der Ehegatten erfolgt, steht diesen infolge der Aufhebung die Möglichkeit offen, eine Vaterschaft dennoch zu begründen. Denn im Gegensatz zur Nichtehe kann hier eine Unwirksamkeit nicht völlig unbemerkt eintreten. Aufgrund der Kenntnis der Beteiligten von der Eheaufhebung ist es ihnen in einem solchen Fall daher auch zuzumuten, die Verwandtschaft durch eine Vaterschaftsanerkennung bzw. ein gerichtliches Feststellungsverfahren zu begründen und damit den Grundstein für einen Unterhaltsanspruch nach § 1601 BGB zu legen.

f) *Erbrechtliche Ansprüche des Ehegatten*

Da die aufhebbare Ehe bis zu ihrer Aufhebung voll wirksam ist, steht dem Ehegatten ab der Eheschließung auch das gesetzliche Erbrecht nach § 1931 BGB zu.[533] Das gesetzliche Erbrecht erlischt jedoch im Moment der Eheaufhebung, also mit Rechtskraft des Aufhebungsbeschlusses gem. § 1313 S. 2 BGB.[534]

Stirbt ein Ehegatte während des Aufhebungsverfahrens, das er selbst eingeleitet hat, ist das Erbrecht auch dann gem. § 1933 S. 2 BGB ausgeschlossen, wenn das begründete Aufhebungsverfahren im Zeitpunkt des Todes noch nicht rechtskräftig abgeschlossen war. Ein unbegründeter Aufhebungsantrag hingegen hat keine Auswirkung auf das Erbrecht des Ehegatten.

Wurde ein solcher Antrag des verstorbenen Ehegatten nicht gestellt, steht dem überlebenden Ehegatten einer aufhebbaren Ehe das Ehegattenerbrecht zu. Gem. § 1317 Abs. 3 BGB ist eine nachträgliche Aufhebung nach dem Tod eines Ehegatten nicht mehr möglich.[535] Das Ehegattenerbrecht kann nur dann ausgeschlossen sein, wenn die Ehe im Zeitpunkt des Todes noch aufhebbar war, und nicht, wenn die Aufhebbarkeit nach § 1315 BGB ausgeschlossen ist.[536]

§ 1318 Abs. 5 BGB erweitert den Ausschluss des Ehegattenerbrechts nach § 1933 BGB, wenn der überlebende Ehegatte bösgläubig gegen die Eheverbote der Doppelehe oder der Verwandtschaft oder gegen die Formvorschriften verstoßen hat oder die Geschäftsunfähigkeit des anderen Ehegatten im Zeitpunkt der Eheschließung kannte.[537]

Fraglich ist, wie es zu bewerten ist, wenn der verstorbene Ehegatte die Aufhebungsgründe kannte, aber bewusst auf die Stellung eines Aufhebungsantrags

533 Vgl. *Schiefer*, in: jurisPK-BGB, § 1318, Rn. 22.
534 Vgl. *Schiefer*, in: jurisPK-BGB, § 1318, Rn. 22.
535 Vgl. *Roth*, in: Erman, § 1318, Rn. 9.
536 Vgl. *Roth*, in: Erman, § 1318, Rn. 9a.
537 Vgl. *Wellenhofer*, in: MüKo BGB, § 1318, Rn. 16.

verzichtete. Verzichtete der Ehegatte bewusst auf die Stellung eines solchen Antrags, so wurde aufgrund dessen die Ehe fortgeführt. Ist es dementsprechend der Wille des Ehegatten, die Ehe fortzuführen, so müssen dem anderen Ehegatten auch die daraus folgenden Rechte zustehen. Verzichtete der verstorbene Ehegatte also bewusst auf die Stellung eines Aufhebungsantrags, führt dies zum Ausschluss des § 1318 Abs. 5 BGB.[538] Folglich steht dem überlebenden Ehegatten in jedem Fall das gesetzliche Erbrecht zu.

g) Erbrecht des Kindes

Entscheidend bzgl. der Beurteilung des Erbrechts des Kindes ist die Beurteilung der rechtlichen Verwandtschaft. Ein Erbrecht nach § 1924 BGB bzw. § 2303 BGB ist nur dann gegeben, wenn die Verwandtschaft nach § 1591 BGB bzw. § 1592 BGB besteht.[539]

Dementsprechend ist auch hier entscheidend, ob das Kind vor oder nach der Eheaufhebung geboren wurde und ob eine Vaterschaftsanerkennung nach § 1592 Nr. 2 BGB oder gerichtliche Vaterschaftsfeststellung gem. § 1592 Nr. 3 BGB erfolgte.

Wurde das Kind vor der Eheaufhebung geboren, besteht kraft Gesetzes eine Vaterschaft nach § 1592 Nr. 1 BGB.[540] Diese rechtliche Bindung wird durch eine spätere Eheaufhebung nicht mehr beeinträchtigt. Dem Kind stehen daher die gesetzlichen Erbansprüche gem. § 1924 BGB oder § 2303 BGB zu.

Wird das Kind nach der Eheaufhebung geboren, steht ihm nur dann ein gesetzlicher Erbanspruch nach § 1924 BGB oder § 2303 BGB zu, wenn die Vaterschaft zuvor anerkannt oder gerichtlich festgestellt wurde.[541]

h) Ehe- und Erbverträge

aa) Eheverträge

Bzgl. des Abschlusses eines Ehevertrags unter Beteiligung eines Minderjährigen gilt das bzgl. der Nichtehe Gesagte entsprechend.[542]

538 Vgl. *Roth*, in: Erman, § 1318, Rn. 10.
539 Vgl. C. I. 8.
540 Vgl. D. I. 3. a).
541 Vgl. C. I. 8.
542 Vgl. C. I. 9. a).

Ein solcher Ehevertrag ist nichtig, auch wenn der Minderjährige das 16. Lebensjahr bereits vollendet hat. Der Minderjährige kann aber von seinen Eltern wirksam vertreten werden.[543]

bb) Erbverträge

Aufgrund der Änderung des § 2275 BGB ist der Abschluss eines Erbvertrags durch den minderjährigen Ehegatten nicht mehr möglich.[544]

Selbst wenn die Ehe aufhebbar und damit zunächst wirksam ist, kann ein Erbvertrag (auch wenn keine Aufhebung erfolgt) nicht mehr wirksam geschlossen werden.[545]

Bei Minderjährigen, die das 16. Lebensjahr bereits vollendet haben, ergibt sich bei der Errichtung eines unwirksamen Erbvertrags eine Besonderheit.

Schließt ein minderjähriger Ehegatte, der das 16. Lebensjahr vollendet hat, einen Erbvertrag, ist dieser aufgrund der Neufassung des § 2275 BGB zwar unheilbar nichtig,[546] es stellt sich jedoch die Folgefrage, ob ein solch unwirksamer Erbvertrag in ein wirksames Testament umgedeutet werden kann. Nach § 2229 Abs. 1 BGB ist ein beschränkt Geschäftsfähiger, der das 16. Lebensjahr vollendet hat, testierfähig und kann dementsprechend ein wirksames Testament errichten.[547] Eine solche Umdeutung nach § 140 BGB ist zumindest dann vorzunehmen, wenn der Erbvertrag auch die Voraussetzungen eines wirksamen Testaments erfüllt und die Umdeutung dem Erblasserwillen entspricht.[548] Ob ein entsprechender hypothetischer Erblasserwille angenommen werden kann, ist eine Einzelfallentscheidung; gesetzlich wurde diesbezüglich keine Vermutung verankert.[549]

In Einzelfällen könnte einer letztwilligen Verfügung des Minderjährigen, der bereits das 16. Lebensjahr vollendet hat, im Wege der Umdeutung somit zur Wirksamkeit verholfen werden.

---

543 Vgl. C. I. 9. a).
544 Vgl. C. I. 9. b).
545 Vgl. *Röhl*, in: Beck Großkommentar, § 2275, Rn. 8.
546 Vgl. *Litzenburger*, in: BeckOK BGB, § 2275, Rn. 3.
547 Vgl. *Litzenburger*, in: BeckOK BGB, § 2275, Rn. 3.
548 Vgl. *Musielak*, in: MüKo BGB, § 2275, Rn. 4.
549 Vgl. *Musielak*, in: MüKo BGB, § 2275, Rn. 4.

i) Bereicherungsrechtliche Rückabwicklung

Grundsätzlich erfolgt die Rückabwicklung einer Ehe nach den familienrechtlichen Vorschriften, wie z.B. § 1372 BGB. Daneben findet eine bereicherungsrechtliche Rückabwicklung nur in Ausnahmefällen statt. Dies muss auch für eine aufhebbare Ehe gelten, da für diese nach § 1318 BGB die Scheidungsfolgen entsprechend zur Anwendung kommen können.

Insbesondere kann über das Bereicherungsrecht grundsätzlich kein Ausgleichsanspruch/Rückforderungsanspruch bzgl. ehebedingter Zuwendungen geltend gemacht werden, da eine mögliche Bereicherung über den Zugewinnausgleich mitausgeglichen wird.[550] In Betracht kommt ein solcher Ausgleich daher vor allem dann, wenn die Ehegatten im Güterstand der Gütertrennung leben. Dann könnte durch die Beendigung der Ehe die Geschäftsgrundlage der Zuwendungen wegfallen und ein Anspruch nach § 313 BGB bestehen.[551] Da minderjährige Ehegatten jedoch selbst nicht mehr in der Lage sind, einen wirksamen Ehevertrag zu schließen, können sie selbst auch nicht mehr die Gütertrennung vereinbaren. Ein solcher Fall kann unter Beteiligung eines Minderjährigen daher nur dann vorliegen, wenn seine gesetzlichen Vertreter für ihn einen entsprechenden Ehevertrag abgeschlossen haben.[552]

Ein Ausgleichsanspruch nach § 313 BGB ist aber nur dann zu gewähren, wenn andernfalls kein angemessener Ausgleich stattfände und aufgrund dessen eine grobe Unbilligkeit gegeben wäre.[553] Eine bereicherungsrechtliche Rückabwicklung ist folglich nur in Ausnahmefällen möglich.

j) Elterliche Sorge für den minderjährigen Ehegatten

Das Sorgerecht verbleibt nach der Streichung des § 1633 BGB uneingeschränkt bei den Eltern des minderjährigen Ehegatten.[554]

II. Stellungnahme

Die Aufhebbarkeitslösung entspricht im Großen und Ganzen dem Minderjährigenschutz. Im Gegensatz zur Nichtigkeitslösung können den Ehegatten aufgrund der Anordnung des § 1318 BGB auch Folgeansprüche zustehen.

---

550 Vgl. *Bergschneider*, FPR 2011, 244, 245.
551 Vgl. *Bergschneider*, FPR 2011, 244, 245.
552 Vgl. C. I. 9. a).
553 Vgl. *Bergschneider*, FPR 2011, 244, 245.
554 Vgl. C. I. 11.

1. Kenntnis von der Aufhebung der Ehe

Ein weiterer Vorteil der Aufhebbarkeitslösung ist, dass sich die Ehe der Betroffenen nicht unbemerkt in ein rechtliches Nullum wandeln bzw. von Beginn an ein solches sein kann. Vielmehr muss zur Aufhebung der Ehe ein entsprechendes Verfahren durchgeführt werden, wodurch auch die Ehegatten Kenntnis von der Aufhebung erlangen. Dementsprechend können die Ehegatten anschließend, wenn notwendig, weitere rechtliche Schritte in die Wege leiten, z.B. eine Vaterschaftsanerkennung, wenn ein Kind erst nach der Aufhebung geboren wird, oder aber auch eine erneute Eheschließung nach Vollendung des 18. Lebensjahres. Diese Möglichkeit werden die Partner einer Nichtehe aufgrund ihrer Unkenntnis von dieser wohl kaum nutzen. Die Aufhebbarkeitslösung trägt daher den Interessen der Betroffenen Rechnung und wird dadurch auch grundsätzlich dem Minderjährigenschutz gerecht.

In einem Punkt sollte § 1318 BGB im Hinblick auf den Minderjährigenschutz jedoch angepasst werden. Denn nach dem Wortlaut der aktuellen Fassung kann auch der volljährige Ehegatte gegen den Minderjährigen Ausgleichs- und Unterhaltsansprüche geltend machen. Zwar sind aufgrund der grundgesetzlichen Wertungen und der Verletzung des allgemeinen Persönlichkeitsrechts solche Unterhaltsansprüche, wie zuvor dargestellt, abzulehnen,[555] jedoch häufen sich in der Literatur auch gegenteilige Stimmen, die aufgrund des Wortlauts einen Anspruch gegen den minderjährigen Ehegatten dennoch zulassen wollen.[556] Folglich ist es zu empfehlen, Ansprüche gegen den minderjährigen Ehegatten in § 1318 BGB ausdrücklich auszuschließen. Nur so könnte dem grundgesetzlich in Art. 2 Abs. 1 i.V.m. Art. 1 Abs. 1 GG verankerten Recht des Minderjährigen, ohne finanziell unzumutbare Belastung in die Volljährigkeit zu starten,[557] Genüge getan werden. Zudem könnte nur so Rechtssicherheit bei der Beurteilung dieser Frage eintreten.

2. Bestehen einer Heilungsmöglichkeit

Positiv hervorzuheben bleibt die Möglichkeit der Heilung der fehlerhaften Ehe. Der minderjährige Ehegatte kann nach dem Erreichen der Volljährigkeit durch die Bestätigung der Ehe deren Heilung herbeiführen und damit die Aufhebbarkeit der Ehe ausschließen. Eine solche Regelung ist geboten, da der ehemals

555 Vgl. D. I. 3. c) bb).

556 Vgl. *Wellenhofer*, in: MüKo BGB, § 1318, Rn. 6; *Hahn*, in: BeckOK BGB, § 1318, Rn. 6.

557 Vgl. BVerfG 13.05.1986 – 1 BvR 1542/84, BVerfGE 72, 155.

Minderjährige zu diesem Zeitpunkt im Normalfall die Einsichtsfähigkeit und Reife besitzt, seinen Willen über den Fortbestand der Ehe zu äußern und die damit verbundenen Folgen zu überblicken. Dies gilt jedoch auch für die Minderjährigen, welche die Ehe bereits vor Vollendung des 16. Lebensjahres eingegangen sind. Daher sollte auch diesen Minderjährigen die Möglichkeit der Bestätigung der Ehe nach Vollendung des 18. Lebensjahres zustehen. Dies gilt insbesondere auch vor dem Hintergrund, dass eine solche Ehe bereits eine längere Zeit besteht und zwischen den Ehegatten somit eine besonders enge Bindung vorliegen kann.

3. Härtefallregelung

Die Härtefallregel ist hingegen so eng gefasst, dass darüber kaum Ausnahmen erfasst werden. Zudem ist nicht verständlich, warum die Überprüfung seit der Gesetzesänderung allein den Gerichten obliegt. Liegt einer der in dem Gesetzentwurf ausdrücklich aufgezählten Fälle vor, z.B. eine krankheitsbedingte Suizidabsicht des Minderjährigen,[558] ist die Behörde trotz offensichtlicher Aussichtslosigkeit gezwungen, einen Aufhebungsantrag zu stellen. Sinnvoll wäre es an dieser Stelle gewesen, auch den Behörden einen Ermessensspielraum bzgl. der Antragstellung einzuräumen bzw. diesen beizubehalten. Auch vor dem Hintergrund der Überlastung der Gerichte wäre es geboten gewesen, diese vor offensichtlich aussichtslosen Aufhebungsverfahren zu schützen. Auch die Beteiligten verdienen in dieser Hinsicht den Schutz, nicht einem von vornherein aussichtlosen Aufhebungsverfahren ausgesetzt zu werden. Den Behörden sollte daher, entgegen der erfolgten Gesetzesänderung,[559] wiederum ein Ermessensspielraum im Hinblick auf den Aufhebungsantrag zugestanden werden.

Auch wenn die Härtefallklausel sehr eng gefasst ist, ermöglicht sie aber zumindest eine Einzelfallprüfung. Nur durch eine solche am Kindeswohl orientierte Einzelfallprüfung kann in der Praxis den Individualinteressen der Beteiligten Rechnung getragen werden. Eine entsprechende Einzelfallprüfung sollte zwingende Voraussetzung bei jedem Fall einer Eheschließung unter Beteiligung eines Minderjährigen sein, unabhängig von dem konkreten Alter des Minderjährigen. Dennoch sollte das Alter in jedem Einzelfall berücksichtigten werden, so dass keine Ehe bestehen bleibt, die den Grundsätzen des deutschen Rechts widerspricht. Das Alter kann dabei stets als Indiz für die Kindeswohlwidrigkeit einer Ehe herangezogen werden, allerdings sollte dabei nicht allein auf das Alter

558 Vgl. BT-Drs. 18/12086, S. 17.
559 Vgl. BT-Drs. 18/12086, S. 16.

im Zeitpunkt der Eheschließung abgestellt werden, sondern auch das Alter im Zeitpunkt des gerichtlichen Verfahrens Berücksichtigung finden.

Negativ zu bewerten ist zudem die Änderung der Vorschriften bzgl. der Ehe- und Erbverträge unter Beteiligung Minderjähriger. Der Gesetzgeber begründete diese Änderung damit, dass aufgrund der Gesetzesänderung keine Regelungen bzgl. minderjähriger Ehegatten mehr erforderlich seien,[560] übersah dabei aber, dass es dennoch zu Konstellationen kommen kann, für die es der entsprechenden Vorschriften bedurft hätte. Schließt ein Minderjähriger, der das 16. Lebensjahr bereits vollendet hat, die Ehe, ist diese bis zur Aufhebung vollwirksam. Aufgrund der Änderungen der § 1411 BGB und § 2275 BGB kann der Minderjährige dennoch keine wirksamen Ehe- oder Erbverträge eingehen. Stattdessen könnten ihn diesbezüglich nun seine Eltern vertreten.[561] Das erscheint bei einem solch persönlichen Rechtsgeschäft nicht angemessen. Daher waren die Änderungen in den § 1411 BGB und § 2275 BGB kontraproduktiv, denn auch wenn eine Eheschließung nur fehlerhaft erfolgen kann, resultiert daraus bereits ein Bedürfnis nach einem wirksamen Erb- oder Ehevertrag. Zudem kann ein solcher Vertrag auch von Minderjährigen im Hinblick auf eine Ehe geschlossen werden, die erst nach dem Erreichen der Volljährigkeit eingegangen werden soll. Die Ausnahmeregelungen in den § 1411 BGB a.F. und § 2275 BGB a.F. wurden durch die Gesetzesänderung daher keinesfalls obsolet und sollten daher wieder ins Gesetz aufgenommen werden.

Zusammenfassend lässt sich sagen, dass die Aufhebbarkeitslösung der richtige Ansatz ist, um den Individualinteressen angemessen Rechnung zu tragen. Allerdings sollten hierbei kleinere Anpassungen vorgenommen werden, um die Minderjährigen umfassend zu schützen, z.B. der Ausschluss von Unterhaltsansprüchen gegen den minderjährigen Ehegatten und ein Ermessensspielraum der Behörde bzgl. der Stellung eines Aufhebungsantrags.

Insgesamt trägt nur die Aufhebbarkeitslösung den komplexen Sachverhalten einer Kinderehe Rechnung, denn nur sie erlaubt auch eine Einzelfallprüfung. Daher ist es zu empfehlen, die Anwendung der Aufhebbarkeitslösung auch auf die Fälle der Eheschließung unter Beteiligung eines Minderjährigen vor der Vollendung des 16. Lebensjahres zu übertragen und damit wieder Abstand von der neuen Nichtigkeitslösung zu nehmen. Allerdings wären in diesem Zusammenhang auch die Grundsätze des deutschen Rechts zu beachten, so dass es nicht dazu käme, dass eine Ehe nach deutschem Recht fortbesteht, die gegen den

---

560 Vgl. BT-Drs. 18/12086, S. 21.

561 Vgl. C. I. 9. a) und b).

ordre public gem. Art. 6 EGBGB verstößt. Der ordre public wäre demnach als Korrektiv stets auch im Rahmen der Aufhebbarkeitslösung zu beachten.

III. Rechtsfolgen bei Fällen mit Auslandsbezug

Ist bei einer Eheschließung mit Auslandsbezug ein Minderjähriger beteiligt, der zwar das 16., nicht aber das 18. Lebensjahr vollendet hat, kommt seit der Gesetzesänderung Art. 13 Abs. 3 Nr. 2 EGBGB zur Anwendung, und zwar unabhängig davon, ob die Eheschließung im Ausland oder im Inland erfolgte.[562]

1. Wirksamkeit der Ehe

Gem. Art. 13 Abs. 3 Nr. 2 EGBGB ist die Ehe aufhebbar, wenn die Ehemündigkeit eines Verlobten gem. Art. 13 Abs. 1 EGBGB einer ausländischen Rechtsordnung unterlag und der Verlobte im Zeitpunkt der Eheschließung das 16., aber nicht das 18. Lebensjahr vollendet hatte. Wie sich aus dieser Norm ergibt, ist die Ehe bis zu ihrer Aufhebung zunächst vollwirksam.

2. Anwendbares Recht

Nach Art. 13. Abs. 3 Nr. 2 EGBGB ist die Ehe aufhebbar. Art. 13. Abs. 3 EGBGB stellt dabei klar, dass die Aufhebung nach dem deutschen Recht erfolgt. Durch die Änderung des Art. 13 Abs. 3 EGBGB sind also die inländischen Normen zur Ehemündigkeit, die Sanktionen im Verletzungsfall sowie die inländischen Normen zur Eheaufhebung anwendbar.[563] Die Aufhebung richtet sich demnach auch in Fällen mit Auslandsbezug stets nach deutschem Recht.[564] In Deutschland kann nach den §§ 1310 ff. BGB ein Aufhebungsverfahren durchgeführt werden.[565]

3. Heilungsmöglichkeit

Die Möglichkeit einer Heilung der aufhebbaren Ehe bzw. die Ausnahmen von der Aufhebbarkeit richten sich in Fällen mit Auslandsbezug nach Art. 229 § 44 EGBGB und nach den §§ 1310 BGB ff.

---

562 Vgl. *Hohloch*, in: Erman, Art. 13 EGBGB, Rn. 41c.

563 Vgl. *Weller/Thomale/Hategan/Werner*, FamRZ 2018, 1289, 1293.

564 Vgl. *Hohloch*, in: Erman, Art. 13 EGBGB, Rn. 41c.

565 Vgl. D. I. 1. und 2.

4. Rechtsfolgen einer Aufhebung mit Auslandsbezug

a) Abstammung

Die Beurteilung der Abstammung richtet sich nach Art. 19 EGBGB.[566] Nach der alternativen Anknüpfung kann danach deutsches Recht gem. Art. 19 Abs. 1 S. 1 EGBGB zur Anwendung kommen, wenn die Ehe in Deutschland gelebt wird. In diesem Fall ist für die Beurteilung der Abstammung, wie bereits dargestellt, entscheidend, zu welchem Zeitpunkt das Kind geboren wurde.[567] Nach den weiteren Anknüpfungsalternativen kann es jedoch auch zur Anwendung ausländischen Rechts kommen.[568] Eine pauschale Aussage zur Beurteilung der Abstammung kann daher an dieser Stelle nicht getroffen werden; die Beurteilung hängt stets vom konkreten Einzelfall und der konkreten Anknüpfung im Rahmen des Art. 19 EGBGB ab.

b) Sorgerecht

Das anwendbare Recht bzgl. des Sorgerechts ermittelt sich auch in dieser Konstellation nach dem KSÜ, so dass diesbezüglich das zur Ehe unter Beteiligung eines unter 16-Jährigen Gesagte gilt.[569] Entscheidend ist folglich das Recht des Staates, in dem das Kind seinen gewöhnlichen Aufenthalt hat. Hat das Kind seinen gewöhnlichen Aufenthalt in Deutschland, so ist wiederum entscheidend, ob das Kind vor oder nach der Eheaufhebung geboren wurde, da sich zunächst die Vorfrage nach der Abstammung stellt.[570]

c) Unterhaltsrechtliche Ansprüche der Ehegatten

Das anwendbare Recht hinsichtlich möglicher Unterhaltsansprüche richtet sich nach dem HUP.[571] Sollte es hierbei nach Art. 3 HUP zur Anwendung des deutschen Sachrechts kommen, ist auf das zur aufhebbaren Ehe ohne Auslandsbezug Ausgeführte zu verweisen.[572] Nach dem HUP ist im Einzelfall jedoch auch eine Anwendung ausländischen Rechts möglich.[573]

---

566 Vgl. hierzu C. II. 3. a).
567 Vgl. hierzu D. I. 3. a).
568 Vgl. hierzu C. II. 3. a).
569 Vgl. hierzu C. II. 3. b).
570 Vgl. hierzu D. I. 3. a).
571 Vgl. hierzu ausführlich C. II. 3. c).
572 Vgl. hierzu D. I. 3. c).
573 Vgl. hierzu C. II. 3. c).

d) Güterrechtliche Ansprüche der Ehegatten

aa) Rechtslage bei Ehen, die vor dem 29.01.2019 geschlossen wurden

Für Ehen, die vor dem 29.01.2019 geschlossen wurden, richten sich die güterrechtlichen Ansprüche nach Art. 15 EGBGB a.F..[574] Gem. Art. 15 Abs. 1 iVm. Art. 14 Abs. 1 EGBGB a.F. ist danach grundsätzlich das Recht desjenigen Staates entscheidend, dessen Staatsangehörigkeit die Ehegatten besitzen. Demnach können auch güterrechtliche Ansprüche nach einer ausländischen Rechtsordnung in Betracht kommen.

bb) Rechtslage bei Ehen, die nach dem 28.01.2019 geschlossen wurden

Für Ehen, die nach dem 28.01.2019 geschlossen wurden, gilt die EuGüVO. Gem. Art. 22 EuGüVO ist vorrangig auf eine mögliche Rechtswahl der Ehegatten hinsichtlich des Güterrechts abzustellen. Liegt keine Rechtswahl vor, ist auf die allgemeinen Anknüpfungsregeln des Art. 26 EuGüVO zurückzugreifen. Art. 26 EuGüVO sieht bei der Anknüpfung eine Anknüpfungsleiter vor, wonach gem. Art. 26 Abs. 1 lit. a EuGüVO vorrangig auf den ersten gewöhnlichen Aufenthalt der Ehegatten abzustellen ist.[575] Demnach richten sich güterrechtliche Ansprüche nach dem deutschen Recht, wenn die Ehegatten nach der Eheschließung ihren ersten gewöhnlichen Aufenthalt im Inland haben.[576] Das Statut ist dabei unwandelbar. Haben die Ehegatten ihren ersten gewöhnlichen Aufenthalt im Ausland, so richten sich die güterrechtlichen Ansprüche also auch dauerhaft nach dem Recht dieses Staates. Auch an dieser Stelle kann daher keine pauschale Aussage zu möglichen güterrechtlichen Ansprüchen getroffen werden.

e) Unterhaltsrechtliche Ansprüche des Kindes

Das anwendbare Recht bzgl. unterhaltsrechtlicher Ansprüche des Kindes, welches aus einer aufhebbaren Ehe stammt, richtet sich ebenfalls nach dem HUP.[577] Kommt danach aufgrund des gewöhnlichen Aufenthalts gem. Art. 3 HUP das deutsche Recht zur Anwendung, gilt das zuvor zu den Rechtsfolgen bei Aufhebung einer reinen Inlandsehe Gesagte.[578] Nach dem HUP kann es aber auch zur Anwendung einer ausländischen Rechtsordnung kommen.

574 Vgl. hierzu C. II. 3. d) aa).

575 Vgl. weiterführend hierzu *Weber*, DNotZ 2016, 659, 670.

576 Vgl. güterrechtliche Ansprüche bei der Anwendung deutschen Rechts im Falle einer Eheaufhebung D. I. 3. d).

577 Vgl. hierzu C. II. 3. e).

578 Vgl. hierzu D. I. 3. e).

f) Erbrechtliche Ansprüche des Ehegatten

Das anwendbare Recht zur Beurteilung möglicher erbrechtlicher Ansprüche des Ehegatten richtet sich nach der EuErbVO.[579] Mangels Rechtswahl kommt hierbei gem. Art. 21 Abs. 1 EuErbVO das Recht desjenigen Staates zur Anwendung, in dem die Ehegatten ihren gewöhnlichen Aufenthalt haben. Liegt dieser in Deutschland, kommt es folglich auf den Status der Ehe im Zeitpunkt des Todes des erstversterbenden Ehegatten an.[580]

g) Erbrechtliche Ansprüche des Kindes

Auch im Hinblick auf erbrechtliche Ansprüche des Kindes gegenüber seinen Eltern ist das anwendbare Recht nach der EuErbVO zu ermitteln.[581] Kommt es gem. Art. 21 Abs. 1 EuErbVO zur Anwendung des deutschen Erbrechts, ist wiederum die Vorfrage nach der Abstammung zur Beurteilung des Erbrechts entscheidend.[582]

h) Ehe- und Erbverträge

aa) Eheverträge

Zur Beurteilung der Möglichkeit des Abschlusses eines Ehevertrags ist zunächst das anwendbare Recht zu ermitteln.

(i) Rechtslage bei Ehen, die vor dem 29.01.2019 geschlossen wurden

Bei denjenigen Fällen, bei denen die Eheschließung vor dem 29.01.2019 erfolgte, bestimmt sich das anwendbare Recht nach Art. 15 EGBGB a.F.. Gem. Art. 15 Abs. 1 EGBGB i.V.m. Art. 14 Abs. 1 Nr. 1 EGBGB a.F. ist danach grundsätzlich das Heimatrecht der Beteiligten maßgeblich.[583] Folglich kann der Abschluss eines Ehevertrags entsprechend der jeweiligen anwendbaren ausländischen Rechtsordnung zulässig sein.

---

579 Vgl. hierzu C. II. 3. f).

580 Vgl. hierzu C. II. 3. f) aa).

581 Vgl. hierzu C. II. 3. f) cc).

582 Vgl. hierzu D. III. 4. a).

583 Vgl. zu den verschiedenen Problemstellungen in diesem Zusammenhang: *Looschelders,* in MüKo BGB, Art. 15 EGBGB, Rn. 37 ff.

(ii) Rechtslage bei Ehen, die nach dem 28.01.2019 geschlossen wurden

Erfolgte die Eheschließung nach dem 28.01.2019, ist das anwendbare Recht nach der neuen EuGüVO zu ermitteln.[584] Wurde zwischen den Ehegatten keine Rechtswahlvereinbarung getroffen, ist gem. Art. 26 Abs. 1 lit. a EuGüVO vorrangig an das Recht des Staates anzuknüpfen, in dem die Ehegatten nach der Eheschließung ihren ersten gemeinsamen gewöhnlichen Aufenthalt haben. Nach dieser Regelung kann es demnach zur Anwendung ausländischen Rechts kommen, aber auch zur Anwendung des deutschen Rechts, für den Fall, dass die Ehegatten gleich nach der Eheschließung ihren gewöhnlichen Aufenthalt im Inland haben. Aufgrund dessen ist es an dieser Stelle nicht möglich, eine pauschale Aussage zur Zulässigkeit eines Ehevertrags zu treffen. Vielmehr ist dies für jeden Einzelfall gesondert nach der anwendbaren Rechtsordnung zu prüfen. Den Ehegatten steht aber die Möglichkeit offen, die Zulässigkeit des Ehevertrags durch eine entsprechende Rechtswahl zu beeinflussen.

bb) Erbverträge

Die Zulässigkeit von Erbverträgen richtet sich jeweils nach dem gem. Art. 25 EuErbVO anwendbaren Erbrecht, also nach dem hypothetischen Erbstatut.[585] Nach dem jeweiligen anwendbaren Erbstatut ist folglich in jedem Einzelfall die Zulässigkeit eines Erbvertrags und dessen Inhalt zu ermitteln. Eine pauschale Aussage diesbezüglich kann daher wiederum nicht getroffen werden.[586]

i) Bereicherungsrechtliche Ansprüche

Die Rückabwicklung einer wirksamen Ehe soll grundsätzlich über das Familienrecht und nicht über die bereicherungsrechtlichen Vorschriften erfolgen. Dieser Grundsatz gilt auch im internationalen Zusammenhang, wie sich aus Art. 1 Rom-II-VO ergibt. Denn gem. Art. 1 Abs. 2 lit. b Rom-II-VO sind Schuldverhältnisse aus Familienverhältnissen ausdrücklich aus dem Anwendungsbereich ausgenommen.[587]

Bzgl. derjenigen Ansprüche, die zwar aufgrund des ehelichen Verhältnisses erfolgen, aber nicht ihren Rechtsgrund in diesem haben, ist gem. Art. 10 Abs. 1

---

584 Vgl. *Weber*, DNotZ 2016, 659, 675.

585 Vgl. hierzu C. II. 3. g) bb).

586 Vgl. zur Anknüpfung nach Art. 25 EuErbVO: *Dutta*, in: MüKo BGB, Art. 25 EuErbVO, Rn. 1 ff.

587 Vgl. hierzu bereits C. II. 3. h).

Rom-II-VO auf das Ehestatut der betreffenden Ehe abzustellen.[588] Dem folgend ist nach Art. 14 EGBGB bzw. Art. 26 EuGüVO das Ehestatut zu ermitteln und nach diesem mögliche bereicherungsrechtliche Ansprüche zu prüfen.

5. Stellungnahme

Die deutschen Aufhebungsregelungen mögen für reine Inlandsfälle geeignet und angemessen sein. Im Hinblick auf Fälle mit Auslandsbezug lassen sie jedoch außer Acht, dass gerade in diesen Fällen zwischen den Ehegatten meist schon derart enge eheliche Bande gewachsen sind, dass sie eine Eheaufhebung nicht ohne Weiteres verstehen und hinnehmen können.[589] Vielmehr kann eine Eheaufhebung in diesen Fällen das Kindeswohl gefährden. Die Ausnahmeregelung, wonach eine Aufhebung in besonderen Ausnahmefällen unterbleiben darf, ist daher an dieser Stelle sehr eng gefasst. Im Rahmen der Einzelfallprüfung muss den Behörden und Gerichten hinsichtlich der Härtefallprüfung ein größerer Spielraum zugestanden werden, so dass sie die Besonderheiten der ausländischen Sachverhalte ausreichend würdigen können.

588 Vgl. hierzu C. II. 3. h).
589 Vgl. *Antomo*, ZRP 2017, 79, 81.

E. Exkurs

I. Auswirkungen auf das Schenkung- und Erbschaftsteuerrecht

Die Gesetzesänderung hat dabei nicht nur Auswirkungen auf das Familien- und Erbrecht, sondern beeinflusst auch andere Rechtsgebiete, wie z.B. das Schenkung- und Erbschaftsteuerrecht.

Im Schenkung- und Erbschaftsteuerrecht wird die Einteilung in Steuerklassen und nach Steuerfreibeträgen anhand des persönlichen Verhältnisses zwischen dem Zuwendenden und dem Zuwendungsempfänger vorgenommen.[590] Der maßgebliche Zeitpunkt zur Feststellung des persönlichen Verhältnisses zwischen den Beteiligten ist dabei immer der Zeitpunkt der Zuwendung also der Besteuerungszeitpunkt.[591]

1. Steuerliche Vorteile für Ehegatten

Das deutsche Schenkung- und Erbschaftsteuerrecht hält daher für Ehegatten steuerliche Begünstigungen bereit.

Zum einen haben Ehegatten einen höheren Steuerfreibetrag gem. § 16 Abs. 1 Nr. 1 ErbStG i.H.v. 500.000 EUR und werden gem. § 15 Abs. 1 Nr. 1 ErbStG in Steuerklasse I besteuert. Zum anderen ist ein Zugewinnausgleich schenkung- und erbschaftsteuerfrei möglich.[592] Diese Privilegien für Ehegatten kommen jedoch nur dann zum Tragen, wenn im Zeitpunkt der Zuwendungen nach §§ 9 und 11 ErbStG eine wirksame Ehe besteht.[593]

a) Nichtehe

Liegt zwischen den Ehegatten gem. § 1303 BGB eine Nichtehe vor, kommt den Partnern nach dem Wortlaut grundsätzlich keine der Steuerbegünstigungen zugute.[594] Eine ausdrückliche Regelung zur Behandlung einer Nichtehe enthält § 15 ErbStG gerade nicht, weshalb nach dem Gesetzeswortlaut des § 15 ErbStG Steuerklasse III anzuwenden wäre.[595] Allerdings soll aufgrund des

---

590 Vgl. FG Hessen, vom 15.12.2016, AZ: 1 K 1507/16, ZEV 2017, 288, 288.

591 Vgl. BFH, vom 17.03.2010 – II R 46/08, BStBl. II 2010, 554.

592 Vgl. hierzu ausführlich *Reich*, in: von Oertzen/Loose, ErbStG, § 5 Rn. 1 ff.

593 Vgl. *Stein,* in: von Oertzen/Loose, ErbStG, § 15, Rn. 9.

594 Vgl. *Stein,* in: von Oertzen/Loose, ErbStG, § 15, Rn. 9.

595 Vgl. *Jülicher,* in: Troll/Gebel/Jülicher/Gottschalk, ErbStG, § 15, Rn. 28.

Vertrauensschutzes im Falle einer Nichtehe nicht Steuerklasse III, sondern Steuerklasse II in Analogie zur geschiedenen Ehe angewendet werden.[596] Nach der Rechtsprechung des BFH ist diese Analogie erforderlich, da die Partner einer Nichtehe die Zuwendungen im Vertrauen auf das Bestehen einer rechtswirksamen Ehe vorgenommen hätten.[597] Abweichend zur Rechtsprechung des BFH wird in der Literatur vertreten, dass aufgrund der meist vorhandenen Gutgläubigkeit der vermeintlichen Ehegatten trotz Nichtehe die Steuerklasse I anzuwenden sei.[598] Dieser Ansicht wird seitens der Rechtsprechung bisher aber nicht gefolgt.

Bzgl. des Steuerfreibetrags nach § 16 Abs. 1 Nr. 1 ErbStG für Ehegatten i.H.v. 500 000 EUR ist es ebenfalls erforderlich, dass eine wirksame Ehe besteht.[599] Dabei ist bei der Beurteilung im Rahmen des § 16 ErbStG auf die Ordnung des § 15 ErbStG zurückzugreifen.[600]

Im Falle einer Nichtehe soll den Ehegatten ebenfalls der Ehegattenfreibetrag zur Verfügung stehen.[601] Dies entspricht auch dem im Zusammenhang mit § 15 ErbStG dargestellten Vertrauensgrundsatz.

Die vermeintlichen Ehegatten einer Nichtehe werden somit im Rahmen des Steuerrechts nicht wie die Partner einer nichtehelichen Lebensgemeinschaft behandelt, sondern aufgrund ihres Vertrauens auf das Bestehen ihrer Ehe bessergestellt. Somit steht den Partnern einer Nichtehe ein Steuerfreibetrag i.H.v. 500 000 EUR zu und davon unabhängig erfolgt eine Besteuerung entsprechend der Rechtsprechung in Steuerklasse II.[602]

b) Aufhebbare Ehe

Im Falle einer aufhebbaren Ehe nach § 1303 BGB ist hingegen zu unterscheiden, zu welchem Zeitpunkt die Zuwendung erfolgte. Erfolgte die Zuwendung während des Bestehens der Ehe, erfolgt gem. § 15 Abs. 1 Nr. 1 ErbStG eine Besteuerung in Steuerklasse I.[603] Der Ehegattenfreibetrag des § 16 Abs. 1 Nr. 1

---

596 Vgl. *Stein,* in: von Oertzen/Loose, ErbStG, § 15, Rn. 11.

597 Vgl. BFH, vom 22.10.1986 – II R 113/84, BStBl. II 1987, 174.

598 Vgl. *Jülicher,* in: Troll/Gebel/Jülicher/Gottschalk, ErbStG, § 15, Rn. 28.

599 Vgl. *Stein,* in: von Oertzen/Loose, ErbStG, § 16, Rn. 15.

600 Vgl. *Stein,* in: von Oertzen/Loose, ErbStG, § 16, Rn. 15.

601 Vgl. *Hannes/Holtz,* in: Meincke/Hannes/Holtz, ErbStG, § 16 Rn. 9.

602 A.A. *Jülicher,* in: Troll/Gebel/Jülicher/Gottschalk, ErbStG, § 15, Rn. 28, Besteuerung auch beim Vorliegen einer unwirksamen Ehe in Steuerklasse I.

603 Vgl. *Jülicher,* in: Troll/Gebel/Jülicher/Gottschalk, ErbStG, § 15, Rn. 27.

ErbStG steht zudem auch den Ehegatten einer aufhebbaren Ehe bis zu deren Aufhebung zu.[604]

Erfolgte die Zuwendung hingegen erst nach der Aufhebung der Ehe, erfolgt gem. § 15 Abs. 1 Nr. 7 ErbStG die Besteuerung in Steuerklasse II. Der Freibetrag ist nach der Eheaufhebung ebenfalls vermindert, da § 16 ErbStG gerade keinen besonderen Steuerbetrag für die Partner nach der Eheaufhebung vorsieht.[605] Entsprechend den Wertungen des § 15 ErbStG werden die Partner nach der Aufhebung der Ehe den geschiedenen Ehegatten gleichgestellt. Personen der Steuerklasse II haben gem. § 16 Abs. 1 Nr. 5 ErbStG einen Steuerfreibetrag i.H.v. 20 000 EUR.[606]

Mithin steht den Ehegatten bis zur Aufhebung der Ehe ein Steuerfreibetrag i.H.v. 500 000 EUR zu und es erfolgt eine Besteuerung in Steuerklasse I. Nach Aufhebung der Ehe verringert sich der Freibetrag hingegen auf 20 000 EUR und Steuerklasse II kommt zur Anwendung.

c) Ausländische Ehe

Bei Ehen mit Auslandsbezug ist zunächst zu ermitteln, ob eine wirksame Ehe nach deutschem Recht vorliegt.[607] Kommt man hierbei zu dem Ergebnis, dass z.B. nach Art. 13 Abs. 3 Nr. 1 und 2 EGBGB eine Nichtehe oder aufhebbare Ehe vorliegt, gilt das jeweils zuvor Gesagte.

2. Steuerliche Vorteile des Kindes

Auch Kinder werden im ErbStG bei Zuwendungen der Eltern steuerlich bessergestellt. Gem. § 16 Abs. 1 Nr. 2 ErbStG besteht zugunsten der Kinder ein Freibetrag i.H.v. 400 000 EUR und die Besteuerung erfolgt gem. § 15 Abs. 1 Nr. 2 ErbStG in Steuerklasse I.

Wie dargestellt, kann es bei der Beurteilung der Abstammung zu dem Problem kommen, dass aufgrund der Gesetzesänderung der Mann zwar der leibliche/biologische Vater des Kindes ist, nicht aber der rechtliche Vater.[608]

Grundsätzlich war es aber auch im Anwendungsbereich des ErbStG erforderlich, dass zwischen Eltern und Kind die Abstammung nach den §§ 1589 ff. BGB

---

604 Vgl. *Hannes/Holtz,* in: Meincke/Hannes/Holtz, ErbStG, § 16, Rn. 9.
605 Vgl. *Stein,* in: von Oertzen/Loose, ErbStG, § 16, Rn. 15.
606 Vgl. *Stein,* in: von Oertzen/Loose, ErbStG, § 16, Rn. 25.
607 Vgl. *Stein,* in: von Oertzen/Loose, ErbStG, § 15, Rn. 11.
608 Vgl. C. I. 2.; C. II. 3. a); D. I. 3. a); D. III. 4. a).

bestand.[609] Diese bisher gefestigte Auffassung wurde im Jahr 2016 erstmals durch das FG Hessen abgelehnt.

Nach dem Urteil des FG Hessen soll es ausreichen, wenn eine genetische Verwandtschaft vorliegt; das Bestehen der rechtlichen Verwandtschaft hingegen sei nicht notwendig.[610] Vielmehr stellte das FG Hessen fest, dass auch eine Zuwendung an ein biologisches, aber nicht rechtliches Kind unter Berücksichtigung der Steuerklasse I erfolgen müsse, da es sich um die Zuwendung an ein Kind iSd. § 15 Abs. 1 Nr. 2 ErbStG handele.[611] Das FG Hessen wies zwar in diesem Zusammenhang darauf hin, dass die Abstammung im Steuerrecht grundsätzlich nach dem Zivilrecht zu beurteilen sei und das Steuerrecht keine von den §§ 1589 ff. BGB abweichende Abstammungsregeln bereithalte,[612] nach Ansicht des FG Hessen war aber entscheidend, dass der Gesetzgeber seit 2013 die Rechte des leiblichen Vaters stärkt und diese zivilrechtliche Entwicklung auch im Steuerrecht berücksichtigt werden müsse.[613] Mit dieser Entwicklung stellte das FG Hessen auf das Gesetz zur Stärkung der Rechte des leiblichen, nicht rechtlichen Vaters ab.[614] Dabei kommentierte das Gericht auch die in der Literatur vertretene Auffassung, dass eine Vaterschaft iSd. § 1592 BGB vorliegen müsse,[615] und stellte fest, dass eine solche Auslegung des Begriffs Kind in § 15 ErbStG keinesfalls zwingend sei und sich auch nicht aus dem Wortlaut der Norm ableiten lasse.[616] In der Entscheidung verwies das FG auch auf die Entscheidung des EGMR, der im Hinblick auf das Bestehen von Umgangsrechten anerkennt, dass zwischen dem leiblichen Vater und dem Kind eine natürliche und auch unveränderliche Beziehung besteht, die in den Schutzbereich des Art. 8 EMRK fällt.[617] Dabei betonte das FG Hessen, dass auch das BVerfG bereits eine Verletzung des Art. 6 Abs. 2 S. 1 GG bejaht hatte, weil das frühere Familienrecht keinerlei Möglichkeiten für den leiblichen Vater vorsah, seine eigenen Rechte geltend zu machen.[618]

609 Vgl. *Stein,* in: von Oertzen/Loose, ErbStG, § 15, Rn. 16.

610 Vgl. FG Hessen, vom 15.12.2016 – 1 K 1507/16, ZEV 2017, 288.

611 Vgl. FG Hessen, vom 15.12.2016 – 1 K 1507/16, ZEV 2017, 288, 288.

612 Vgl. FG Hessen, vom 15.12.2016 – 1 K 1507/16, ZEV 2017, 288, 289.

613 Vgl. FG Hessen, vom 15.12.2016 – 1 K 1507/16, ZEV 2017, 288, 290.

614 Vgl. BT-Drs. 17/12163.

615 Vgl. *Stein,* in: von Oertzen/Loose ErbStG, § 15, Rn. 16; vgl. auch *Jülicher,* in Troll/Gebel/Jülicher/Gottschalk ErbStG, § 15, Rn. 40.

616 Vgl. FG Hessen, vom 15.12.2016 – 1 K 1507/16, ZEV 2017, 288, 290.

617 Vgl. FG Hessen, vom 15.12.2016 – 1 K 1507/16, ZEV 2017, 288, 289 und EGMR vom 21.12.2010 – 20578/07, NJW 2011, 3565.

618 Vgl. FG Hessen, vom 15.12.2016 – 1 K 1507/16, ZEV 2017, 288, 290 und BVerfG vom 09.04.2003 – 1 BvR 1493/96, NJW 2003, 2151.

Aufgrund der Entwicklung in der Rechtsprechung und der Stärkung der Rechte des leiblichen Vaters durch die zuvor erfolgte Gesetzesänderung sah das FG Hessen die leibliche Vaterschaft als ausreichend und damit die Voraussetzungen des § 15 Abs. 1 Nr. 2 ErbStG als erfüllt an.[619] Eine Prüfung einer tatsächlich bestehenden sozialen Beziehung hingegen sei bei der formalen Betrachtung des Steuerrechts nicht erforderlich.[620] Dieser Auffassung erteilte der BFH im Dezember 2019 eine Absage und stellte klar, dass auch im Rahmen des Steuerrechts die zivilrechtlichen Abstammungsregeln maßgeblich sind.[621]

Beim Erwerb eines Kindes von seinem leiblichen Vater, der nicht auch der rechtliche Vater ist, findet daher die ungünstige Steuerklasse III Anwendung.[622]

II. Auswirkungen der Gesetzesänderung auf ein mögliches Verlöbnis

Eine Eheschließung vor der Vollendung des 18. Lebensjahres soll durch das Gesetz zur Bekämpfung von Kinderehen verhindert werden.

Nach der erfolgten Gesetzesänderung ist es fraglich, ob es noch einen minderjährigen Verlobten geben kann oder ob ein wirksames Verlöbnis entsprechend den Vorgaben des § 1303 BGB nur von Volljährigen eingegangen werden kann.

Verlöbnis meint das gegenseitige Eheversprechen, gemeinsam die Ehe einzugehen.[623] Nach der h.M. stellt ein Verlöbnis ein vertragliches Verhältnis dar,[624] so dass für die Wirksamkeit des Verlöbnisses die Geschäftsfähigkeit beider Verlobten erforderlich ist.[625] Ein beschränkt Geschäftsfähiger benötigt daher zur Eingehung eines Verlöbnisses die Zustimmung seines gesetzlichen Vertreters.[626] Erfolgt ein Verlöbnis in diesem Fall ohne die Zustimmung des gesetzlichen Vertreters, so ist es nur mit einer nachträglichen Genehmigung gem. § 108 Abs. 1 BGB wirksam.[627]

---

619 Vgl. FG Hessen, vom 15.12.2016 – 1 K 1507/16, ZEV 2017, 288, 290.

620 Vgl. FG Hessen, vom 15.12.2016 – 1 K 1507/16, ZEV 2017, 288, 291.

621 BFH, Urteil vom 5.12.2019 – II R 5/17, NJW 2020, 1165.

622 BFH, Urteil vom 5.12.2019 – II R 5/17, NJW 2020, 1165.

623 Vgl. *Hahn,* in: BeckOK BGB, § 1297, Rn. 7.

624 Zur Frage nach der Einordnung des Verlöbnisses *Roth,* in: MüKo BGB, § 1297 Rn. 3 ff.

625 Vgl. *Roth,* in: MüKo BGB, § 1297, Rn. 8.

626 Vgl. *Roth,* in: MüKo BGB, § 1297, Rn. 8.

627 Vgl. *Hahn,* in: BeckOK BGB, § 1297, Rn. 9.

1. Verlöbnis bei reinen Inlandsfällen

Zur Möglichkeit eines wirksamen Verlöbnisses findet sich im Gesetz zur Bekämpfung von Kinderehen keine Regelung.[628] Die Vorschriften zum Verlöbnis in den §§ 1297 – 1302 BGB blieben von der Gesetzesänderung unberührt. Die Normen selbst legen dabei kein Mindestalter für ein Verlöbnis fest.

Gegen die Möglichkeit eines Verlöbnisses vor dem Erreichen der Volljährigkeit könnte sprechen, dass die Vorschriften, die minderjährige Verlobte betrafen, im Rahmen des Gesetzgebungsverfahrens gestrichen wurden (z.B. § 2275 Abs. 3 BGB).[629] Andererseits ist es nicht ersichtlich, warum einem Minderjährigen die Möglichkeit eines Verlöbnis versagt werden sollte, zumindest wenn eine Zustimmung des gesetzlichen Vertreters vorliegt.[630] Für die Möglichkeit eines Verlöbnisses spricht dabei, dass aus diesem selbst keine Rechtspflicht zur Eingehung der Ehe entsteht, sondern das Verlöbnis hauptsächlich ein Vertrauensschutzverhältnis darstellt.[631] Zwar enthält ein Verlöbnis auch verpflichtende Elemente, doch stand dies auch bisher einem Verlöbnis unter Beteiligung eines Minderjährigen nicht entgegen.[632] Zudem wurden an den §§ 1298 ff. BGB im Rahmen der Gesetzesänderung keine Veränderungen/Anpassungen im Hinblick auf die neue Rechtslage vorgenommen. So sieht § 1298 BGB im Gegensatz zu § 1303 BGB kein striktes Alterserfordernis vor, was ebenfalls für die Möglichkeit eines Verlöbnisses vor der Vollendung des 18. Lebensjahres spricht.

Des Weiteren ist ein Verlöbnis nur dann als nichtig anzusehen, wenn ein unbehebbares Ehehindernis vorliegt.[633] Das Ehemündigkeitsalter ist jedoch gerade kein unbehebbares Ehehindernis, vielmehr erledigt sich dieses Ehehindernis automatisch durch Zeitablauf. Auch diese Qualifikation als behebbares Ehehindernis spricht für die Möglichkeit des Verlöbnisses vor der Vollendung des 18. Lebensjahres.

Insgesamt ist daher ein Verlöbnis auch nach der Gesetzesänderung noch vor der Vollendung des 18. Lebensjahres möglich.

---

628 Vgl. BT-Drs. 18/12086.

629 Vgl. *Schwab,* FamRZ 2017, 1369, 1373.

630 Zur Frage nach der Rechtsnatur des Verlöbnisses nach der Tatsächlichkeitstheorie und der Vertrauenstheorie *Roth,* in: MüKo BGB, § 1297 Rn. 3 ff.

631 Vgl. *Schwab,* FamRZ 2017, 1369, 1373.

632 Vgl. *Schwab,* FamRZ 2017, 1369, 1373.

633 Vgl. *Roth,* in: MüKo BGB, § 1297, Rn. 14.

2. Verlöbnis bei Fällen mit Auslandsbezug

Bei Fällen mit Auslandsbezug ist im Hinblick auf ein mögliches Verlöbnis zunächst das anwendbare Recht zu ermitteln. Da das deutsche Internationale Privatrecht keine eigenen Kollisionsnormen diesbezüglich bereithält, wird analog an die eherechtlichen Kollisionsnormen angeknüpft.[634] Entscheidend ist daher gem. Art. 13 Abs. 1 EGBGB das jeweilige Heimatrecht der betroffenen Personen.[635] Ob ein Verlöbnis ausländischer Staatsangehöriger vor der Vollendung des 18. Lebensjahres möglich ist, ist mithin stets nach dem ausländischen Heimatrecht zu beurteilen. Eine pauschale Aussage kann daher nicht getroffen werden, sondern jeder Einzelfall ist selbstständig zu bewerten. Verloben sich zwei Personen, die verschiedenen Staaten angehören, so sind beide Rechtsordnungen nebeneinander zu berücksichtigen.[636]

Strittig ist, welches Recht im Falle von Ansprüchen aufgrund eines Verlöbnisbruchs zur Anwendung kommen sollen. Die Rechtsprechung wendet das Heimatrecht des in Anspruch Genommenen im Hinblick auf aus dem Verlöbnisbruch resultierende Ansprüche an.[637] In der Literatur wird die Anknüpfung als unangemessen angesehen und stattdessen vorgeschlagen, dass Recht des gewöhnlichen Aufenthalts der Verlobten auf solche Folgeansprüche anzuwenden.[638] Der zweiten Auffassung ist dahingehend zuzustimmen, das bei dem Vorliegen unterschiedlicher Staatsangehörigkeiten der eine Verlobte nach seinem Heimatrecht ein Verlöbnis folgenlos brechen könnte, wenn sein Heimatrecht keine Folgeansprüche kennt, während der andere Verlobte in Anspruch genommen werden könnte.[639] Eine solche Ungleichbehandlung und Begünstigung eines Verlobten erscheint unangemessen, so dass zumindest bei unterschiedlicher Staatsangehörigkeit auf das Recht des Staates des gewöhnlichen Aufenthalts zurückgegriffen werden sollte.

Grundsätzlich kann daher, auch bei Sachverhalten mit Auslandsbezug, ein Verlöbnis nach dem Heimatrecht der Verlobten möglich sein.

---

634 Vgl. *Süß*, in: Münch Familienrecht, § 20 Rn. 13.

635 Vgl. BGH, vom 21.11.1958 – IV ZR 107/58, BGHZ 28, 375.

636 Vgl. *Süß*, in: Münch Familienrecht, § 20 Rn. 13.

637 Vgl. BGH vom 28.02. 1996 – XII ZR 181/93, BGHZ 132, 105.

638 Vgl. *Süß*, in: Münch Familienrecht, § 20, Rn. 14.

639 Vgl. *Süß*, in: Münch Familienrecht, § 20, Rn. 14.

F. Verstoß der gesetzlichen Neuregelung gegen höherrangiges Recht

Bereits der Entwurf des Gesetzes zur Bekämpfung von Kinderehen erntete zahlreiche Kritik.[640] Dabei wurde auch schon auf mögliche Verstöße der geplanten gesetzlichen Neuregelungen gegen höherrangiges Recht hingewiesen.[641]

I. Verstoß gegen das Grundgesetz

In seiner Stellungnahme vom 22.02.2017 stellte z.B. der Deutsche Notarverein klar, dass er den Gesetzentwurf nicht nur als formell verfassungswidrig, sondern auch als materiell verfassungswidrig einstuft.[642] Und auch der Deutsche Anwaltverein sah in der Gesetzesänderung einen Eingriff in Art. 6 GG.[643] Diese Auffassung bestätigte der BGH mit seinem Beschluss vom 14.12.2018, in dem er das Verfahren bzgl. der Wirksamkeit der in Syrien geschlossenen Ehe mit der Beteiligung eines Minderjährigen[644] aussetzte und das Gesetz im Rahmen einer konkreten Normenkontrolle dem BVerfG vorlegte.[645]

Die Entscheidung des BGH erfuhr in der Fachpresse breite Zustimmung.[646] So hofft *Keil*, dass der Gesetzgeber eine Entscheidung des BVerfG zum Anlass nehmen wird, einen „harmonischeren Weg" einzuschlagen, um das Kindeswohl zu schützen, aber gleichzeitig keine unangemessenen Ergebnisse für die Beteiligten herbeizuführen.[647]

In der Tagespresse erntete der Vorlagebeschluss aber auch Kritik. Der Bayernkurier machte deutlich, dass „im Namen des Volkes" an dem Verbot der Kinderehen festzuhalten sei.[648] Dabei schreibt der Autor *Andreas von Delhaes-Guenther*

---

640 Vgl. Stellungnahme Deutscher Juristinnenbund e.V. vom 18.04.2017.

641 Vgl. Stellungnahme Deutscher Notarverein vom 22.02.2017, S. 1. sowie auch die Stellungnahme des Deutschen Anwaltvereins durch den Ausschuss Familienrecht vom Februar 2017, S. 4.

642 Vgl. Stellungnahme Deutscher Notarverein vom 22.02.2017, S. 1.

643 Vgl. Stellungnahme Deutscher Anwaltverein durch den Ausschuss Familienrecht vom Februar 2017, S. 4.

644 Zum Verfahren C. II. 6. a).

645 Vgl. BGH, vom 14.12.2018 – XII ZB 292/16, NZFam 2019, 65.

646 Vgl. Anm. *Löhnig* zu BGH, 14.12.2018 – XII ZB 292/16, NZFam, 72, 73 sowie Heiderhoff, Verfassungsblog vom 17.12.2018.

647 Vgl. *Keil*, jurisPR-IWR 1/2019 Anm. 2.

648 Vgl. *von Delhaes-Guenther*, Bayernkurier vom 19.12.2018.

polemisch: „Am Ende ist es aber auch eine Grundsatzfrage, inwieweit wir ausländisches Recht in Deutschland akzeptieren wollen, das unserem Recht in wichtigen Fragen völlig konträr gegenübersteht. Jahrhunderte hat es gedauert, das Mittelalter aus unserem Recht zu entfernen, nun dürfen wir es nicht über vermeintliche Toleranz oder „Einzelfallbetrachtung“ wieder zurückholen. Vielmehr müssen wir sagen: In Deutschland gilt für alle deutsches Recht, insbesondere bei wichtigen Rechtsgütern wie Leben, Gesundheit – oder eben dem Kindeswohl, mit unverrückbarer Altersgrenze bei Minderjährigen-Ehen. Noch eines sollten wir bedenken: Urteile ergehen „im Namen des Volkes“. Dieses Volk hat durch seine Vertreter im Bundestag klar zum Ausdruck gebracht, dass es Kinderehen nicht länger anerkennen will.“[649]

Auch das VG Berlin beschäftigte sich in seiner Entscheidung vom 28.09.2018[650] mit der Vereinbarkeit des Gesetzes zur Bekämpfung von Kinderehen mit dem höherrangigen Recht. Das VG Berlin sah dabei in dem Gesetz zur Bekämpfung von Kinderehen eine verfassungsrechtlich unbedenkliche unechte Rückwirkung.[651] Nach seiner Ansicht hat der Gesetzgeber dem Vertrauensschutz bei der gesetzlichen Neuregelung ausreichend Rechnung getragen und die Interessen der Allgemeinheit mit den Individualinteressen der Betroffenen angemessen abgewogen, indem er die Überleitungsvorschrift des Art. 229 § 44 Abs. 4 EGBGB vorgesehen habe.[652] Einen Verstoß gegen Art. 6 GG vermochte das VG Berlin ebenfalls nicht festzustellen. Dabei zweifelte das Gericht bereits an der Eröffnung des Schutzbereichs des Art. 6 Abs. 1 GG.[653] Da die Ehemündigkeit der Verlobten und das Konsensualprinzip Kernprinzipien des Rechtsinstitut der Ehe seien, spreche einiges dafür, dass eine Ehe, die unter Verstoß gegen diese Prinzipien zustande gekommen ist, von vornherein nicht in den Schutzbereich des Art. 6 Abs. 1 GG falle.[654]

1. Verstoß gegen Art. 6 Abs. 1 GG

Zunächst könnte durch die gesetzliche Neuregelung ein Verstoß gegen Art. 6 Abs. 1 GG vorliegen.

---

649 Vgl. *von Delhaes-Guenther,* Bayernkurier vom 19.12.2018.
650 VG Berlin vom 28.9.2018 – 3 K 349 16 V, FamRZ 2019, 279 ff.
651 Vgl. VG Berlin vom 28.9.2018 – 3 K 349 16 V, FamRZ 2019, 279, 280.
652 Vgl. VG Berlin vom 28.9.2018 – 3 K 349 16 V, FamRZ 2019, 279, 281.
653 Vgl. VG Berlin vom 28.9.2018 – 3 K 349 16 V, FamRZ 2019, 279, 281.
654 Vgl. VG Berlin vom 28.9.2018 – 3 K 349 16 V, FamRZ 2019, 279, 281.

a) Schutzbereich

Die Ehe wird durch Art. 6 Abs. 1 GG in Deutschland verfassungsrechtlich geschützt. Art. 6 Abs. 1 GG gewährleistet dabei den Schutz von Ehe und Familie vor staatlichen Eingriffen und ist zudem ein an den Staat gerichtetes Schutzgebot.[655] Gem. Art. 6 Abs. 1 GG ist es die Aufgabe des Staates, Ehe und Familie vor Beeinträchtigungen zu bewahren und den Bestand und die Entfaltung von Ehe und Familie zu gewährleisten.[656]

Eine Ehe i.S.d. Art. 6 GG ist die frei eingegangene, auf Dauer angelegte Lebensgemeinschaft von Mann und Frau, die mit Mitwirkung des Staates nach dessen Gesetzen begründet wird und durch bestimmte Rechte und Pflichten personeller und wirtschaftlicher Art gekennzeichnet ist.[657] Der Schutzbereich ist dabei sehr weit zu verstehen. Er umfasst zum einen die Eheschließung mit einem frei gewählten Partner und zum anderen das eheliche Zusammenleben bis zum Ende der Ehe.[658]

In den Schutzbereich des Art. 6 Abs. 1 GG sind auch die Ehen einbezogen, die nach einer ausländischen Rechtsordnung geschlossen wurden, und zwar selbst dann, wenn sie nach dem aus deutscher Sicht anwendbaren Recht als unwirksam anzusehen sind.[659] Der Grundrechtsschutz für ausländische Ehen besteht also auch dann, wenn sie aus deutscher Sicht als Nichtehen zu qualifizieren sind und somit ein hinkendes Rechtsverhältnis besteht.[660] Auch ausländische Ehegatten können sich auf Art. 6 GG berufen, denn das durch Art. 6 GG gewährleistete Grundrecht ist ein sog. Jedermann-Grundrecht und schützt demnach jede Person im Hoheitsgebiet der Bundesrepublik Deutschland.[661]

Auch eine aufhebbare Ehe fällt in den Schutzbereich des Art. 6 Abs. 1 GG. Denn Art. 6 Abs. 1 GG gebietet den Schutz von Ehe und Familie und auch eine aufhebbare Ehe ist bis zur Aufhebung eine vollwirksame Ehe.

Als Grenze für den verfassungsrechtlichen Eheschutz ist allein der ordre public, d.h. die auf den konkreten Einzelfall abstellende Prüfung, ob der Schutz dieser Ehe im Ergebnis mit deutschen Wertvorstellungen offensichtlich unvereinbar wäre, entscheidend.[662]

---

655 Vgl. *Badura,* in: Maunz/Dürig GG, Art. 6, Rn. 1.
656 Vgl. *Badura,* in: Maunz/Dürig GG, Art. 6, Rn. 1.
657 Vgl. *Badura,* in: Maunz/Dürig GG, Art. 6, Rn. 4.
658 Vgl. Kingreen/Poscher § 15, Rn. 753.
659 Vgl. *Coester*, FamRZ 2017, 77, 79.
660 Vgl. *Badura,* in: Maunz/Dürig GG, Art. 6, Rn. 63.
661 Vgl. *Badura,* in: Maunz/Dürig GG, Art. 6, Rn. 63.
662 *Coeste*r, FamRZ 77, 79.

Somit erfasst der Schutzbereich des Art. 6 Abs. 1 GG sowohl nach ausländischem Recht wirksame, aber nach deutschem Recht unwirksame Ehen als auch aufhebbare Ehen. Der Schutzbereich des Art. 6 Abs. 1 GG ist daher eröffnet.

b) Eingriff in den Schutzbereich

Durch das Gesetz zur Bekämpfung von Kinderehen müsste in den zuvor dargestellten Schutzbereich eingegriffen werden. Ein Eingriff in den Schutzbereich liegt vor, wenn eine Beschränkung, Einschränkung, Verkürzung oder Begrenzung vonseiten des Staates gegeben ist, so dass dem Einzelnen ein Verhalten, das vom Schutzbereich umfasst ist, durch den Staat verwehrt wird.[663] Hierbei ist zu beachten, dass die Ehe und Familie soziale und rechtliche Gebilde darstellen, wobei nicht jede ehe- oder familienbezogene Regelung einen Grundrechtseingriff darstellt.[664]

aa) Grundrechtseingriff durch die Anordnung der Nichtehe

Fraglich ist, ob durch die Anordnung der Nichtehe in den Schutzbereich des Art. 6 Abs. 1 GG eingegriffen wird. Nach der Neuregelung des § 1303 BGB und des Art. 13 Abs. 3 Nr. 1 EGBGB sind Ehen, die unter Beteiligung eines Minderjährigen vor der Vollendung des 16. Lebensjahres geschlossen werden, von vornherein unwirksam und damit Nichtehen. Diese generelle Nichtigkeit wurde bereits im Gesetzgebungsverfahren aufgrund der Unvereinbarkeit mit Art. 6 GG kritisiert.[665]

Das Institut der Nichtehe ist dem deutschen Recht aber nicht fremd. So führt z.B. auch eine Heirat ohne Mitwirkung eines Standesbeamten gem. § 1310 BGB zu einer Nichtehe.

Das BVerfG sah in der nach § 1310 BGB vorgeschriebenen Form, wonach die Eheschließung vor einem Standesbeamten im Inland erfolgen muss, aber gerade keine Verletzung des Art. 6 GG.[666] Das BVerfG begründete die Entscheidung damit, dass Art. 6 Abs. 1 GG gesetzliche Regelungen über die Form der Eheschließung und ihre sachlichen Voraussetzungen voraussetze, welche eine rechtliche Ordnung notwendigerweise verlange.[667] Diesem Bedürfnis komme

663 Vgl. Kingreen/Poscher § 6, Rn. 264.

664 Vgl. Kingreen/Poscher § 15, Rn. 760.

665 Vgl. Stellungnahme Bundesverband der deutschen Standesbeamtinnen und Standesbeamten e.V. vom 23.02.2017, S. 2.

666 Vgl. BVerfG, 02.02.1993 – 2 BvR 1491/91, NStZ 1993, 349.

667 Vgl. BVerfG, 02.02.1993 – 2 BvR 1491/91, NStZ 1993, 349.

der Gesetzgeber durch die Anordnung der Form der Eheschließung nach, so dass darin kein Eingriff in Art. 6 GG zu sehen sei.[668] Dem Gesetzgeber obliegt es demnach gerade, die konstitutiven Voraussetzungen einer Ehe und deren Überprüfung festzulegen, da dies im Rahmen des Art. 6 GG selbst nicht geschieht.[669]

Fraglich ist, ob man dieser Rechtsprechung folgend davon ausgehen kann, dass der Gesetzgeber mit der Anordnung der Nichtigkeitslösung ebenfalls lediglich die Voraussetzungen bzw. die Form einer Eheschließung zulässigerweise konkretisiert hat, so dass kein Eingriff in den Schutzbereich des Art. 6 GG gegeben ist. Dies ist jedenfalls bei der Erhöhung des Ehemündigkeitsalters an sich der Fall; hiermit legt der Gesetzgeber lediglich eine konstitutive Eheschließungsvoraussetzung fest, so dass keine Verletzung des Art. 6 Abs. 1 GG gegeben ist, sondern eine zulässige Konkretisierung der Eheschließungsvoraussetzungen.

Hiervon zu unterscheiden ist die Regelung des Art. 13 Abs. 3 Nr. 1 EGBGB, wonach die Ehe nichtig ist.

Im Rahmen der Nichtigkeitslösung ist zu beachten, dass mit der Anordnung der Nichtigkeit einer im Ausland geschlossenen Ehe gerade keine konstitutive Voraussetzung für eine Eheschließung formuliert wird, sondern vielmehr in eine bereits erfolgte, möglicherweise nach ausländischem Recht wirksame Eheschließung nachträglich durch die Anordnung der Nichtigkeit gestaltend eingegriffen wird. Es liegt demnach in zeitlicher Hinsicht ein bedeutender Unterschied vor. Während die Beachtung der konstitutiven Voraussetzungen und der vorgeschriebenen Form überhaupt erst zum Zustandekommen einer wirksamen Ehe führen, werden aufgrund der Nichtigkeitslösung nach ausländischem Recht wirksam zustande gekommene Ehen als nichtig eingestuft. Somit bestand in den Fällen, in denen ein Verstoß gegen § 1310 BGB vorliegt, zu keinem Zeitpunkt eine wirksame Ehe, in den Fällen, in denen ausländisches Eheschließungsrecht zur Anwendung kommt, hingegen schon. Durch die Anordnung der Nichtigkeitslösung wird die bestehende eheliche Beziehung der Beteiligten nachträglich beendet und es ist nach deutschem Recht lediglich noch eine nichteheliche Lebensgemeinschaft gegeben, und zwar auch dann, wenn alle ausländischen konstitutiven Voraussetzungen für eine wirksame Eheschließung vorlagen und die dort vorgeschriebene Form eingehalten wurde. Eine solche Regelung kann daher nicht mehr als zulässige Regelung der Voraussetzungen oder der Form der Eheschließung eingestuft werden, wie dies bei der generellen Festsetzung des Ehemündigkeitsalters oder der Vorgabe des Standesbeamtenzwangs der Fall

---

668 Vgl. BVerfG, 02.02.1993 – 2 BvR 1491/91, NStZ 1993, 349.

669 Vgl. *Uhle*, in: BeckOK GG, Art. 6, Rn. 10.

ist. Vielmehr wird hierdurch ändernd in eine nach ausländischem Recht sogar wirksame Ehe eingegriffen und dieser die Rechtsfolge der Nichtigkeit auferlegt. Es handelt sich folglich nicht um eine Regelung hinsichtlich der konstitutiven Voraussetzungen der Eheschließung. Die Rechtsprechung zur Verfassungsmäßigkeit des § 1310 BGB steht der Annahme eines Eingriffs in Art. 6 GG durch die angeordnete Nichtigkeitslösung daher hier nicht entgegen.

Durch die Nichtigkeitslösung wird der Ehe von vornherein jegliche Anerkennung versagt. Die Rechte der Ehegatten und das soziale Gebilde, in dem sie leben, werden dadurch zu einem rechtlichen Nullum. Auch wenn sich die Ehegatten bewusst zur Eingehung der Ehe entschieden haben und wie Ehegatten zusammenleben, ist diese Verbindung aufgrund der gesetzlichen Neuregelung aus deutscher Sicht lediglich eine nichteheliche Lebensgemeinschaft. Die Anordnung der Nichtehe führt dazu, dass die möglicherweise bereits über Jahre gelebte Ehe keinerlei Schutz mehr erfährt.[670] Die Nichtigkeitslösung greift damit in den Kernbereich der Ehe ein.[671]

Art. 6 Abs. 1 GG wird höchstrichterlich zudem gerade so ausgelegt, dass dadurch auch der wirtschaftliche Zusammenhalt der Familie geschützt werden soll.[672] Das BVerfG entschied im Jahr 1982 hinsichtlich der sog. Witwenrente, dass es ein Verstoß gegen Art. 6 Abs. 1 GG sei, einer Witwe im Falle einer hinkenden Ehe die Witwenrente zu versagen.[673] Ausdrücklich stellte das BVerfG klar, dass daraus folge, dass es mit Art. 6 Abs. 1 GG unvereinbar ist, wenn eine Hinterbliebene bei im Übrigen gleichen versicherungsrechtlichen Voraussetzungen nur deswegen von der Hinterbliebenenversorgung ausgeschlossen wird, weil ihre Ehe als hinkende Ehe nur nach einer ausländischen Rechtsordnung wirksam war.[674] Diesen Rechtsgedanken könnte man vorliegend auch auf die durch die Neuregelung des § 1303 BGB und des Art. 13 Abs. 3 Nr. 1 EGBGB als Nichtehen eingestuften Rechtsverhältnisse übertragen. Auch diese sind nach einer ausländischen Rechtsordnung wirksam zustande gekommen, so dass es sich ebenfalls um hinkende Rechtsverhältnisse handelt. Durch die Anordnung der Nichtehe wird der wirtschaftliche Zusammenhalt der Familie gerade zerrissen und der bedürftige Ehegatte von möglichen Folgeansprüchen ausgeschlossen.

---

670 Vgl. Stellungnahme Bundesverband der Deutschen Standesbeamtinnen und Standesbeamten e.V. vom 23.02.2017, S. 2.

671 Vgl. BGH, vom 14.11.2018 – XII ZB 292/16, m. Anm. Keil, jurisPR-IWR 1/2019 Anm. 2, B. III.

672 Vgl. BVerfG, vom 30.11.1982 – 1 BvR 818/81, juris, Rn. 32.

673 Vgl. BVerfG, vom 30.11.1982 – 1 BvR 818/81, juris.

674 BVerfG, vom 30.11.1982 – 1 BvR 818/18, juris, Rn. 34.

Der leistungsfähige Ehepartner schuldet weder Trennungs- oder Scheidungsunterhalt, noch ist er zum Zugewinnausgleich verpflichtet.[675] Zudem besteht vorliegend in der Konstellation der Nichtehe auch kein Anspruch auf eine Witwenrente/Witwerrente gem. § 46 SGB VI. Es besteht somit gerade kein wirtschaftlicher Zusammenhalt zwischen den Ehegatten. Dies widerspricht der oben genannten Rechtsprechung des BVerfG zu Art. 6 Abs. 1 GG, denn auch bei der Witwenrente handelt es sich um einen Folgeanspruch, so dass dies auch für die übrigen Folgeansprüche gelten muss. Der Verlust von Folgeansprüchen der Ehegatten und damit die völlige Schutzlosigkeit des bedürftigen Ehegatten stellt somit ebenfalls einen Eingriff in den Schutzbereich des Art. 6 Abs. 1 GG dar.[676]

Durch die gesetzliche Neuregelung wird außerdem das Recht auf Eheschließungsfreiheit eingeschränkt, insofern als dem Minderjährigen die wirksame Eheschließung mit dem Partner seiner Wahl bis zum Erreichen der Volljährigkeit versagt wird.[677]

Ein Eingriff in den Schutzbereich des Art. 6 Abs. 1 GG durch die Qualifikation als Nichtehe ist folglich zu bejahen.[678]

bb) Grundrechtseingriff durch die Möglichkeit der Eheaufhebung

Eine Ehe, die unter Beteiligung eines Minderjährigen geschlossen wird, der das 16. Lebensjahr bereits vollendet hat, soll grundsätzlich aufgehoben werden. Die Möglichkeit der Aufhebung an sich stellt noch keinen Eingriff in den Schutzbereich der Ehe dar, denn bis zu ihrer Aufhebung handelt es sich um eine vollwirksame Ehe. Allerdings stellt die rechtskräftige Aufhebung einer Ehe einen solchen Eingriff dar.

cc) Grundrechtseingriff durch die Inobhutnahme gem. § 42a SGB VIII

Zur Ehe gehört zum einen die innere Bindung der Ehegatten und zum anderen die nach Außen in Erscheinung tretende Bindung, z.B. durch das Zusammenleben in einer häuslichen Gemeinschaft.[679] Zwar müssen Ehegatten nicht zwangsläufig in einer häuslichen Gemeinschaft zusammenleben, sondern sind in der Ausgestaltung ihrer Lebensverhältnisse frei, doch obliegt es gerade den Ehegatten selbst, eine andere Lebensgestaltung zu vereinbaren.[680] Im Fall von Ehen

675 Vgl. hierzu bereits unter C. I. 4. a) und b) und D. I. 3. c).
676 Vgl. *Coester*, FamRZ 2017, 77, 79.
677 Vgl. *Bongartz*, NZFam 2017, 541.
678 So auch: BGH, vom 14.12.2018 – XII ZB 292/16, NZFam 2019, 65, 66.
679 Vgl. BGH, vom 14.12.2018 – XII ZB 292/16, NZFam 2019, 65, 69.
680 Vgl. BGH, vom 27.04.2016 – XII ZB 485/14, juris, Rn. 14.

mit Auslandsbezug erfolgt bei einer Einreise nach Deutschland gem. § 42a SGB VIII jedoch eine Inobhutnahme des minderjährigen Ehegatten, und zwar ohne jegliche Sachverhaltsprüfung,[681] womit das eheliche Zusammenleben durch das Einwirken Dritter verhindert wird. Die Verhinderung des ehelichen Zusammenlebens durch die Einflussnahme einer dritten Person ist mit dem Wesen der Ehe unvereinbar.[682] Durch die Inobhutnahme wird in den Kernbereich der Ehe eingriffen und den Ehegatten ein Zusammenleben nach ihren Vorstellungen zumindest für einen bestimmten Zeitraum versagt.[683] Sie stellt daher einen Eingriff in den Schutzbereich des Art. 6 Abs. 1 GG dar.

c) Rechtfertigung des Eingriffs

Ein Grundrechtseingriff kann verfassungsrechtlich gerechtfertigt sein. Ist dies der Fall, liegt keine Grundrechtsverletzung vor. Allerdings ist im Rahmen des Art. 6 Abs. 1 GG zu beachten, dass Ehe und Familie gesetzlich einen vorbehaltlosen Schutz erfahren.[684] Daher ist dem Staat ein Eingreifen in den Schutz der Ehe und Familie nur insoweit gestattet, als es sich um Regelungen handelt, die den Bereich von Ehe und Familie lediglich gestalten.[685]

Ein Eingriff kann nur dann verfassungsrechtlich gerechtfertigt werden, wenn er dem Grundsatz der Verhältnismäßigkeit genügt. Ein Eingriff ist verhältnismäßig, wenn er aufgrund eines legitimen Zwecks erfolgt, das von dem Staat eingesetzte Mittel als solches eingesetzt werden darf und der Einsatz des Mittels zur Erreichung des Zwecks geeignet und erforderlich ist.[686]

Auch bzgl. der Rechtfertigung der Eingriffe ist dabei zwischen dem Eingriff durch die Anordnung der Nichtigkeitslösung und dem Eingriff durch die Aufhebung einer Ehe zu unterscheiden.

aa) Rechtfertigung des Eingriffs durch die Anordnung der Nichtigkeitslösung

Das Ziel des Gesetzes zur Bekämpfung von Kinderehen ist es, Kinderehen zu vermeiden und so den Minderjährigenschutz zu verbessern und das Kindeswohl zu wahren. Dies ist in jedem Fall als legitimer Zweck anzusehen.

---

681 Vgl. BT-Drs 18/12086, S. 18.

682 Vgl. BGH, vom 14.12.2018 – XII ZB 292/16, NZFam 2019, 65, 69.

683 Vgl. BGH, vom 14.12.2018 – XII ZB 292/16, NZFam 2019, 65, 71.

684 Vgl. Kingreen/Poscher § 15, Rn. 766.

685 Vgl. Kingreen/Poscher § 15, Rn. 767.

686 Vgl. Kingreen/Poscher § 6 Rn. 330.

Das Mittel, also das Gesetz, muss dabei zur Zweckerreichung geeignet sein. Die Geeignetheit ist zu bejahen, wenn durch das Mittel der Zweck zumindest gefördert werden kann.[687]

Fraglich ist daher zunächst, ob die gesetzliche Neuregelung und die Anordnung der Nichtigkeitslösung geeignet ist.

Zu beachten ist, dass die Rechtsfolgen des § 1303 BGB bzw. des Art. 13 Abs. 3 EGBGB allein im Inland Wirkung erzeugen, aber weder direkte noch indirekte Auswirkungen auf Eheschließungen nach ausländischem Recht haben.[688] Daher könnte man bereits an der Geeignetheit des Gesetzes zweifeln, denn nach ausländischem Recht können Ehen weiterhin vor der Vollendung des 16. bzw. 18 Lebensjahres wirksam geschlossen werden. Der BGH sieht die gesetzliche Neuregelung daher von vornherein als ungeeignet an, da die Regelung des Art. 13 Abs. 3 Nr. 1 EGBGB keinen generalpräventiven Schutz gegenüber Kinderehen im Ausland haben könne.[689] Tatsächlich kann das Gesetz zur Bekämpfung von Kinderehen die Wirksamkeit einer Eheschließung im Ausland nicht verhindern. Allerdings vermag es das Vorkommen einer solchen Verbindung im Hoheitsgebiet des deutschen Gesetzgebers zu verhindern, indem es alle Ehen unter Beteiligung eines unter 16-Jährigen generell als nichtig und alle Ehen unter Beteiligung eines unter 18-Jährigen als aufhebbar qualifiziert. Aufgrund dieses Regelungsmechanismus ist davon auszugehen, dass das Gesetz zumindest eine Abschreckungswirkung auf diejenigen entfaltet, die eine Einreise nach Deutschland in naher Zukunft geplant haben. Daher ist entgegen der Auffassung des BGH[690] davon auszugehen, dass der deutsche Gesetzgeber das Ziel der Verhinderung von Kinderehen zumindest fördert, indem Kinderehen in dem deutschen Hoheitsgebiet als nichtig oder aufhebbar eingestuft werden. Das Gesetz kann daher nicht von vornherein hinsichtlich der Verhinderung von Kinderehen als ungeeignet angesehen werden.

Neben der Verhinderung der Kinderehen ist der Minderjährigenschutz das vorrangige Ziel des deutschen Gesetzgebers.[691] Durch das Gesetz zur Bekämpfung von Kinderehen sollen Minderjährige vor den weitreichenden Folgen einer Eheschließung, z.B. vor einer Beeinträchtigung ihrer Entwicklungschancen,[692] bewahrt werden sowie der Schutz vor weitreichenden Rechtsfolgen wie

687 Vgl. Kingreen/Poscher § 6, Rn. 334.
688 Vgl. BGH, vom 14.12.2018 – XII ZB 292/16, NZFam 2019, 65, 71.
689 Vgl. BGH, vom 14.11.2018 – XII ZB 292/16, NZFam 2019, 65, 71.
690 Vgl. BGH, vom 14.11.2018 – XII ZB 292/16, NZFam 2019, 65, 71.
691 Vgl. BT-Drs. 18/12086, S. 1.
692 Vgl. BT-Drs. 18/12086, S. 14.

Unterhalts- oder Versorgungsausgleichsansprüchen, welche die Minderjährigen aufgrund ihres Alters nicht abschätzen können, gewährleistet werden.[693] Zudem sollen auf diesem Wege zum Schutz des Minderjährigen Zwangsehen verhindert werden.[694] Insbesondere soll durch das Gesetz zur Bekämpfung von Kinderehen der Minderjährigenschutz derart gestärkt werden, dass das Kindeswohl insgesamt gefördert wird.[695]

Fraglich ist, ob das Gesetz im Hinblick auf die Anordnung der Nichtigkeitslösung geeignet ist den von dem Gesetzgeber angestrebten Minderjährigenschutz zu fördern. Dies wäre der Fall, wenn dem Kindeswohl durch die Anordnung der Nichtigkeitslösung Rechnung getragen würde. Das Kindeswohl ist dabei ein unbestimmter Rechtsbegriff, der zwar in zahlreichen Normen genannt, aber gesetzlich nicht definiert wird.[696] Der Begriff des Kindeswohls erfasst zahlreiche Facetten, die das körperliche, das geistige und das seelische Wohlbefinden des Kindes umfassen[697] d.h. die Gesamtheit der Bedürfnisse und Interessen des Kindes erfassen.[698] Bei der Beurteilung des Kindeswohls müssen psychische, emotionale und soziale Aspekte beachtet werden.[699] Dem Kindeswohl entsprechen dabei der Vorrang von Kinderinteressen sowie der Vorrang der Einzelfallgerechtigkeit vor pauschalen Regelungen.[700] Diesem grundsätzlichen Vorrang der Einzelfallgerechtigkeit widerspricht die fehlende Möglichkeit einer Einzelfallprüfung, was dazu führt, dass dem Kindeswohl und dem Kindeswillen nur in Einzelfällen Rechnung getragen wird. Mangels konkreter Sachverhaltsprüfung kann der Minderjährigenschutz in Form des Kindeswohls im Einzelfall nicht beachtet werden. Entspricht der Fortbestand der Ehe dem Kindeswohl, z.B. weil zwischen den Ehegatten nur ein kleiner Altersunterschied besteht, sie eine traumatische Zeit zusammen durchgestanden haben und die einzigen Bezugspersonen im Inland sind oder aber bereits eine gemeinsame Familie gegründet haben, können all diese Aspekte nicht berücksichtigt werden. Stattdessen gilt die Ehe als nichtig, der minderjährige Ehegatte wird ggf. in Obhut genommen und von dem Ehegatten getrennt. Alle psychischen, emotionalen und sozialen Aspekte, die für eine kindeswohlgerechte Entscheidung von besonderer Bedeutung sind, finden

---

693 Vgl. BT-Drs. 18/12086, S. 15.
694 Vgl. BT-Drs. 18/12086, S. 14.
695 Vgl. BT-Drs. 18/12086, S. 15.
696 Vgl. *Lugani*, in: MüKo BGB, § 1696, Rn. 26.
697 Vgl. *Veit*, in: BeckOK BGB, § 1666, Rn. 14.
698 *Coester*, NZFam 2016, 577, 577.
699 Vgl. *Coester*, NZFam 2016, 577, 577.
700 Vgl. *Lugani*, in: MüKo BGB, § 1696, Rn. 26.

im Rahmen der Nichtigkeitslösung keine Beachtung. Das Kindeswohl im Einzelfall wird daher gerade nicht gefördert, sondern dadurch, dass eine generelle Regelung für alle Sachverhalte gilt, vielmehr eingeschränkt. All diese Aspekte, die nur im Rahmen einer Einzelfallprüfung berücksichtigt werden können, bleiben im Rahmen der Nichtigkeitslösung unbeachtet. Mangels Einzelfallprüfung wird der Minderjährigenschutz im Rahmen der Nichtigkeitslösung daher nicht gefördert, sondern nicht einmal beachtet. Hinsichtlich des Ziels des Minderjährigenschutzes war die Anordnung der Nichtigkeit daher von vornherein nicht geeignet.

Gegen die Geeignetheit der Nichtigkeitslösung spricht zudem, dass dem minderjährigen Ehegatten jegliche Folgeansprüche versagt werden – und das, obwohl die unter 16-Jährigen bereits aufgrund ihres Alters besonders schutzbedürftig sind.[701] Gerade ihnen werden jedoch jegliche Folgeansprüche versagt und sie ohne jegliche rechtliche Ansprüche gegen den Ehegatten zurück gelassen.[702] Dabei soll eine gelebte Ehe grundsätzlich durch einen angemessenen Vermögensausgleich beendet werden, da häufig auch die tatsächlich gelebte Ehe die Grundlage eines Vermögenserwerbs war.[703] Für die Notwendigkeit eines Vermögensausgleichs und eines Unterhaltsanspruchs gegen den Ehegatten zur Wahrung des Kindeswohls und Gewährleistung des Minderjährigenschutzes spricht auch, dass bei verheirateten Minderjährigen deutlich schlechtere Berufs- und Bildungschancen bestehen[704] und sie daher von ihrem Ehegatten wirtschaftlich abhängig sind.[705] Der Verlust von Folgeansprüchen widerspricht daher ebenfalls dem Ziel des Minderjährigenschutzes.

Das Gesetz förderte den Minderjährigenschutz aufgrund der fehlenden Einzelfallprüfung und Folgeansprüchen zugunsten des minderjährigen Ehegatten von vornherein nicht und war daher nicht geeignet.

Zudem ist auch die Erforderlichkeit der Nichtigkeitslösung fraglich. In Betracht kommen hier auch mildere Mittel zur Zweckerreichung. Das Ziel des Minderjährigenschutzes könnte z.B. dadurch gefördert und erreicht werden, dass diese Ehen nicht generell als nichtig angesehen werden, sondern im Rahmen einer Einzelfallentscheidung gerichtlich über die Wirksamkeit bzw. Anerkennung der jeweils betroffenen Ehe entschieden wird. Man könnte demnach

---

701 Vgl. *Weller/Thomale/Hategan/Werner*, FamRZ 2018, 1289, 1296.

702 Vgl. *Erbarth*, in: MüKo FamFG, § 200, Rn. 44.

703 Vgl. *Weller/Thomale/Hategan/Werner*, FamRZ 2018, 1289, 1296.

704 Vgl. *Gössl*, in: Friedrichs/Gössl/Hoven u.a., Migration, Gesellschaftliches Zusammenleben im Wandel, 19, 25.

705 Vgl. *Reuß*, FamRZ 2019, 1, 1.

z.B. stets die Aufhebungslösung zur Anwendung bringen, und zwar unabhängig von dem Alter im Zeitpunkt der Eheschließung, oder entsprechende Anerkennungsregeln im EGBGB verankern, wonach eine Eheschließung unter Beteiligung Minderjähriger in Deutschland nur dann anerkannt werden kann, wenn die Fortführung der Ehe dem Kindeswohl entspricht. Dabei müsste gewährleistet werden, dass dem minderjährigen Ehegatten Folgeansprüche zustehen, wenn das Bestehen der Ehe nicht dem Kindeswohl entspricht und diese daher aufgehoben wird bzw. eine Anerkennung der Wirksamkeit unterbleibt.

Zudem müsste das mildere Mittel genau so effektiv sein wie das gewählte Mittel. Da die Nichtigkeitslösung, wie zuvor dargestellt, den Minderjährigenschutz in keiner Weise gewährleistet oder auch nur ansatzweise fördert, während die zuvor genannten milderen Mittel dem Minderjährigenschutz Rechnung tragen, sind diese sogar effektiver. Hinsichtlich des Minderjährigenschutzes ist daher auch die Erforderlichkeit des Gesetzes zu verneinen.

Folglich sind sowohl die Geeignetheit als auch die Erforderlichkeit des Gesetzes zur Bekämpfung von Kinderehen hinsichtlich der Nichtigkeitslösung zu verneinen.

Der Eingriff in Art. 6 Abs. 1 GG durch die Nichtigkeitslösung ist daher verfassungsrechtlich nicht gerechtfertigt.[706]

bb) Rechtfertigung des Eingriffs durch die Aufhebung der Ehe

Auch im Hinblick auf den Eingriff in Art. 6 Abs. 1 GG durch die Aufhebungslösung ist zu prüfen, ob der Eingriff verfassungsrechtlich gerechtfertigt ist.

Die Aufhebungslösung müsste geeignet sein, den legitimen Zweck zu fördern. Durch die Möglichkeit der Aufhebung einer Ehe unter Beteiligung eines Minderjährigen, der bei der Eheschließung bereits das 16. Lebensjahr vollendet hatte, können diese Ehen im Inland aufgehoben und ihr Fortbestand zumindest im Inland verhindert werden. Auch wenn die Eheschließung im Ausland dadurch nicht verhindert werden kann, kann auf diesem Wege zumindest die Aufhebung erfolgen, so dass die Ehe nach deutschem Recht nicht mehr rechtswirksam fortbesteht.

Fraglich ist zudem, ob im Rahmen der Aufhebungslösung auch der Minderjährigenschutz gefördert wird. Dafür spricht, dass dem Ehegatten im Falle einer Eheaufhebung gem. § 1318 BGB Folgeansprüche zustehen, wodurch er

---

706 A.A. *Majer*, NZFam 2019, 659, 662, der das Gesetz als verfassungsrechtlich geboten ansieht, um die negative Eheschließungsfreiheit des Minderjährigen und dessen ungestörte sexuelle Entwicklung zu schützen.

ausreichend geschützt wird.[707] Zudem ist durch die Aufhebungslösung eine am Kindeswohl orientierte Einzelfallentscheidung möglich.[708] Der Minderjährigenschutz wird dadurch jedenfalls gefördert, indem eine Aufhebung erfolgt, wenn dies dem Kindeswohl des betroffenen Minderjährigen entspricht. Die Aufhebungslösung ist daher geeignet, das legitime Ziel zumindest zu fördern.

Darüber hinaus müsste das eingesetzte Mittel, also das Gesetz zur Bekämpfung von Kinderehen, auch erforderlich sein. Erforderlich ist das Mittel, wenn der legitime Zweck nicht durch ein gleich wirksames, aber weniger belastendes Mittel erreichbar ist.[709] Dabei ist hervorzuheben, dass im Rahmen des Aufhebungsverfahrens eine Einzelfallprüfung erfolgt und daher von einer Aufhebung der Ehe auch abgesehen werden kann, wenn die Weiterführung der Ehe dem Kindeswohl entspricht. In diesem Fall können die Eheleute weiterhin als Ehepaar ohne staatliche Einschränkungen zusammenleben. Die Aufhebungslösung wird damit dem Minderjährigenschutz gerecht und eine Ehe kann immer dann, wenn es für das Kindeswohl erforderlich ist, aufgehoben werden. Fraglich ist jedoch ob dem Gesetzgeber ein milderes Mittel zur Verfügung gestanden hätte. Als milderes Mittel könnte man an eine elterliche Entscheidung hinsichtlich der Eheschließung denken. Die elterliche Entscheidung müsste dabei genauso effektiv sein. Problematisch ist hierbei, dass die Kinder vor der elterlichen Einflussnahme und Zwangsehen geschützt werden sollen. Dieses Ziel des Gesetzgebers könnte bei dem Zugestehen der elterlichen Entscheidungsgewalt nicht erreicht werden, sondern würde vielmehr konterkariert. Eine elterliche Entscheidung über die Eheschließung wäre daher keinesfalls genauso effektiv wie die Aufhebungslösung. Ein weiteres milderes Mittel als die mit der Aufhebungslösung verbundene Einzelfallprüfung zur Verhinderung von Kinderehen zum Schutz der Minderjährigen ist daher nicht ersichtlich. Die Aufhebungslösung ist daher auch erforderlich.

An der Angemessenheit der Aufhebungslösung bestehen vorliegend auch keinerlei Bedenken.

Der Eingriff in Art. 6 Abs. 1 GG durch die Aufhebungslösung ist daher verfassungsrechtlich gerechtfertigt.[710]

---

707 Vgl. D. I. und III.

708 Vgl. D. II. 2. und 3.

709 Vgl. Kingreen/Poscher § 6, Rn. 336.

710 A.A. *Onwuagbaizu*, NZFam 2019, 465, 469.

d) Altersgrenze

Art. 6 GG darf jedoch nicht dazu führen, dass dadurch auch Ehen mit der Beteiligung eines sehr jungen z.B. zwölfjährigen Kindes in Deutschland wirksam ist. Dem Schutz der Ehe gem. Art. 6 Abs. 1 GG steht vielmehr der staatliche Schutzauftrag nach Art. 6 Abs. 2 GG gegenüber,[711] wonach der Staat zu einem kindeswohlgerechten Handeln verpflichtet ist.[712] Erforderlich ist daher eine am Kindeswohl orientierte Einzelfallprüfung,[713] wobei das jeweilige Alter des Kindes nicht außer Acht gelassen werden kann. Denn eine Ehe unter Beteiligung eines unter 14-Jährigen widerspricht grundsätzlich dem Kindeswohl,[714] so dass der Staat den Minderjährigen vor einer solchen Beziehung/Bindung schützen muss.

Gerät das Kindeswohl in Gefahr, so ist der Staat aufgrund des staatlichen Schutzauftrags dazu aufgerufen, das Kind zu schützen.[715] Die Grundrechte sind zum einen Abwehrrechte gegen staatliche Eingriffe, zum anderen verpflichten sie den Staat aber auch, die Grundrechte des Einzelnen zu schützen.[716] Verfassungsrechtlicher Ausgangspunkt sind daher die Grundrechte des Kindes, wie z.B. das allgemeine Persönlichkeitsrecht gem. Art. 2 Abs. 1 i.V.m. § 1 Abs. 1 GG und das Recht auf körperliche Unversehrtheit gem. Art. 2 Abs. 2 GG.[717] Zwar überträgt der Staat gem. Art. 6 Abs. 2 S. 1 GG vorrangig den Eltern den Schutz des Kindeswohls, doch ist der Staat aufgrund des staatlichen Schutzauftrags gem. Art. 6 Abs. 2 GG umfassend zum Schutz des Kindes verpflichtet, und zwar auch gegenüber dessen Eltern, wenn diese den Schutz nicht ausreichend gewährleisten können.[718]

Fraglich ist daher, ob es dem staatlichen Schutzgebot gerecht wird, wenn selbst bei der Qualifikation einer Ehe mit der Beteiligung eines sehr jungen Kindes als Nichtehe, ein Grundrechtsverstoß angenommen wird. Eine solche Bewertung wäre mit den Grundsätzen des deutschen Rechts und dem zu gewährleistenden Kindeswohl nicht vereinbar. In diesem Zusammenhang bietet sich vielmehr eine

---

711 Vgl. BGH, vom 14.12.2018 – XII ZB 292/16, NZFam 2019, 65, 72.

712 Vgl. BVerfG, vom 29.10.1998 – 2 BvR 1206/98, Rn. 39 abrufbar unter: https://www.bundesverfassungsgericht.de/SharedDocs/Entscheidungen/DE/1998/10/rs19981029_2bvr120698.html

713 Vgl. Vgl. BGH, vom 14.12.2018 – XII ZB 292/16, NZFam 2019, 65, 72.

714 Vgl. zur Festlegung der Altersgrenzen *Antomo*, ZRP 2017, 79, 82.

715 Vgl. *Brix*, NZFam 2016, 1113, 1113.

716 Vgl. BVerfG, vom 25. 2. 1975 – 1 BvF 1 – 6/74, NJW 1975, 673; Brix, NZFam 2016, 1113, 1113.

717 Vgl. *Brix*, NZFam 2016. 1113, 1113.

718 Vgl. *Brix*, NZFam 2016, 1113, 1113.

Altersgrenze von 14 Jahren an. Diese Altersgrenze entspricht den Vorschriften des StGB. Denn gem. § 176 Abs. 1 StGB liegt ein sexueller Kindesmissbrauch vor, wenn eine sexuelle Handlung an einer Person unter 14 Jahren vorgenommen wird.[719] Der Gesetzgeber ging bei der Festsetzung dieser Altersgrenze davon aus, dass Kinder unter 14 Jahren noch nicht in der Lage sind, frei über ihr Sexualleben zu entscheiden.[720] Da das Sexualleben untrennbar mit dem Eheleben verbunden ist, sollte diese Altersgrenze auch als Mindestgrenze im Rahmen einer Eheschließung gelten. Der Staat ist aufgrund des staatlichen Schutzgebots dazu verpflichtet, die körperliche Unversehrtheit der Kinder zu schützen. Dem könnte der Staat nicht gerecht werden, wenn er Ehen unter Beteiligung eines Minderjährigen unter 14-Jahren als wirksam anerkennen würde und es daher möglicherweise zur Verwirklichung des Tatbestands des § 176 StGB zum Nachteil des minderjährigen Ehegatten käme.

Auch in religiöser Hinsicht hat sich der Gesetzgeber für die Altersgrenze von 14 Jahren entschieden. Gem. § 5 RelKErzG kann ein Minderjähriger, der das 14. Lebensjahr vollendet hat, selbst in religiösen Angelegenheiten entscheiden. Mit Vollendung des 14. Lebensjahres spricht man dem Minderjährigen die geistige Reife zu über religiöse Angelegenheiten selbst zu entscheiden, weshalb keine vorherige Prüfung der geistigen Reife oder der Beweggründe erfolgt.[721] Eine Entscheidung über eine Eheschließung zieht weit schwerere Rechtsfolgen als die Wahl der Religion oder die Teilnahme am Religionsunterricht nach sich. Wenn aber bereits für diese Entscheidungen ein Mindestalter von 14 Jahren erforderlich ist, kann die Altersgrenze hinsichtlich der Eheschließung keinesfalls niedriger angesetzt werden.

Die Altersgrenze von 14 Jahren findet sich auch im Zusammenhang mit dem Recht am eigenen Bild bei Minderjährigen. Grundsätzlich müssen die gesetzlichen Vertreter in die Abbildung eines Minderjährigen einwilligen, und zwar auch dann, wenn dieser beschränkt geschäftsfähig ist.[722] Weist der beschränkt Geschäftsfähige jedoch die Einsichtsfähigkeit auf, selbst über die Abbildung zu entscheiden, so kommt es zur sog. Doppelzuständigkeit hinsichtlich der Einwilligung, so dass neben der Einwilligung der gesetzlichen Vertreter auch die des Minderjährigen erforderlich ist.[723] Die Einsichtsfähigkeit ist dabei in der Regel

---

719 Vgl. hierzu ausführlich *Heger*, in: Lackner/Kühl, § 176, Rn. 1 ff.

720 Vgl. *Renzikowski*, in: MüKo StGB, § 176, Rn. 2.

721 Vgl. *Huber*, in: MüKo BGB, § 5 RelKErzG, Rn. 2.

722 Vgl. *Engels*, in: BeckOK Urheberrecht, § 22 KunstUrhG, Rn. 42.

723 Vgl. *Engels*, in: BeckOK Urheberrecht, § 22 KunstUrhG, Rn. 42.

nach Vollendung des 14. Lebensjahres anzunehmen.[724] Aber selbst wenn mit der Vollendung des 14. Lebensjahres die Einsichtsfähigkeit bejaht wird, bedarf es zusätzlich noch der Zustimmung der gesetzlichen Vertreter hinsichtlich der Abbildung des Minderjährigen. Diese Doppelzuständigkeit dient der Wahrung des Kindeswohls.[725] Zur Wahrung des Kindeswohls hinsichtlich einer möglichen Eheschließung bedarf es des staatlichen Schutzes. Eine Einwilligung der Eltern wie im Rahmen des Rechts am eigenen Bild kann in diesem Zusammenhang nicht ausreichen. Hierdurch würde der Minderjährige der Entscheidungsgewalt der Eltern überlassen, so dass es möglicherweise zu Zwangsehen kommen könnte. Eine solch persönliche Entscheidung wie eine Eheschließung darf nicht den Eltern überlassen werden, sondern muss vielmehr aus dem Einflussbereich der Eltern herausgenommen werden. Dies ergibt sich auch aus dem Schutzgebot gem. Art. 6 Abs. 2 GG. Diesem Schutzgebot kann der Staat nur dann gerecht werden, wenn es eine an den Grundsätzen des deutschen Rechts festgelegte Altersuntergrenze gibt, so dass der Staat nicht zur Duldung des Fortbestands einer Ehe unter Beteiligung eines sehr jungen Kindes aufgrund des Schutzbereichs des Art. 6 Abs. 1 GG verpflichtet ist. Der Minderjährige bedarf an dieser Stelle des staatlichen Schutzes vor den Folgen seiner Willenserklärungen und Rechtshandlungen, deren Auswirkungen er selbst aufgrund seiner mangelnden Reife und seines Entwicklungsstandes noch nicht abschätzen kann.[726] Dass ein Minderjähriger, der das 14. Lebensjahr noch nicht vollendet hat, die Folgen einer Eheschließung tatsächlich abschätzen kann, scheint nur schwer vorstellbar. Insbesondere auch vor dem Hintergrund, dass selbst für die Entscheidung hinsichtlich der Religionsausübung und der Zustimmung zu bildlichen Abbildungen bereits das 14. Lebensjahr vollendet sein muss, darf die Altersgrenze bzgl. einer Eheschließung nicht niedriger angesetzt werden.

Das deutsche Recht unterscheidet also an verschiedenen Stellen zwischen Minderjährigen unter 14 Jahren und Minderjährigen, die das 14. Lebensjahr bereits vollendet haben. Diese Unterscheidung sollte auch im Hinblick auf die Beurteilung von Kinderehen vorgenommen werden. Dies insbesondere auch vor dem Hintergrund, dass Ehen unter Beteiligung eines unter 14-Jährigen in jedem Fall als Verstoß gegen den ordre public eingestuft werden.[727]

---

724 Vgl. LG Bielefeld, vom 18.9.2007 – 6 O 360/07, ZUM 2008, 528.

725 Vgl. *Engels*, in: BeckOK Urheberrecht, § 22 KunstUrhG, Rn. 44.

726 Vgl. *Andrae*, NZFam 2016, 923, 926.

727 Vgl. *Hohloch*, in: Erman, Art. 6 EGBGB, Rn. 33. 14 Jahre ist dabei die Mindestaltersgrenze, die in der Literatur vertreten wird, teilweise wird die Altersgrenze im Rahmen des ordre public aber auch höher angesetzt, z.B. bei 15 (vgl. *Mankowski*, in: Staudinger

Der Gesetzgeber ist aufgrund des staatlichen Schutzgebots zum Schutz des Kindeswohls und damit auch zum Schutz vor sexuellem Kindesmissbrauch verpflichtet. Als Mindeststandard muss daher die Altersgrenze des § 176 StGB herangezogen werden, da nur so die sexuelle Selbstbestimmung der Minderjährigen gewahrt werden kann.[728] Das OLG Köln entschied dabei, dass es im krassen Missverhältnis zu den deutschen Rechtsgrundsätzen stünde, wenn ein 10-jähriges Mädchen als volljährig angesehen würde und daher heiraten und ein sexuelles Eheleben führen könnte.[729] Der Staat sei aufgrund des staatlichen Schutzgebots verpflichtet, den Minderjährigen ein ungestörtes Heranwachsen und die Entwicklung der Persönlichkeit zu ermöglichen.[730] Daher sei der Staat auch verpflichtet Ehen unter Beteiligung eines Minderjährigen, der das 14. Lebensjahr noch nicht vollendet hat, zum Schutz des Kindeswohls zu verhindern.[731]

Hinsichtlich derjenigen Ehen, bei denen ein Ehegatte das 14. Lebensjahr noch nicht vollendet hat, setzt sich folglich der staatliche Schutzauftrag gem. Art. 6 Abs. 2 GG durch, so dass in diesen Fällen keine Einzelfallprüfung erfolgen muss und der Eingriff in den Schutzbereich gerechtfertigt ist.

e) Ergebnis Art. 6 GG

Die Nichtigkeitslösung stellt bzgl. der Ehen unter Beteiligung eines Minderjährigen, der das 14. Lebensjahr bereits vollendet hat, einen nicht zu rechtfertigenden Eingriff in Art. 6 Abs. 1 GG dar.[732]

Die Aufhebungslösung stellt zwar ebenfalls einen Eingriff in Art. 6 Abs. 1 GG dar, ist aber – je nach Ausgestaltung – verfassungsrechtlich gerechtfertigt.

2. Verstoß gegen Art. 2 Abs. 1 i.V.m. Art. 1 Abs. 1 GG

Das Gesetz zur Bekämpfung von Kinderehen könnte daneben auch gegen das gem. Art. 2 Abs. 1 i.V.m. Art. 1 Abs. 1 GG gewährleistete allgemeine Persönlichkeitsrecht verstoßen. Art. 2 Abs. 1 i.V.m. Art. 1 Abs. 1 GG schützt die freie

---

BGB, Art. 13 EGBGB, Rn. 203) oder 16 Jahren. Zu den verschiedenen Altersgrenzen vgl. auch *v. Hein*, in: MüKo BGB, Art. 6 EGBGB, Rn. 259.

728 Vgl. *v. Hein*, in: MüKo BGB, Art. 6 EGBGB, Rn. 259; OLG Köln, vom 04.09.1996 – 16 Wx 181/96, NJWE-FER 1997, 55.

729 Vgl. OLG Köln, vom 04.09.1996 – 16 Wx 181/96, NJWE-FER 1997, 55.

730 Vgl. OLG Köln, vom 04.09.1996 – 16 Wx 181/96, NJWE-FER 1997, 55.

731 Vgl. *Antomo*, ZRP 2017, 79, 81.

732 A.A. VG Berlin vom 28.09.2018 – VG 3 K 349.16 V, BeckRS 2018, 25786.

Entfaltung der Persönlichkeit. Durch die Einschränkung der Möglichkeit der Eheschließung bzw. den Fortbestand der Ehe wird in diesen Schutzbereich eingegriffen.

Der Eingriff ist auch nicht verfassungsrechtlich gerechtfertigt. Die Nichtigkeitslösung nimmt keinerlei Rücksicht auf das Kindeswohl des konkret Betroffenen. Vielmehr werden sprichwörtlich alle Sachverhalte „über einen Kamm geschert". Eine dem Kindeswohl entsprechende Einzelfallentscheidung ist nicht möglich. Eine solche Einzelfallentscheidung erfordert aber das durch Art. 2 Abs. 1 i.V.m. Art. 1 Abs. 1 GG geschützte allgemeine Persönlichkeitsrecht. Die Anordnung der Nichtehe widerspricht daher dem durch Art. 2 Abs. 1 i.V.m. Art. 1 Abs. 1 GG gebotenen Schutz des Kindeswohls, da keine einzelfallbezogene Prüfung des Kindeswohls mehr möglich ist.[733] Denn jeder Minderjährige ist ein Wesen mit eigener Menschenwürde und einem eigenen Recht auf Entfaltung und Entwicklung seiner Persönlichkeit.[734] Dies steht mit einem generellen Mindestalter für die Eheschließung, von dem das Gesetz das keinerlei Ausnahmen im Einzelfall zulässt, grundsätzlich nicht im Einklang.[735] Allerdings darf das allgemeine Persönlichkeitsrecht nach Art. 2 Abs. 1 i.V.m. Art. 1 Abs. 1 GG nicht dazu führen, dass im Extremfall beispielsweise die Eheschließung eines 10-Jährigen zulässig ist, da dieser bereits eine ausreichende individuelle Reife und Entwicklungsstand aufweist. Vielmehr gilt an dieser Stelle das zur Altersgrenze im Rahmen des Art. 6 GG Gesagte, so dass auch hier eine Altersgrenze von 14 Jahren zu ziehen ist.

Die Nichtigkeitslösung verstößt daher nur hinsichtlich derjenigen Fälle gegen das durch Art. 2 Abs. 1 i.V.m. Art. 1 Abs. 1 GG geschützte allgemeine Persönlichkeitsrecht, in denen der minderjährige Ehegatte das 14. Lebensjahr bereits vollendet hat.[736]

Die Aufhebungslösung hingegen lässt gerade eine am Kindeswohl orientierte Einzelfallentscheidung zu und stellt daher keinen Verstoß gegen Art. 2 Abs. 1 i.V.m. Art. 1 Abs. 1 GG dar.

---

733 Vgl. *Coester,* FamRZ 2017, 77, 79.

734 BGH, vom 14.12.2018 – XII ZB 292/16, NZFam 2019, 65, 72.

735 BGH, vom 14.12.2018 – XII ZB 292/16, NZFam 2019, 65, 72.

736 A.A. *Opris,* ZErb, 2017, 158, 162, wonach die Ehe für Jugendliche ohnehin an Bedeutung verloren hat und der Staat lediglich seinem staatlichen Schutzauftrag gerecht wird, der dem Interesse der deutschen Jugendlichen überwiegt, so dass insgesamt keine Verletzung von Art. 2 Abs. 1 i.V.m. Art. 1 Abs. 1 GG vorliegt.

3. Verstoß gegen Art. 3 Abs. 1 GG

Die Übergangsvorschrift des Art. 229 § 44 EGBGB könnte einen Verstoß gegen den Gleichbehandlungsgrundsatz des Art. 3 GG darstellen. Gem. Art. 3 Abs. 1 GG sind alle Menschen gleich zu behandeln. Daraus resultiert das Gebot, wesentlich Gleiches auch gleich zu behandeln, es sei denn, es besteht ein sachlicher Grund für eine Ungleichbehandlung.[737]

Eine Ungleichbehandlung erfolgt aufgrund der Übergangsvorschrift des Art. 229 § 44 EGBGB zwischen den im Inland geschlossenen und im Ausland geschlossenen Ehen.[738] So bleiben gem. Art. 229 § 44 Abs. 1 EGBGB die Ehen wirksam, die vor der gesetzlichen Neuregelung im Inland geschlossen wurden. Diese Ehen sind lediglich gem. Art. 229 § 44 Abs. 1 nach dem alten Recht aufhebbar. Ausländische Ehen hingegen bleiben nur dann ausnahmsweise nach Art. 229 § 44 Abs. 4 EGBGB wirksam, wenn der Minderjährige vor dem 22.07.1999 geboren wurde und die Ehegatten erst nach dem Erreichen der Volljährigkeit im Inland ansässig wurden.[739]

Eine solche Ungleichbehandlung wäre nur dann gerechtfertigt, wenn hierfür ein sachlicher Grund vorliegt. In Betracht kommt hier als Rechtfertigungsgrund, dass die Ehen in Deutschland mit einer familiengerichtlichen Genehmigung geschlossen wurden und die eheliche Verbindung daher schon bzgl. des Kindeswohls überprüft wurde (da eine familiengerichtliche Genehmigung nur dann erteilt wurde, wenn die Eheschließung nicht dem Kindeswohl widersprach). Daher ist es gerechtfertigt, dass diese Ehen gem. Art. 229 § 44 Abs. 2 EGBGB ohne Weiteres in ihrer Wirksamkeit unangetastet bleiben. Allerdings erfasst Art. 229 § 44 Abs. 1 EGBGB gerade nicht diejenigen Ehen, die entsprechend der alten Fassung des § 1303 BGB zustande gekommen sind; für diese existiert vielmehr der spezielle Abs. 2, wonach diese Ehen unberührt bleiben. Art. 229 § 44 Abs. 1 EGBGB erfasst stattdessen die fehlerhaften Ehen, die unter Verstoß gegen § 1303 a.F. BGB zustande gekommen sind. Hinsichtlich dieser fehlerhaften im Inland geschlossenen Ehen, bei denen gerade keine familiengerichtliche Genehmigung eingeholt wurde, bleibt ebenfalls nach Art. 229 § 44 Abs. 1 EGBGB das alte Recht hinsichtlich der Aufhebbarkeit anwendbar, während bei denjenigen Ehen, die im Ausland geschlossen wurden, die zuvor dargestellten Einschränkungen des Art. 229 § 44 Abs. 4 EGBGB eingreifen. Hinsichtlich dieser

737 *Kischel*, in: BeckOK GG, Art. 3, Rn. 14.

738 Vgl. *Onwuagbaizu*, NZFam 2019, 465, 469.

739 Vgl. B. IV. zur Ausnahmeregelung des Art. 229 § 44.

Ungleichbehandlung von in- und ausländischen Ehen ist ein Rechtfertigungsgrund gerade nicht ersichtlich.[740]

Folglich verstößt die Übergangsvorschrift des Art. 229 § 44 EGBGB gegen den Gleichbehandlungsgrundsatz gem. Art. 3 Abs. 1 GG.

4. Verstoß gegen Art. 14 GG

Es könnte zudem ein Verstoß gegen Art. 14 GG vorliegen. Art. 14 GG schützt das Erbrecht als Individualgrundrecht.[741] Dieses Grundrecht könnte durch das Gesetz zur Bekämpfung von Kinderehen ebenfalls verletzt sein. Denn Art. 14 GG schützt nicht nur die Freiheit des Erblassers zu vererben, sondern daneben auch das Recht des gesetzlichen bzw. testamentarischen Erben (als spezifisches Eigentumserwerbsrecht Dritter).[742] Vor allem ist durch Art. 14 GG das Verwandtenerbrecht entsprechend den zivilrechtlichen Vorschriften geschützt.[743] Der Gesetzgeber muss durch die Testierfreiheit und das gesetzliche Verwandtenerbrecht gewährleisten, dass das Eigentum im Normalfall in privater Hand bleibt und dem Staat kein vorrangiges Erbrecht zusteht.[744] Ist die rechtliche Abstammung eines Kindes aus einer Nichtehe oder einer aufhebbaren Ehe nicht gegeben, besteht folglich auch kein Verwandtenerbrecht.[745] Aufgrund dessen könnte ein Verstoß gegen Art. 14 GG angenommen werden. Allerdings ergibt sich aus dem Gesetz zur Bekämpfung von Kinderehen selbst keine Beschränkung des Verwandtenerbrechts. Die Qualifikation der Ehe als nichtig oder aufhebbar hat zwar mittelbar Auswirkungen auf die Einstufung als Kind im rechtlichen Sinne, auf das Verwandtenerbrecht selbst jedoch nicht. Vielmehr bleibt das Verwandtenerbrecht entsprechend den Vorschriften der §§ 1922 ff. BGB unberührt. Dies gilt auch vor dem Hintergrund, dass zwar möglicherweise keine Verwandtschaft kraft Gesetzes besteht, aber eine rechtliche Verwandtschaft jederzeit durch eine Vaterschaftsanerkennung oder Vaterschaftsfeststellung erreicht werden kann. Daher ist ein Verstoß gegen Art. 14 GG zu verneinen.

Im Falle der Nichtigkeit der Ehe stehen dem Ehegatten mangels wirksamer Ehe ebenfalls keine gesetzlichen Erbansprüche zu. Allerdings wird das Erbrecht des Ehegatten auch nicht von Art. 14 GG geschützt. Dessen Schutzbereich erfasst

---

740 Vgl. BGH, vom 14.12.2018 – XII ZB 292/16, NZFam 2019, 65, 72.

741 Vgl. *Papier/Shirvani* in: Maunz/Dürig, Art. 14 GG, Rn. 404.

742 Vgl. *Papier/Shirvani* in: Maunz/Dürig, Art. 14 GG, Rn. 404.

743 Vgl. *Axer*, in: BeckOK GG, Art. 14 GG, Rn. 151.

744 Vgl. *Axer*, in: BeckOK GG, Art. 14 GG, Rn. 143.

745 Vgl. *Leipold*, in: MüKo BGB, § 1924, Rn. 3.

allein das Verwandtenerbrecht,[746] worunter das Ehegattenerbrecht mangels Verwandtschaft nicht zu subsumieren ist. Daher liegt auch diesbezüglich keine Verletzung des Art. 14 GG vor.

5. Verstoß gegen Art. 20 Abs. 3 GG

Das Gesetz zur Bekämpfung von Kinderehen könnte durch die Anordnung der Nichtigkeitslösung gem. Art. 13 Abs. 3 Nr. 1 EGBGB einen Verstoß gegen Art. 20 Abs. 3 GG und den daraus abzuleitenden Vertrauensschutz des Einzelnen darstellen.

In einer Rechtsordnung besteht häufig ein Spannungsverhältnis zwischen der Positivität des Rechts (inkl. der Möglichkeit der Rechtsänderung) und dem Vertrauen des Bürgers auf den Bestand des geltenden Rechts.[747] Problematisch sind in diesem Zusammenhang die Fälle, in denen eine Rechtsänderung auch für in der Vergangenheit liegende Sachverhalte Wirkung entfaltet.[748] Art. 20 Abs. 3 GG vermittelt in solchen Konstellationen einen besonderen Vertrauensschutz vor staatlichen Eingriffen in bereits bestehende Rechtsverhältnisse.

Hierbei ist zwischen der sog. echten und der unechten Rückwirkung zu differenzieren. Eine echte Rückwirkung von Gesetzen liegt vor, wenn Gesetze, einen abgeschlossenen Sachverhalt nachträglich anders beurteilen, sie sind grundsätzlich unzulässig. Es würde den Einzelnen in seiner Freiheit erheblich gefährden, dürfte die öffentliche Gewalt an sein Verhalten oder an ihn betreffende Umstände ohne Weiteres im Nachhinein belastendere Rechtsfolgen knüpfen, als sie zum Zeitpunkt seines rechtserheblichen Verhaltens galten.[749]

Von einer unechten zulässigen Rückwirkung spricht man hingegen, wenn eine Gesetzesänderung für die Wahrung des Gemeinwohls und eine Änderung im Hinblick auf den Wandel der Lebensverhältnisse erforderlich ist[750] und die Gesetzesänderung sich auf gegenwärtige, noch nicht abgeschlossene Sachverhalte auswirkt.[751] Auch im Falle einer unechten Rückwirkung hat der Gesetzgeber dem verfassungsrechtlich geschützten Vertrauen der Betroffenen auf Fortgeltung der aktuellen Rechtslage Rechnung zu tragen, indem eine Gesamtabwägung zwischen den Interessen der Allgemeinheit mit den Interessen der

---

746 Vgl. *Axer*, in: BeckOK GG, Art. 14, Rn. 143.

747 *Huster/Rux*, in: BeckOK GG, Art. 20, Rn. 184.

748 Vgl. *Huster/Rux*, in: BeckOK GG, Art. 20, Rn. 184.

749 BGH, vom 14.12.2018 – XII ZB 292/16, NZFam 2019, 65, 71.

750 Vgl. BGH, vom 14.12.2018 – XII ZB 292/16, NZFam 2019, 65, 71.

751 Vgl. *Huster/Rux*, in: BeckOK GG, Art. 20, Rn. 187.

Betroffenen erfolgt, um sicherzustellen, dass die gesetzliche Neuregelung insgesamt daher verhältnismäßig ist.[752]

Fraglich ist, ob es sich vorliegend um eine echte oder um eine unechte Rückwirkung handelt. Da die belastende Rechtsfolge der Unwirksamkeit einer Ehe greift aufgrund des Gesetzes zur Bekämpfung von Kinderehen erst ab dem Tag dessen Verkündung greift,[753] liegt keine echte, sondern eine unechte Rückwirkung des Gesetzes vor. Aufgrund der Geltung auch für die Ehen, die vor dem Inkrafttreten des Gesetzes geschlossen wurden, erfolgt eine tatbestandliche Rückanknüpfung und damit eine unechte Rückwirkung.[754] Durch die Änderung der Rechtsfolge der Aufhebbarkeit zur Nichtigkeit der Ehe verletzt das Gesetz den Vertrauensschutz der Betroffenen.[755]

Fraglich ist daher, ob die Gesetzesänderung und die daraus resultierende Nichtigkeitslösung verhältnismäßig sind. Das ist hinsichtlich der Nichtigkeitslösung, wie bereits dargestellt, nicht der Fall.[756] Folglich verletzt die Nichtigkeitslösung den durch Art. 20 Abs. 3 GG gewährleisteten Vertrauensschutz.

6. Feststellung der Verfassungswidrigkeit

Wie zuvor aufgezeigt, verstößt das Gesetz zur Bekämpfung von Kinderehen durch die angeordnete Nichtigkeitslösung gegen Art. 6 Abs. 1 GG, Art. 3 Abs. 1 GG, Art. 2 Abs. 1 i.V.m. Art. 1 Abs. 1 GG sowie gegen den aus Art. 20 Abs. 3 GG resultierenden Vertrauensschutz.

Allerdings obliegt die Feststellung diesbezüglich allein dem Bundesverfassungsgericht.

Eine Möglichkeit, das Bundesverfassungsgericht mit dieser Frage zu befassen, ist eine konkrete Normenkontrolle gem. Art. 100 Abs. 1 S. 1 GG, §§ 13 Nr. 11, 80 ff, BVerfGG. Eine solche hat der BGH durch seinen Beschluss vom 14.12.2018 eingeleitet.[757] Auch nach der Auffassung des BGH ist die gesetzliche Neuregelung verfassungswidrig und eine verfassungskonforme Auslegung der Regelungen gerade nicht möglich.[758] Den Ausschluss einer verfassungskonformen Auslegung begründet der BGH dabei mit dem eindeutigen Wortlaut der Vorschriften sowie

752 Vgl. BGH, vom 14.12.2018 – XII ZB 292/16, NZFam 2019, 65, 71.
753 Vgl. BT-Drs. 18/12086, S. 27.
754 Vgl. BGH, vom 14.11.2018 – XII ZB 292/16, NZFam 2019, 65, 71.
755 Vgl. BGH, vom 14.11.2018 – XII ZB 292/16, NZFam 2019, 65, 71.
756 Vgl. hierzu bereits F. I. 1. c) aa).
757 Vgl. BGH, vom 14.11.2018 – XII ZB 292/16, NZFam 2019, 65.
758 Vgl. BGH, vom 14.11.2018 – XII ZB 292/16, NZFam 2019, 65, 66f.

dem Willen des Gesetzgebers.[759] Die Entscheidung des BVerfG bleibt abzuwarten.[760]

II. Verstoß gegen die EMRK

Die Gesetzesänderung zur Bekämpfung von Kinderehen könnte des Weiteren einen Verstoß gegen die Europäische Menschenrechtskonvention (EMRK) darstellen. Denn Art. 8 EMRK schützt das Privat- und Familienleben.

Familie i.S.d. Art. 8 EMRK meint dabei die Verbindung zwischen Eltern und Kindern. Art. 8 EMRK schützt also die Integrität der sozialen, familiären Beziehung zwischen den Eltern und den Kindern.[761]

Der Schutz des Privatlebens i.S.d. Art. 8 Abs. 1 EMRK ist ein umfassender Schutz und kann nicht abschließend definiert werden.[762] Als Kernbereich werden der Schutz des Rechts auf Selbstbestimmung sowie ein Recht auf Identität und Entwicklung der eigenen Person erfasst.[763]Art. 8 EMRK gewährleistet, dass der Staat in das Privat- und Familienleben nicht ohne eine entsprechende Rechtfertigung eingreifen darf.[764]

Im Hinblick auf den Schutz des Familienlebens ist zu beachten, dass die EMRK gerade keine Differenzierung zwischen einer ehelichen und nichtehelichen Familie vornimmt. Entscheidend ist allein, dass tatsächlich ein Familienleben besteht.[765] Der Begriff Familie i.S.d. Art. 8 EMRK ist dabei weitergehend

---

759 Vgl. BGH, vom 14.11.2018 – XII ZB 292/16, NZFam 2019, 65, 67.

760 Zunächst wurde davon ausgegangen, dass sich der zuständige Richter Stephan Harbarth für befangen erklären wird. Stephan Harbarth war einer der Initiatoren des Gesetzes und aktiv in der politischen Debatte, auch wenn er von vornherein für eine Einzelfallprüfung der Sachverhalte eintrat, was wiederum die Besorgnis der Befangenheit rechtfertigte, vgl. *Antomo*, LTO vom 21.12.2018. Im Dezember 2019 entschied der 1. Senat des BVerfG nun aber, dass Harbarth über das Gesetz zur Bekämpfung von Kinderehen entscheiden darf, da eine Befangenheit durch die bloße Mitwirkung im Gesetzgebungsverfahren nicht begründet werden könne. Erforderlich sei stattdessen vielmehr ein Verhalten, dass auf eine verfassungsrechtliche Vorfestigung schließen lässt, vgl. BVerfG vom 05.12.2019 – 1 BvL 7/18, BeckRS 2019, 34318.

761 Vgl. *Meyer-Ladewig/Nettesheim*, in: Meyer-Ladewig/Nettesheim/von Raumer, EMRK, Art. 8, Rn. 28.

762 Vgl. *Meyer-Ladewig/Nettesheim*, in: Meyer-Ladewig/Nettesheim/von Raumer, EMRK, Art. 8, Rn. 28.

763 Vgl. *Meyer-Ladewig/Nettesheim*, in: Meyer-Ladewig/Nettesheim/von Raumer, EMRK, Art. 8, Rn. 28.

764 *Hofmann*, in: BeckOK Ausländerrecht, Art. 8 EMRK, Rn. 14.

765 Vgl. *Hofmann*, in: BeckOK Ausländerrecht, Art. 8 EMRK, Rn. 16.

zu verstehen als derjenige des Art. 6 GG. Denn Art. 8 EMRK erfasst auch das nichteheliche und sonstige partnerschaftliche Zusammenleben.[766] Somit ist auch die nichtehelich gelebte Beziehung von dem Schutzbereich des Art. 8 EMRK als Familie erfasst, und zwar auch dann, wenn diese Beziehung kinderlos ist.[767]

Die Einordnung als Nichtehe widerspricht dem durch Art. 8 EMRK gewährleisteten Schutz des Privat- und Familienlebens. Zum einen wird durch die Inobhutnahme ausländischer minderjähriger Ehegatten das familiäre Zusammenleben verhindert, zum anderen wird dadurch das Selbstbestimmungsrecht der Ehegatten verletzt. Zudem wird die Beziehung der vermeintlichen Ehegatten herabgestuft zu einer nichtehelichen Beziehung, die zwar ebenfalls von Art. 8 EMRK geschützt wird, aber keinerlei Rechtsfolgen gerade zugunsten des minderjährigen Ehegatten nach sich zieht. Eine Rechtfertigung durch den Minderjährigenschutz kommt dabei nicht in Betracht, da dieser durch die Nichtigkeitslösung gerade nicht erreicht wird.[768]

III. Verstoß gegen die UN-Kinderrechtskonvention

Darüber hinaus könnte das Gesetz zur Bekämpfung von Kinderehen auch gegen die UN-KRK verstoßen. Diese schreibt gerade kein Mindestalter für eine Eheschließung fest, sondern stellt als entscheidendes Merkmal auf die Reife und Autonomie sowie das Wohl des betroffenen Kindes ab. Gem. Art. 3 Abs. 1 UN-KRK ist das Kindeswohl bei allen staatlichen Maßnahmen sowie gerichtlichen Entscheidungen als vorrangiger Gesichtspunkt zu beachten. Dies gilt gem. Art. 3 Abs. 2 UN-KRK auch für die innerstaatliche Gesetzgebung der Mitgliedstaaten. Daneben ist gem. Art. 12 Abs. 1 UN-KRK stets der Kindeswille zu berücksichtigen, sofern das Kind die Reife und Autonomie besitzt, diesen frei zu bilden und zu äußern. Problematisch ist hierbei, dass dies unter Umständen auch auf sehr junge Kinder zutreffen kann. Freilich darf Art. 12 UN-KRK nicht dazu führen, dass z.B. eine Ehe unter Beteiligung eines 12-Jährigen im Inland als wirksam angesehen wird, weil dieser erklärt, dass die Ehe seinem Willen entspreche. Als Grenze für die Sachverhalte in Bezug auf eine Eheschließung muss stattdessen Art. 34 UN-KRK dienen, wonach die Staaten verpflichtet sind, Kinder vor sexuellem Missbrauch jeglicher Art zu schützen. In Deutschland liegt ein solcher gem. § 176 Abs. 1 StGB vor, wenn eine sexuelle Handlung an einer Person unter

766 Vgl. *Hofmann*, in: BeckOK Ausländerrecht, Art. 8 EMRK, Rn. 17.
767 Vgl. *Hofmann*, in: BeckOK Ausländerrecht, Art. 8 EMRK, Rn. 17.
768 Vgl. hierzu bereits F. I. 1.c) aa).

14 Jahren vorgenommen wird.[769] Der Gesetzgeber ging bei der Festlegung der Altersgrenze davon aus, dass Kinder unter 14 Jahren nicht in der Lage sind, frei über ihr Sexualleben zu entscheiden.[770] Diese Altersgrenze muss daher auch im Rahmen der UN-KRK gem. Art. 34 UN-KRK Berücksichtigung finden, denn die Bestimmung über das eigene Sexualleben hängt unzweifelhaft auch mit der Bestimmung über die Eingehung der Ehe zusammen. Dem folgend kann der Kindeswille gem. Art. 12 UN-KRK nur dann als ein mitentscheidendes Merkmal für die Beurteilung der Wirksamkeit einer Ehe herangezogen werden, wenn der Minderjährige zumindest das 14. Lebensjahr vollendet hat.

Für die von Art. 12 UN-KRK geforderte Einzelfallentscheidung unter Berücksichtigung des Kindeswillens und des Kindeswohls lässt die Nichtigkeitslösung jedoch keinerlei Raum,[771] und zwar auch nicht bei den Fällen, bei denen der minderjährige Ehegatte das 14. Lebensjahr bereits vollendet hat.

Die Nichtigkeitslösung verstößt daher gegen die UN-KRK.

IV. Verstoß gegen das Europarecht

Es stellt sich zudem auch die Frage, ob die erfolgte Gesetzesänderung mit dem Europarecht vereinbar ist.

1. Verletzung der europäischen Freizügigkeit

Die gesetzliche Neuregelung könnte einen Verstoß gegen die unionsrechtlich garantierte Freizügigkeit darstellen.

Art. 21 AEUV gibt allen Unionsbürgern das Recht, sich im Hoheitsgebiet der Mitgliedstaaten frei zu bewegen und aufzuhalten.[772] Neben Art. 21 AEUV sieht die AEUV weitere grundfreiheitliche Freizügigkeitsrechte vor. Art. 45 AEUV schützt die Arbeitnehmerfreizügigkeit, also die Freizügigkeit, in jedem Mitgliedstaat einer Arbeit nachzugehen. Art. 49 AEUV schützt die Niederlassungsfreiheit aller Unionsbürger und Art. 56 AEUV die Dienstleistungsfreiheit. Erst wenn keines der vorgenannten grundfreiheitlichen Freizügigkeitsrechte einschlägig ist, ist auf Art. 21 AEUV zurückzugreifen.[773] Dabei ist zu beachten, dass Art. 21

769 Vgl. hierzu ausführlich *Heger*, in: Lackner/Kühl, § 176, Rn. 1 ff.

770 Vgl. *Renzikowski*, in: MüKo StGB, § 176, Rn. 2.

771 Vgl. BGH, vom 14.12.2018 – XII ZB 292/16, NZFam 2019, 65, 72.

772 Vgl. *Nettesheim,* in: Grabitz/Hilf/Nettesheim, Art. 21 AEUV, Rn. 14.

773 Vgl. *Nettesheim,* in: Grabitz/Hilf/Nettesheim, Art. 21 AEUV, Rn. 15.

AEUV nicht nur objektive Pflichten begründet, sondern auch Gegenstand eines subjektiven Rechts ist.[774]

Fiele eine in einem EU-Mitgliedstaat geschlossene Ehe unter Art. 13 Abs. 3 Nr. 1 EGBGB, womit sie aus deutscher Sicht von vornherein nichtig wäre, so würde dies einen Eingriff in die europäische Freizügigkeit darstellen.[775] Denn diese strikte Rechtsfolge kann die Ehegatten davon abhalten, nach Deutschland einzureisen bzw. sich dort dauerhaft niederzulassen.[776] Wollen die Betroffenen weiterhin als Ehepartner und Familie zusammenleben, sind sie gezwungen das Hoheitsgebiet des deutschen Gesetzgebers zu verlassen bzw. von vornherein zu meiden.[777] „Sofern sie weiterhin als Familie mit verheirateten Eltern und (mit Blick auf das zweite Kind, das die Antragsgegnerin erwartet) ehelich geborenen Kindern, zusammenleben möchten, müssten die Antragsgegner ihren gewöhnlichen Aufenthalt in Deutschland aufgeben.“[778] Reisen die vermeintlichen Ehegatten in Deutschland ein so ergeben sich für die Ehegatten zahlreiche Nachteile, die aus der Einstufung als Nichtehe folgen.[779] Insbesondere müssten die Eheleute in Kauf nehmen, dass ein Kind möglicherweise unehelich geboren würde.[780] Ein Eingriff in die europäische Freizügigkeit ist folglich zu bejahen.

In einigen EU-Mitgliedstaaten ist auch eine Eheschließung vor dem Erreichen des 18. Lebensjahres möglich. Unter anderem kann in Schottland, Spanien und Portugal eine Ehe bereits mit 16 Jahren eingegangen werden. Gälte eine solche Ehe nun in Deutschland als Nichtehe, würde dies einen Verstoß gegen die in der EU gewährleistete Freizügigkeit darstellen.[781] Eine solche Ehe wäre nach Art. 13 Abs. 3 EGBGB aber nach deutschem Recht nicht als Nichtehe anzusehen, sondern als aufhebbare Ehe. Würde nun in Deutschland eine Aufhebung einer Ehe erfolgen, die in einem anderen europäischen Staat wirksam begründet wurde, begrenzt dies die Ehegatten in ihrer europarechtlich gewährleisteten

774 Vgl. *Nettesheim*, in: Grabitz/Hilf/Nettesheim, Art. 21 AEUV, Rn. 14.

775 Vgl. *Coester*, FamRZ 2017, 77, 79.

776 Auch in Mitgliedstaaten der EU ist eine Eheschließung vor Vollendung des 16. Lebensjahres nicht gänzlich ausgeschlossen, vgl. *Weller/Thomale/Hategan/Werner*, FamRZ 2018, 1289, 1297, die darauf hinweisen, dass z.B. für Westthrakientürken in Griechenland das muslimische Eheschließungsrecht gilt, so dass es zur Eheschließung vor der Vollendung des 16. Lebensjahres kommen kann.

777 Vgl. OLG Frankfurt a. M., vom 28.8.2019 – 5 UF 97/19, BeckRS 2019, 20844.

778 OLG Frankfurt a. M., vom 28.8.2019 – 5 UF 97/19, BeckRS 2019, 20844.

779 Vgl. zu den Nachteilen im Einzelnen bereits unter Kapitel C. II.

780 Vgl. *Majer* zu OLG Frankfurt a. M. vom 28.8.2019 – 5 UF 97/19, NZFam 2019, 1021.

781 Vgl. *Coester*, FamRZ 2017, 77, 79.

Freizügigkeit derart, dass ein wirksam erworbenes Statusrecht verloren geht. Daraus resultieren zudem weitreichende Folgen für die Betroffenen.[782] Diese drohenden Nachteile wiederum sind geeignet, das Ehepaar von vornherein davon abzuhalten, den gewöhnlichen Aufenthalt nach Deutschland zu verlagern. Die Betroffenen müssten sich quasi zwischen dem Fortbestand ihrer Ehe oder einem Leben in Deutschland entscheiden, in dem Wissen, dass die Ehe dort aller Voraussicht nach aufgehoben wird. Ein Eingriff in die europäische Freizügigkeit ist im Falle einer Aufhebbarkeit der Ehe daher ebenfalls zu bejahen.

Die Frage nach der Vereinbarkeit der gesetzlichen Neuregelung mit der europäischen Freizügigkeit scheint auch den Gesetzgeber im Gesetzgebungsverfahren beschäftigt zu haben, denn in dem Gesetzentwurf heißt es: *„Eine außergewöhnliche Härte könnte sich im Einzelfall auch daraus ergeben, dass die Aufhebung einer unter Beteiligung eines minderjährigen Unionsbürgers geschlossenen Ehe dessen Freizügigkeitsrecht verletzen würde.“*[783] Aus der Formulierung geht jedoch hervor, dass der Gesetzgeber einen Verstoß gegen die europäischen Freizügigkeitsrechte allein noch nicht als ausreichend erachtet, um eine schwere Härte zu begründen. Ausdrücklich stellt er auf einen „Einzelfall“[784] ab, so dass noch weitere Umstände hinzutreten müssen, um eine schwere Härte durch die Eheaufhebung zu begründen.[785]

2. Rechtfertigung des Eingriffs

Als Rechtfertigungsgrund für den vorliegenden Eingriff ist vor allem auf den Minderjährigenschutz abzustellen. Denn der Minderjährige soll vor den weitreichenden Folgen einer Eheschließung und vor Straftaten gegen seine sexuelle Selbstbestimmung geschützt werden.[786]

Der Eingriff ist insbesondere im Hinblick auf die Anordnung der Nichtehe in Art. 13 Abs. 3 Nr. 1 EGBGB nicht angemessen, denn dem Minderjährigen stehen keinerlei Folgeansprüche gegen den vermeintlichen Ehegatten zu. Vielmehr ist der Minderjährige, der vor der Vollendung des 16. Lebensjahres die Ehe schließt, völlig schutzlos gestellt. Dies erscheint nicht angemessen, wenn die Ehe nach dem Heimatrecht wirksam ist, denn die Betroffenen haben die Ehe

782 Vgl. zu den Folgen bereits Kapitel D. III.

783 BT-Drs. 18/12086, S. 17.

784 BT-Drs. 18/12086, S. 17.

785 Vgl. Anm. *Majer* zu OLG Oldenburg, vom 18.04.2018 – 13 UF 23/18, NZFam 2018, 609, 610.

786 Vgl. *Majer,* NZFam 2017, 537, 540.

möglichweise schon jahrelang im Ausland gelebt, so dass ein Vermögensausgleich angezeigt wäre. Zudem ist der minderjährige Ehegatte möglicherweise mangels entsprechender Ausbildung nicht in der Lage, sich selbst zu unterhalten und daher auf Unterhaltsleistungen des Ehegatten angewiesen.

Die Minderjährigen sollen vor den weitreichenden Folgen einer Eheschließung sowie in ihrer sexuellen Selbstbestimmung geschützt werden. In der Literatur wird dieses Ziel teilweise als berechtigter Zweck angesehen, der in einem angemessenen Verhältnis zu dem Eingriff stehe, da die tatsächlichen Nachteile für den minderjährigen Ehegatten nur geringfügig seien.[787] Dieser Auffassung ist entgegenzuhalten, dass die Minderjährigen nach ausländischem Recht bereits wirksam verheiratet sind und demnach nicht mehr vor einer solchen Eheschließung geschützt werden können. In Deutschland werden die Rechtswirkungen der im Ausland wirksam geschlossenen Ehe nicht anerkannt bzw. die Ehe kann im Inland aufgehoben werden. Im Hinblick auf die Nichtigkeitslösung wären die Betroffenen vielmehr mit Grenzübertritt zurück ins Heimatland wieder wirksam verheiratet und damit von den weitreichenden Folgen einer Eheschließung erfasst. In jedem Fall ist das Gesetz zur Bekämpfung von Kinderehen aufgrunddessen dazu geeignet, Eheleute von einer Einreise nach Deutschland abzuhalten. *Coester-Waltjen* gibt Ehegatten sogar den Ratschlag, bis zur Vollendung des 18. Lebensjahres von dem deutschen Hoheitsgebiet fernzubleiben.[788] Durch die Einreise nach Deutschland könne dem Minderjährigen, der allein mit seinem Ehegatten einreist, die letzte Vertrauensperson genommen werden, womit ein eheliches Zusammenleben der Ehegatten verhindert werde.[789] Ein solch weitgehender Eingriff ohne jeglichen Einzelfallbezug entspricht nicht dem Kindeswohl. Vielmehr müsste eine am Kindeswohl orientierte Einzelfallentscheidung erfolgen. Daher genügt die gesetzliche Neuregelung hinsichtlich der Nichtigkeitslösung nicht dem Minderjährigenschutz, der aus ihr resultierende Eingriff in die europarechtlich gewährleistete Freizügigkeit gem. Art. 21 AEUV durch die angeordnete Nichtigkeitslösung ist daher nicht gerechtfertigt.

Eine andere Beurteilung ergibt sich bzgl. der Aufhebungslösung. In diesem Rahmen kann eine am Kindeswohl orientierte Einzelfallentscheidung erfolgen, so dass eine Eheaufhebung unterlassen wird, wenn der Minderjährigenschutz und das konkrete Kindeswohl dies erfordern. Der aus der Aufhebungslösung

---

787 Vgl. *Majer*, NZFam 2017, 537, 541.
788 *Coester-Waltjen*, IPRax 2017, 429, 436.
789 Vgl. *Coester-Waltjen*, IPRax 2017, 429, 436.

resultierende Eingriff in die europarechtliche Freizügigkeit ist daher gerechtfertigt.

3. Verstoß gegen Art. 21 AEUV mangels automatischer Anerkennung

Hochumstritten ist, ob aus der europäischen Freizügigkeit gem. Art. 21 AEUV ein Anspruch auf Anerkenntnis ausländischer Rechtslagen folgt, da teilweise vertreten wird, dass jedes hinkende Rechtsverhältnis innerhalb der EU als ein nicht zu rechtfertigender Eingriff in das europäische Freizügigkeitsrecht bewertet werden solle.[790]

a) *Übertragung der EuGH-Rechtsprechung hinsichtlich erworbener Namensrechte*

Möglicherweise könnte aufgrund der zuvor dargestellten europäischen Freizügigkeit eine Pflicht bestehen, in der EU wirksam geschlossene Ehen auch in allen anderen Mitgliedstaaten anzuerkennen. Hierbei geht es jedoch gerade nicht um die Anerkennung und Vollstreckung einer ausländischen Entscheidung, was heutzutage schon fast eine Selbstverständlichkeit darstellt,[791] sondern um die sog. kollisionsrechtliche Anerkennung, also darum, ob ein im Ausland wirksam vollzogener Rechtsakt auch im Inland als wirksam angesehen wird, und zwar unabhängig von dem anwendbaren oder tatsächlich angewendeten Recht.[792] Bei der kollisionsrechtlichen Anerkennung wird also eine im Ausland durch einen privaten oder hoheitlichen Akt[793] geschaffene Rechtslage als wirksam anerkannt, und zwar unabhängig von der Anwendung der eigenen Kollisionsnormen des anerkennenden Staates und unabhängig davon, ob der anerkennende Staat die Rechtslage nach dem eigenen Recht als wirksam ansieht.[794] Wenngleich grundsätzlich gerade keine Pflicht zur Anerkennung von ausländischen Rechtsverhältnissen/Rechtslagen besteht, gibt es im Hinblick auf das EU-Recht einige Ausnahmen.[795] Die Mitgliedstaaten sind so z.B. gem. Art. 21 AEUV verpflichtet, Namen, die in einem anderen Mitgliedstaat erworben wurden, anzuerkennen.[796]

---

790 Vgl. *Mansel/Thorn/Wagner,* IPRax 2011, 1, 8.

791 Vgl. *Coester-Waltjen,* IPRax 2006, 392, 392.

792 Vgl. *Coester-Waltjen,* IPRax 2006, 392, 392.

793 In der Literatur ist umstritten, ob man eine Anerkennung lediglich für hoheitliche Akte oder aber auch für private Akte zulassen sollte.

794 Vgl. *Coester-Waltjen,* IPRax 2006, 392, 393.

795 Vgl. *Majer, NZFam* 2017, 537, 540.

796 Vgl. EuGH, vom 02.10.2003 – C 148/02, BeckRS 2004, 74436.

Fraglich ist, ob man diese Rechtsprechung des EuGH zum Namensrecht auch auf das Institut der Ehe übertragen kann, so dass eine in einem Mitgliedstaat wirksam geschlossene Ehe auch in einem anderen Mitgliedstaat als wirksam anerkannt werden muss. Der Grundsatz der Anerkennung von erworbenen Namen in einem Mitgliedstaat könnte auch auf das Statusrecht der Ehe übertragen werden.[797] Vorteil einer EU-weiten Anerkennung wäre sicherlich die Vereinfachung des Rechtsverkehrs und die Rechtssicherheit sowie die Gewährleistung der europarechtlich garantierten Freizügigkeit.[798] Allerdings birgt eine grundsätzliche Anerkennungspflicht auch Gefahren, so dass eine entsprechend detaillierte Regelung von den Mitgliedstaaten zu erarbeiten wäre, wonach die Mitgliedstaaten eine Anerkennung bei dem Vorliegen bestimmter Versagensgründe verweigern können.[799] Denn die Mitgliedstaaten könnten nicht dazu verpflichtet werden, ausländische Rechtsverhältnisse entgegen den eigenen Grundsätzen anzuerkennen. Würde man stattdessen aus Art. 21 AEUV eine Pflicht zur Anerkennung einer ausländischen Rechtslage ohne Prüfung von möglichen Härtefällen ableiten, so würde der Schutzbereich des Art. 21 AEUV extrem ausgeweitet. Denn jedes ausländische wirksame Rechtsverhältnis wäre in jedem anderen Mitgliedstaat anzuerkennen, und zwar unabhängig von der eigenen Rechtsordnung. Dies würde dem Art. 21 AEUV, der eigentlich lediglich ein Auffanggrundrecht darstellt, eine völlig neue Bedeutung verleihen.[800] Aus Art. 21 AEUV kann daher nicht das Recht eines jeden Unionsbürgers abgeleitet werden, in jedem Mitgliedstaat gleichbehandelt werden, und zwar hinsichtlich aller möglichen Rechtsverhältnisse. Dass es zu hinkenden Rechtsverhältnissen innerhalb der EU kommen kann, ist folglich hinzunehmen.

b) Übertragung der KG-Rechtsprechung hinsichtlich der Vaterschaftsfeststellung

Im Anschluss an die EuGH-Rechtsprechung bzgl. bereits erworbener Namensrechte urteilte das KG Berlin, dass dieser Gedanke auch auf die Frage der Vaterschaft zu übertragen sei.[801] Konkret ging es in diesem Sachverhalt um die Anerkennung eines nach französischem Recht beurkundeten Vaterschaftsanerkenntnisses, wobei ein Vaterschaftsanerkenntnis nach französischem Recht

797 Vgl. *Majer*, NZFam 2017, 537, 540.

798 Vgl. *Coester-Waltjen*, IPRax 2006, 392, 393.

799 Vgl. *Coester-Waltjen*, IPRax 2006, 392, 400.

800 Vgl. *Nettesheim*, in: Grabitz/Hilf/Nettesheim, Art. 21 AEUV, Rn. 15.

801 Vgl. KG Berlin, vom 23.9.2010 – 1 W 70/08, IPRax 2011, 70.

ohne Zustimmung der Mutter erfolgen kann.[802] Das KG Berlin erkannte das Vaterschaftsanerkenntnis unter Hinweis auf die EuGH-Rechtsprechung zum Namensrecht als wirksam an und betonte, dass es naheliegend sei, diese Rechtsprechung auch auf den Status als Vater auszudehnen.[803] Wenn das KG diese Rechtsprechung ohne Weiteres auf diese Statusfrage überträgt, könnte man auf die Idee kommen, auch eine Übertragung auf die Frage nach dem Personenstand vorzunehmen. Allerdings ist dagegen einzuwenden, dass das KG in dem vorliegenden Fall seiner Vorlagepflicht gem. Art. 267 Abs. 3 AEUV hätte gerecht werden müssen und diese Frage dem EuGH vorlegen müssen.[804] Ein Gericht muss eine Frage immer dann dem EuGH vorlegen, wenn gegen dessen Entscheidung innerstaatlich nicht mehr vorgegangen werden kann und eine entscheidungserhebliche primärrechtliche Frage vorliegt, die noch nicht Gegenstand einer Auslegung durch den EuGH war, oder wenn die Auslegung der primärrechtlichen Frage derart offensichtlich ist, dass für eine anderweitige Auslegung kein Platz ist.[805] Danach hätte das KG die entscheidungserhebliche Frage folglich dem EuGH vorlegen müssen und hätte die Rechtsprechung zum Namensrecht gerade nicht ohne Weiteres auch auf die Statusfrage der Vaterschaft übertragen dürfen. Dem folgend kann die Rechtsprechung auch nicht auf die Statusfrage nach der Wirksamkeit einer Ehe übertragen werden; vielmehr müsste in einem solchen Fall, wie zuvor dargestellt, zunächst eine Vorlage an den EuGH gem. Art. 267 Abs. 3 AEUV erfolgen.

c) Übertragung der EuGH-Rechtsprechung hinsichtlich des Fortbestands der Rechtsform juristischer Personen

Während bei juristischen Personen aus der Niederlassungsfreiheit gem. Art. 48 AEUV ein Anspruch auf Fortbestand als rechtsfähige juristische Person auch bei einem Wegzug in einen anderen Mitgliedstaat abgeleitet wird,[806] kann dies bei natürlichen Personen nicht der Fall sein.[807] Denn während bei juristischen Personen andernfalls die Rechtsfähigkeit aberkannt und damit ihre Existenz vernichtet würde, hat die Anerkennung des Personenstandes bei natürlichen Personen keinerlei Auswirkungen auf deren Rechtsfähigkeit.[808] Der Personenstand

---

802 Vgl. KG Berlin, vom 23.9.2010 – 1 W 70/08, IPRax 2011, 70.
803 Vgl. KG Berlin, vom 23.9.2010 – 1 W 70/08, IPRax 2011, 70.
804 Vgl. ausführliche Stellungnahme *Mansel/Thorn/Wagner*, IPRax 2011, 1, 6 ff.
805 Vgl. EuGH, vom 6.10.1982 – Rs. C-283/81, NJW 1983, 1257.
806 Vgl. EuGH, vom 5.11.2002 – C-208/00, IPRax 2003, 65.
807 Vgl. *Röthel,* IPRax 2006, 250, 253.
808 Vgl. *Röthel,* IPRax 2006, 250, 253.

genießt daher keinen grundfreiheitlichen unbedingten Bestandsschutz, womit sich der Rechtsgedanke hinsichtlich juristischer Personen sich nicht auf die Anerkennung einer Ehe übertragen lässt.[809]

d) Ergebnis

Trotz fehlender automatischer Anerkennung einer in der EU wirksam geschlossenen Ehe in den anderen Mitgliedstaaten liegt darin kein Verstoß gegen Art. 21 AEUV vor.

Denkbar ist natürlich eine anderweitige Einschätzung des EuGH oder eine gesetzliche Neuregelung innerhalb der EU-Mitgliedstaaten hinsichtlich der kollisionsrechtlichen Anerkennung in anderen Mitgliedstaaten. Möglich wäre z.B. die Verankerung eines kollisionsrechtlichen Anerkennungsprinzips, wobei eine Anerkennung unterbleiben kann, wenn ein Anerkennungsversagungsgrund oder ein Verstoß gegen den ordre public vorliegt.[810] Die weitere Entwicklung diesbezüglich bleibt abzuwarten, allerdings wird in der Literatur vermehrt für eine kollisionsrechtliche Anerkennung plädiert und teilweise eine Anerkennungspflicht hierzu, entgegen dem zuvor Gesagten, bereits heute angenommen.[811]

4. Rechtsprechung im Hinblick auf die Aufhebbarkeit von Kinderehen mit Europabezug

a) AG Frankenthal, Beschluss vom 15.02.2018 – 71 F 268/17

Das AG Frankenthal hatte zu Beginn des Jahres 2018 über die Aufhebung einer im EU-Ausland wirksam geschlossenen Ehe unter Beteiligung einer 16-Jährigen zu entscheiden.

Im Jahr 2017 hatte eine 16-Jährige in ihrem Geburtsort in Bulgarien einen fünf Jahre älteren Mann geheiratet. Beide waren bulgarische Staatsangehörige und lebten in Deutschland in Frankenthal.

Bei dem AG Frankenthal wurde, gegen den Willen der Eheleute, ein Antrag auf Aufhebung der in Bulgarien geschlossenen Ehe gestellt. Die Eheleute beantragten den Antrag zurückzuweisen.[812]

---

809 Vgl. *Röthel*, IPRax 2006, 250, 253.

810 Vgl. ausführlich hierzu *Coester-Waltjen*, IPRax 2017, 429 ff.

811 Vgl. *Weller/Thomale/Hategan/Werner*, FamRZ 2018, 1289, 1297.

812 Vgl. AG Frankenthal, vom 15.2.2018 – 71 F 268/17, FamRZ 2018, 749, 749.

Der Antrag auf Aufhebung der Ehe wurde durch das AG Frankenthal als unbegründet abgelehnt.

Wie das AG bei seiner Entscheidung ausführte, falle die Ehe zwar in den Anwendungsbereich des Art. 13 Abs. 3 Nr. 2 EGBGB, so dass nach § 1314 BGB eine Aufhebung der Ehe erfolgen könne; jedoch betonte es, dass ihm hierbei durch § 1314 BGB bzgl. der Aufhebung der Ehe ein Ermessensspielraum eingeräumt werde.

Da es sich vorliegend um eine Ehe von EU-Bürgern handele, müsse das Gericht die Vorschrift dabei im Lichte des Europarechts auslegen.[813] Eine Aufhebung der Ehe wäre daher als Eingriff in die europäische Freizügigkeit zu werten.[814]

Zudem führte das AG Frankenthal an, dass die Aufhebung der Ehe auch eine schwere Härte für die Eheleute darstelle, da diese in Bulgarien freiwillig geheiratet hätten und bereits ein gemeinsames Kind hätten und ein zweites gemeinsames Kind erwarten würden.[815] Des Weiteren verfüge die Ehefrau nur über eine geringe Schulbildung und keinerlei berufliche Ausbildung und sei nur durch die Ehe zumindest in einem gewissen Grad wirtschaftlich abgesichert.[816]

Eine Aufhebung der Ehe lehnte das AG Frankenthal daher ab, weil die Aufhebung aufgrund des Eingriffs in die europäische Freizügigkeit sowie der zuvor dargestellten persönlichen Aspekte eine schwere Härte für die Ehefrau darstellen würde.

Obwohl es sich um ein Aufhebungsverfahren handelte, führte das Gericht aus, dass es sich um einen Verstoß gegen die europäische Freizügigkeit handele, wenn eine in der EU wirksam geschlossene Ehe als Nichtehe eingestuft wird, und im EU-Ausland geschlossene Ehen daher auch im Inland grundsätzlich anzuerkennen seien.[817] Dieser Exkurs überrascht vor dem Hintergrund, dass in dem dem AG Frankenthal vorliegenden Fall eine Einstufung als Nichtehe nicht in Betracht kam, da die minderjährige Ehefrau im Zeitpunkt der Eheschließung das 16. Lebensjahr bereits vollendet hatte. Somit war allein über die Aufhebung der Ehe zu entscheiden. Zudem stellte das AG Frankenthal fest, dass grundsätzlich aufgrund des europarechtlichen Anerkennungsprinzips eine Anerkennung der Ehe zu erfolgen habe, erwähnte dabei aber nicht, dass dieses Prinzip

---

813 AG Frankenthal, vom 15.2.2018 – 71 F 268/17, FamRZ 2018, 749, 749.

814 Vgl. AG Frankenthal, vom 15.2.2018 – 71 F 268/17, NZFam 2018, 331, 331.

815 AG Frankenthal, vom 15.2.2018 – 71 F 268/17, FamRZ 2018, 749, 749.

816 AG Frankenthal, vom 15.2.2018 – 71 F 268/17, FamRZ 2018, 749, 749.

817 AG Frankenthal, vom 15.2.2018 – 71 F 268/17, FamRZ 2018, 749, 749.

z.B. durch die Ausgestaltung des Minderjährigenschutzes auch eingeschränkt werden kann und dass auch der EuGH Ausnahmen hinsichtlich der Anerkennung vorsieht (z.B. Anerkennung eines Adelsnamens).[818]

b) OLG Frankfurt a. M., Beschluss vom 28.8.2019 – 5 UF 97/19[819]

Auch das OLG Frankfurt a.M. hatte über die Wirksamkeit einer in Bulgarien geschlossenen Ehe zu entscheiden.

Der im Jahr 1997 geborene Antragsgegner hat die im Jahr 2001 geborene Antragsgegnerin 2018 in Bulgarien geheiratet. Das Ehepaar lebte seit Mai 2018 in Deutschland und hatte bereits ein gemeinsames Kind. Die Ehefrau war zudem erneut schwanger. Das Amtsgericht Gießen entschied daher, dass der Ausnahmetatbestand des § 1315 Abs. 1 Nr. 1b BGB gegeben sei und eine Aufhebung der Ehe aufgrund dessen ausscheide, da die Aufhebung der nach bulgarischem Recht wirksam geschlossenen Ehe für die minderjährige Antragsgegnerin eine schwere Härte darstellen würde.[820] Gegen diese Entscheidung wendete sich der Antragsteller im Rahmen einer Beschwerde vor dem OLG Frankfurt a.M.

Diese Auffassung des Amtsgerichts Gießen bestätigte das OLG Frankfurt a.M., da die Voraussetzungen für eine Eheaufhebung nicht vorlägen.[821] Dies begründete das OLG neben den persönlichen Belangen der Ehegatten auch mit einem Verstoß gegen die europäische Freizügigkeit.[822] Hierzu führte es aus: „Der Umstand, dass die Ehe eines Unionsbürgers, die nach dem Recht seines Herkunftsstaates wirksam geschlossen wurde, in einem anderen Mitgliedstaat aufgrund dort geltender nationaler Bestimmungen aufgehoben wird, behindert den Betroffenen in der Ausübung seines nach Art. 21 AEUV verbürgten Rechts. Im Falle der Aufhebung der Ehe würde den Antragsgegnern die Möglichkeit genommen, sich als Ehepartner des jeweils anderen und als mit dem Vater bzw. der Mutter verheirateten Elternteil des gemeinsamen Kindes in Deutschland aufzuhalten. Sofern sie weiterhin als Familie mit verheirateten Eltern und (mit Blick auf das zweite Kind, das die Antragsgegnerin erwartet) ehelich geborenen Kindern, zusammenleben möchten, müssten die Antragsgegner ihren gewöhnlichen Aufenthalt in Deutschland aufgeben, wobei auch dann fraglich ist, ob sie

---

818 Vgl. Anm. *Majer* zu AG Frankenthal, vom 15.2.2018 – 71 F 268/17, NZFam 2018, 331, 332.

819 OLG Frankfurt a. M., vom 28.8.2019 – 5 UF 97/19, BeckRS 2019, 20844.

820 Vgl. OLG Frankfurt a. M., vom 28.8.2019 – 5 UF 97/19, BeckRS 2019, 20844, Rn. 3.

821 Vgl. OLG Frankfurt a. M., vom 28.8.2019 – 5 UF 97/19, BeckRS 2019, 20844, Rn. 5.

822 Vgl. OLG Frankfurt a. M., vom 28.8.2019 – 5 UF 97/19, BeckRS 2019, 20844, Rn. 11 ff.

durch einen Umzug einem bereits rechtshängigen Eheaufhebungsverfahren in Deutschland mit der in allen Mitgliedstaaten gemäß der Brüssel-IIa-Verordnung anzuerkennenden Eheaufhebung aufgrund der perpetuatio fori entgehen können."[823]

Daneben bejahte das OLG Frankfurt a.M. zudem ein Verstoß gegen die Arbeitnehmerfreizügigkeit gem. Art. 45 Abs. 3 lit. c und d AEUV.[824]

Aus den zuvor genannten Gründen sowie dem Umstand, dass die Ehefrau kurz vor der Volljährigkeit stand und bereits zu erkennen gab, dass sie ihren Ehemann gleich erneut heiraten würde, lehnte das Gericht eine Eheaufhebung ab.[825]

c) AG Nordhorn, Beschluss vom 29.01.2018 – 11 F 855/17 E1

Ein ähnlicher Fall beschäftigte zuvor bereits das AG Nordhorn.

Im August 2017 schlossen in Rumänien zwei rumänische Staatsbürger die Ehe miteinander. Die Ehefrau war zu diesem Zeitpunkt 16 Jahre alt. Der Ehemann lebte zum Zeitpunkt der Eheschließung bereits in Deutschland. Die Ehefrau verlagerte ihren Wohnsitz nach der Eheschließung ebenfalls nach Deutschland und bezog mit dem Ehemann eine gemeinsame Wohnung. Im Jahr 2017 brachte sie das erste gemeinsame Kind auf die Welt. Nachdem die Ehefrau ihren Wohnsitz nach Deutschland verlagerte, stellte der zuständige Landkreis einen Antrag auf Aufhebung der Ehe.[826]

Das AG Nordhorn wies den Antrag als zulässig, aber unbegründet zurück. Dies begründete das Gericht damit, dass eine Aufhebung der Ehe nach den §§ 1314, 1315 Abs. 1 Nr. 1b BGB eine schwere Härte für die minderjährige Ehefrau darstellen würde.[827]

Dabei verwies das AG insbesondere auf die Verletzung der Freizügigkeit eines EU-Bürgers. „Nach der Gesetzesbegründung kann ein Ausnahmefall bereits dann gegeben sein, wenn mit der Aufhebung die Verletzung der Freizügigkeit eines EU-Bürgers verbunden wäre. […] Wollte man die in einem anderen Mitgliedstaat der EU erworbenen Statusverhältnisse nicht anerkennen, so läge darin ein Verstoß gegen das unionsrechtlich verbürgte Freizügigkeitsrecht."[828]

---

823 OLG Frankfurt a. M., vom 28.8.2019 – 5 UF 97/19, BeckRS 2019, 20844, Rn. 11.
824 Vgl. OLG Frankfurt a. M., vom 28.8.2019 – 5 UF 97/19, BeckRS 2019, 20844, Rn. 12.
825 Vgl. OLG Frankfurt a. M., vom 28.8.2019 – 5 UF 97/19, BeckRS 2019, 20844, Rn. 14.
826 Vgl. AG Nordhorn, vom 29.01.2018 – 11 F 855/17 E1, FamRZ 2018, 750, 751.
827 Vgl. AG Nordhorn, vom 29.01.2018 – 11 F 855/17 E1, FamRZ 2018, 750, 751.
828 AG Nordhorn, vom 29.01.2018 – 11 F 855/17 E1, FamRZ 2018, 750, 751.

Des Weiteren begründete das AG Nordhorn die Entscheidung auch damit, dass die Ehefrau Vollwaise war, bereits ein Kind des Ehemannes geboren hatte und in elf Monaten volljährig werden würde. Zudem sei die Ehe auch freiwillig ohne äußeren Druck zustande gekommen und die Eheleute gaben an, im Falle einer Aufhebung sofort wieder zu heiraten, sobald die Ehefrau das 18. Lebensjahr vollendet habe.[829]

Aus den genannten Gründen sah das AG Nordhorn eine Aufhebung der Ehe als unverhältnismäßig an und lehnte eine Eheaufhebung ab.

d) OLG Oldenburg, Beschluss vom 18.04.2018 – 13 UF 23/18

Gegen die zuvor dargestellte Entscheidung des AG Nordhorn legte der Antragsteller form- und fristgerecht Beschwerde bei dem OLG Oldenburg ein.[830]

Das OLG Oldenburg wies die Beschwerde als zulässig, aber unbegründet zurück. Es teilte die Auffassung des AG Nordhorn, dass eine Eheaufhebung eine unzumutbare Härte darstelle. Dies begründete das OLG vorrangig mit der europäischen Arbeitnehmerfreizügigkeit.[831] Das entscheidende Gericht führte aus, dass durch eine Aufhebung der Ehe das Recht der Ehefrau auf Arbeitnehmerfreizügigkeit und Aufenthalt in Deutschland gem. Art. 45 Abs. 3 lit. b und c AEUV verletzt werde.[832] Denn bei Kenntnis der deutschen Rechtslage und der daraus resultierenden Folgen für ihre Ehe wären die Eheleute davon abgehalten worden, nach der Eheschließung nach Deutschland einzureisen, sich in Deutschland niederzulassen und zu arbeiten.[833] Eine Rechtfertigung für diesen Eingriff sei dabei nicht gegeben.[834]

Weiterhin begründete das OLG Oldenburg seine Entscheidung damit, dass aufgrund der bestehenden Ehe keine negativen Auswirkungen auf die Entwicklungschancen der minderjährigen Ehefrau bestünden und diese die Ehe freiwillig und ohne äußeren Zwang eingegangen sei.[835]

Wie der Gesetzgeber in seinem Gesetzentwurf klarstellte, genügt ein Verstoß gegen die europäische Freizügigkeit allein nicht, um einen schweren Härtefall zu begründen, welcher der Aufhebung einer Ehe entgegensteht. Dementsprechend

829 Vgl. AG Nordhorn, vom 29.01.2018 – 11 F 855/17 E1, FamRZ 2018, 750, 751.
830 Vgl. OLG Oldenburg, vom 18.04.2018 – 13 UF 23/18, NZFam 2018, 609, 609.
831 Vgl. OLG Oldenburg, vom 18.04.2018 – 13 UF 23/18, NZFam 2018, 609, 609.
832 OLG Oldenburg, vom 18.04.2018 – 13 UF 23/18, NZFam 2018, 609, 609.
833 Vgl. OLG Oldenburg, vom 18.04.2018 – 13 UF 23/18, NZFam 2018, 609, 609.
834 Vgl. OLG Oldenburg, vom 18.04.2018 – 13 UF 23/18, NZFam 2018, 609, 609.
835 Vgl. OLG Oldenburg, vom 18.04.2018 – 13 UF 23/18, NZFam 2018, 609, 609.

argumentierte das OLG Oldenburg, wie zuvor bereits das AG Nordhorn, mit den persönlichen Aspekten der Betroffenen und führte neben dem Verstoß gegen Art. 45 AEUV weitere soziale Aspekte an, die eine schwere Härte begründeten.

V. Lösung eines globalen Problems durch den deutschen Gesetzgeber im Alleingang

Die Kinderehe ist ein globales Problem. Der deutsche Gesetzgeber versuchte, dieses globale Problem mit dem Gesetz zur Bekämpfung von Kinderehen zu lösen. Dabei ist das Gesetz aber von vornherein nicht geeignet, Kinderehen gänzlich zu verhindern, da es auf die ausländischen Rechtsordnungen keinerlei Wirkung entfaltet. Daher muss man feststellen, dass der deutsche Gesetzgeber allein nicht in der Lage ist, ein solch globales Problem zu lösen. Sollen Kinderehen weltweit effektiv bekämpft werden, so bedarf es hierzu auch einer globalen Zusammenarbeit. Dass es zu einer solchen kommen wird, ist jedoch schwer vorstellbar. Zu weit gehen die internationalen Wertvorstellungen auch im Hinblick auf das Alter der Ehemündigkeit auseinander. So ist es nach dem iranischen Recht möglich, dass ein gerade einmal 13-jähriges Mädchen die Ehe schließt, und in Nigeria ist ein Mädchen sogar bereits mit der Vollendung des 12. Lebensjahres ehemündig.[836] Trotz der bereits dargestellten negativen Auswirkungen für die Betroffenen erlauben insgesamt noch immer 117 Staaten die Eheschließung vor dem Erreichen der Volljährigkeit.[837] Dabei gibt es mit dem Jemen, Saudi-Arabien und dem Süd-Sudan unverständlicherweise sogar Staaten, in denen überhaupt kein gesetzliches Mindestalter zur Eingehung der Ehe besteht.[838] Dies ist keinesfalls hinzunehmen und auch wenn die Einwirkungsmöglichkeiten durch ausländische Staaten gering sind, ist auch den Mitgliedern des Bundestags bewusst, dass das globale Problem der Kinderehe auch global angegangen werden muss. So hat der Bundestag im Rahmen des Gesetzgebungsverfahrens die Bundesregierung aufgefordert, auch auf der internationalen Ebene für ein erhöhtes Ehemündigkeitsalter einzutreten.[839]

Erfolgreich könnte dieses Unterfangen zumindest im Hinblick auf die europäischen Mitgliedstaaten sein. Zum einen geht zwischen den europäischen Mitgliedstaaten die Auffassung hinsichtlich des Ehemündigkeitsalters nicht so weit auseinander wie zwischen Deutschland und vielen nichteuropäischen Staaten.

---

836 Vgl. Terre des Femmes, Frühehen: Situation weltweit?

837 Vgl. *Feser*, Global Citizen vom 06.07.2017.

838 Vgl. Terre des Femmes, Frühehen: Situation weltweit?

839 Vgl. BT-Drs. 19/3081, S. 10.

Zum anderen existiert eine Resolution der Parlamentarischen Versammlung von 2005, welche die Aufforderung an die Mitgliedstaaten enthält, das Ehemündigkeitsalter übereinstimmend auf 18 Jahre festzulegen.[840] Zudem sollte nach dieser Resolution im Ausland geschlossenen Kinderehen die Anerkennung versagt werden, wenn diese nicht dem Kindeswohl der Betroffenen entsprechen.[841] Allerdings lassen sich aus dieser Resolution keine Verpflichtung für die Mitgliedstaaten ableiten, die Vorgaben der Resolution auch in innerstaatliches Recht umzuwandeln.[842] Dennoch sind in der Vergangenheit einige Staaten diesen Vorgaben gefolgt und haben das Ehemündigkeitsalter auf 18 Jahre angepasst.[843] Allerdings sehen einige europäische Staaten weiterhin eine Dispensmöglichkeit vor.[844]

Auch die EU strebt die Verhinderung von Kinderehen und eine Vermeidung von Früh- und Zwangseheschließungen an.[845] Dabei ist vorgesehen, das Ehemündigkeitsalter auf 18 Jahre festzulegen.[846]

Aufgrund der zuvor dargestellten Entwicklungen ist es zumindest denkbar, dass es zu einem einheitlichen Ehemündigkeitsalter in allen EU-Staaten kommt und das globale Problem somit zumindest von diesen Staaten gemeinsam angegangen wird.

Nach der Gesetzesänderung stellt sich unweigerlich auch die Frage, was das Gesetz zur Bekämpfung von Kinderehen tatsächlich bewirkt hat.

Problematisch ist hierbei bereits, dass die Regierung die Frage nach den Auswirkungen der gesetzlichen Neuregelung in Deutschland nicht beantworten konnte.[847] Auf eine Kleine Anfrage der FDP-Fraktion[848] im Bundestag diesbezüglich teilte das Bundesministerium für Justiz und Verbraucherschutz Folgendes mit: „Der Bundesregierung ist nicht bekannt, ob und gegebenenfalls in wie vielen Fällen nach dem 21. Juli 2017 im Ausland eine Ehe unter Beteiligung einer

---

840 Vgl. Resolution Nr. 1468 aus 2005, abrufbar unter: http://assembly.coe.int/nw/xml/XRef/Xref-XML2HTML-en.asp?fileid=17380.

841 Vgl. Resolution Nr. 1468 aus 2005, abrufbar unter: http://assembly.coe.int/nw/xml/XRef/Xref-XML2HTML-en.asp?fileid=17380.

842 Vgl. *Reuß*, FamRZ 2019, 1, 3.

843 Vgl. *Weller/Thomale/Hategan/Werner*, FamRZ 2018, 1289, 1291.

844 Z.B. ist in Belgien ein gerichtlicher Dispens ohne Altersvorgabe möglich gem. Art. 144, 145 CC Belgien, ebenso auch in Luxemburg gem. Art. 144, 145 CC Luxemburg.

845 https://oeil.secure.europarl.europa.eu/oeil/popups/printficheglobal.pdf?id=688226&l=en.

846 https://oeil.secure.europarl.europa.eu/oeil/popups/printficheglobal.pdf?id=688226&l=en.

847 Vgl. kritisch hierzu: *Menkens*, WELT vom 02.07.2018.

848 Vgl. BT-Drs. 19/2637.

unter 16 Jahre alten Person geschlossen worden ist."[849] Dabei verwies das Bundesministerium darauf, dass eine Evaluierung innerhalb von drei Jahren nach dem Inkrafttreten des Gesetzes erfolgen solle und man dieser Pflicht auch fristgerecht nachkommen werde.[850] Ob das Gesetz seinen dritten Geburtstag tatsächlich erleben wird, ist nach den aktuellen Entwicklungen und der Vorlage an das BVerfG mehr als fraglich. Vielmehr ist zu erwarten, dass es infolge der Entscheidung des BVerfG zur Neufassung des Gesetzes kommen wird.

Zahlen zur Beurteilung der Auswirkungen des Gesetzes kann die Bundesregierung jedenfalls noch nicht vorlegen, stattdessen verwies das Justizministerium in seiner Antwort auf die bisher ergangenen Gerichtsentscheidungen,[851] namentlich die des AG Frankenthal[852] und die des AG Nordhorn[853]. So blieb eine Reihe von Fragen unbeantwortet, mit dem Verweis darauf, dass der Bundesregierung hierzu keine statistischen Angaben vorlägen.[854]

Mangels entsprechender statistischer Erhebungen kann eine zuverlässige Aussage über die tatsächlichen Auswirkungen des Gesetzes zur Bekämpfung von Kinderehen an dieser Stelle nicht getroffen werden. Unbeantwortet bleibt damit auch die Frage, ob die von dem Gesetzgeber angestrebten Ziele durch das Gesetz erreicht oder zumindest gefördert wurden.

849 BT-Drs. 19/3081, S. 2.
850 BT-Drs. 19/3081, S. 2.
851 BT-Drs. 19/3081, S. 3.
852 Vgl. F. IV. 4. a).
853 Vgl. F. IV. 4. c).
854 BT-Drs. 19/3081, S. 4.

H. Eigene gesetzliche Neuregelung

I. Hintergrund

Niemand befürwortet Kinderehen.[855] Die Bekämpfung von Kinderehen ist daher ein gesellschaftspolitisches Ziel, welches zu Recht auch von dem deutschen Gesetzgeber verfolgt wird, dessen Umsetzung durch das Gesetz zur Bekämpfung von Kinderehen wie zuvor dargestellt jedoch einige Schwächen aufweist.[856] Dementsprechend wünschte sich *Coester-Waltjen* bereits in der Stellungnahme zum Gesetzesentwurf: *„[M]öge diesem Gesetz kein langes Leben beschieden sein."*[857]

Tatsächlich hat die gesetzliche Neuregelung einige Defizite. Durch das Gesetz zur Bekämpfung von Kinderehen kommt es zwar dazu, dass im Ausland wirksam geschlossene Ehen unter Beteiligung eines Minderjährigen unter 16 Jahren nichtig und andernfalls aufhebbar sind, allerdings verfehlt der Gesetzgeber mit der Anordnung der Nichtigkeitslösung sein eigenes Ziel, nämlich den Schutz des minderjährigen Ehegatten.[858] Zum einen stehen dem minderjährigen Ehegatten keine Folgeansprüche gegen seinen volljährigen Ehepartner zu, zum anderen erfolgt durch die Anordnung der Nichtehe keine am Kindeswohl orientierte Einzelfallprüfung.

Bereits im Rahmen des Gesetzgebungsverfahrens wurde die fehlende Einzelfallprüfung kritisiert: *„Wir müssen uns einen differenzierten Umgang angewöhnen, weil jede Ehe ein Einzelfall ist und es dafür keine einfache Antwort gibt,"*[859] so *Harald Petzold* von der Partei Die Linke in der ersten Lesung des Gesetzes zur Bekämpfung von Kinderehen. Dem ist bedingungslos zuzustimmen, denn eine Ehe, bei der ein 10-jähriges Mädchen einen 50-jährigen Mann heiratet, weil es die Familie so arrangiert hat, ist nicht mit einer Ehe zu vergleichen, bei der eine 17-Jährige einen 18-Jährigen heiratet.[860]

Tatsächlich verstößt die gesetzliche Neuregelung mangels Einzelfallprüfung nicht nur gegen den Minderjährigenschutz, sondern auch gegen höherrangiges Recht. Im Einzelnen liegt ein Verstoß gegen Art. 6 Abs. 1 GG, Art. 3 Abs. 1 GG, Art. 14 GG sowie Art. 2 Abs. 1 i.V.m. Art. 1 Abs. 1 GG vor. Zudem verstößt das Gesetz zur Bekämpfung von Kinderehen gegen die europäischen

---

855 *Frie,* FamRB 2017, 232, 239.
856 Vgl. so auch *Hüßtege*, FamRZ 2017, 1374, 1380.
857 *Coester-Waltjen,* IPRax 2017, 429, 436.
858 Vgl. *Frie*, FamRB 2017, 232, 239.
859 BT-Drs. 18/232, S. 50.
860 Vgl. *Reuß,* FamRZ 2019, 1, 2.

Freizügigkeitsrechte und Art. 8 EMRK sowie gegen die UN-KRK. Mit der Anordnung der Nichtigkeitslösung ist der Gesetzgeber über das verfolgte Ziel hinausgeschossen.[861] Eine gesetzliche Neuregelung ist daher unumgänglich.[862]

II. Vorüberlegung für eine gesetzliche Neuregelung

In der Literatur wird teilweise vertreten, dass eine Rückkehr zu den alten Regelungen zur Eheschließung unter Beteiligung Minderjähriger angemessen sei.[863] Danach soll auch bei reinen Inlandsfällen wieder eine Dispensmöglichkeit in § 1303 BGB eingeführt werden, wonach eine Eheschließung auch in Deutschland vor der Vollendung des 18. Lebensjahres möglich sein soll.[864] Dies entspreche dem Kindeswillen und der Eheschließungsfreiheit des Minderjährigen, denn wenn dieser reif genug sei, seinen Eheschließungswillen frei zu bilden, gebe es keinen Anlass, ihm die Eheschließung zu versagen.[865] Dagegen ist jedoch einzuwenden, dass bei reinen Inlandsfällen kein Bedürfnis nach einer Eheschließung vor der Vollendung des 18. Lebensjahres besteht.[866] Die Festsetzung des Alters der Ehemündigkeit auf 18 Jahre dient dem Minderjährigenschutz und bewahrt den Minderjährigen bis zur Volljährigkeit vor den aus der Ehe resultierenden Pflichten.[867] Das Volljährigkeitserfordernis entspricht zudem der Kopplung der Geschäftsfähigkeit an die Grundwertungen des Minderjährigenschutzes und der heutigen Einstufung einer Ehe als Vertrag zwischen den Ehegatten.[868] Außerdem entspricht die Erhöhung des Ehemündigkeitsalters Art. 3 Abs. 2 GG, da Frauen typischerweise häufiger von einer frühzeitigen Eheschließung betroffen sind.[869]

Eine gesetzliche Anpassung, die für Rechtssicherheit bei der Verwaltung und den Gerichten sorgt, ist dabei ein berechtigtes Anliegen des Gesetzgebers als Reaktion auf den gesellschaftspolitischen Druck infolge der ansteigenden Zahl

---

861 Vgl. so auch *Coester-Waltjen*, IPRax 2017, 429, 436 und Schwab, FamRZ 2017, 1369, 1373.

862 A.A. *Majer*, NZFam 2019, 659, 662, der dafür plädiert die Schwierigkeiten des Gesetzes durch einen sachangemessen Umgang mit diesem und ggf. durch eine Analogie zu lösen.

863 Vgl. *Reuß*, FamRZ 2019, 1, 9f.

864 Vgl. *Reuß*, FamRZ 2019, 1, 9.

865 Vgl. *Reuß*, FamRZ 2019, 1, 9.

866 Vgl. hierzu ausführlich *Opris*, ZErb 2017, 158, 165.

867 Vgl. *Opris*, ZErb 2017, 158, 165.

868 Vgl. *Weller/Thomale/Hategan/Werner*, FamRZ 2018, 1289, 1298.

869 Vgl. *Weller/Thomale/Hategan/Werner*, FamRZ 2018, 1289, 1298.

von Kinderehen.[870] Es sollte daher nicht mehr zu einer Lösung über den allgemeinen ordre public gem. Art. 6 EGBGB zurückgekehrt werden, da diese im Hinblick auf die Beurteilung einen zu weiten Spielraum lässt. Über die Lösung nach Art. 6 EGBGB hatte sich bis zur gesetzlichen Neuregelung daher auch keine gefestigte Rechtsprechung oder gängige Verwaltungspraxis entwickelt.[871] Aufgrund dessen sollte eine angemessene Regelung gefunden werden, die zum einen dazu geeignet ist, dem Bedürfnis nach Rechtssicherheit Rechnung zu tragen, und zum anderen aber auch eine am Kindeswohl orientierte Einzelfallprüfung zulässt. Es muss durch eine gesetzliche Neuregelung also die Balance zwischen Rechtssicherheit und der Beachtung des Kindeswohls im Einzelfall gefunden werden. Die Grundsätze des deutschen Rechts sollten daher als Leitlinien für den Umgang mit Kinderehen explizit niedergeschrieben werden, so dass nicht auf den allgemeinen ordre public des Art. 6 EGBGB zurückgegriffen werden muss. Dies gilt auch vor dem Hintergrund, dass eine Anwendung des Art. 6 EGBGB nur bei einem hinreichenden Inlandsbezug möglich ist. Dabei ist es nach der h.M. ausreichend, wenn dieser im Zeitpunkt der gerichtlichen Entscheidung vorliegt.[872] Im Hinblick auf den Vertrauensschutz der Ehegatten könnte dies jedoch auch kritisch gesehen und ein Inlandsbezug bereits zum Zeitpunkt der Eheschließung verlangt werden. Jedenfalls müssen bei der Anwendung des Art. 6 EGBGB auch die Umstände im Zeitpunkt der Eheschließung Beachtung finden.[873] Es muss demnach eine gesetzliche Neuregelung geschaffen werden, welche die Rechtssicherheit stärkt, aber gleichzeitig auch das Kindeswohl ausreichend beachtet. In jedem Fall sollte dadurch eine Einzelfallprüfung ermöglicht werden.[874] Daher sollte ein spezieller ordre public für die Behandlung von Kinderehen und deren Anerkennung im EGBGB implementiert werden.

Zu beachten ist hierbei außerdem, dass Aus- und Inlandsfälle auch nicht ohne Weiteres gleichbehandelt werden können, sondern dass vielmehr auf die unterschiedlichen Voraussetzungen eingegangen werden sollte.[875]

---

870 Vgl. *Antomo*, ZRP 2017, 79, 80.

871 So erkannte das OLG Bamberg eine Ehe mit Beteiligung einer 14-Jährigen Syrerin als wirksam an (OLG Bamberg, vom 12.5.2016 – 2 UF 58/16, BeckRS 2016, 9621), während das KG Berlin bei der Eheschließung unter Beteiligung einer 14-Jährigen einen ordre public-Verstoß an (KG Berlin, vom 21.11.2011 – 1 W 79/11, NJOZ 2012, 165).

872 Vgl. *von Hein*, MüKo BGB, Art. 6 EGBGB, Rn. 204.

873 So stellte der BGH in seinem Vorlagebeschluss vom 14.12.2018 (NJW 2019, 65, 68) u.a. darauf ab, dass keine Anhaltspunkte dafür bestehen, dass die Ehefrau im Zeitpunkt der Eheschließung nicht über die erforderliche Reife verfügte.

874 Vgl. *Antomo*, ZRP 2017, 79, 80.

875 Vgl. *Antomo*, ZRP 2017, 79, 81.

An der Volljährigkeitsgrenze zur Beurteilung der Ehemündigkeit sollte nach dem zuvor Gesagten folglich insgesamt festgehalten werden.

1. Aufhebbarkeitslösung bei Inlandsfällen

Diejenigen Ehen, die unter Beteiligung eines Minderjährigen nach Vollendung des 16. Lebensjahres eingegangen werden, sollten entsprechend der aktuellen Rechtslage aufhebbar sein. Durch die Aufhebbarkeitslösung ist sichergestellt, dass dem Minderjährigen Folgeansprüche gegen seinen Ehegatten zustehen können. Zudem kann in diesem Rahmen eine Einzelfallprüfung erfolgen. Bei dieser Einzelfallprüfung sollte das Kindeswohl an erster Stelle berücksichtigt werden. Danach sollte aber auch dem Kindeswillen eine nicht völlig untergeordnete Bedeutung zugemessen werden. Hierbei erscheint es angemessen, die aktuell sehr enge Ausnahmeklausel weiter zu fassen. Insgesamt scheint die Ausnahmeklausel den tatsächlichen Lebensumständen nicht gerecht zu werden, da der Gesetzgeber in seinem Gesetzentwurf Umstände wie „eine schwere und lebensbedrohende Krankheit" oder eine „eine krankheitsbedingte Suizidabsicht" nennt.[876] In der Praxis sollten jedoch auch andere Umstände maßgebend sein, z.B. eine mögliche Schwangerschaft, die Dauer der Ehe, das Verlangen, verheiratet zu bleiben, das Vorhandensein von Kindern oder das Auftreten schwerwiegender familiärer Konflikte infolge der Eheaufhebung.[877]

Nachbesserungsbedarf besteht hierbei vor allem auch im Hinblick auf die Antragstellung.[878] Aufgrund des Gesetzes zur Bekämpfung von Kinderehen steht den Behörden hinsichtlich der Antragstellung keinerlei Ermessen mehr zu. Dies sollte wieder geändert werden,[879] um die Ehegatten vor Verfahren zu schützen, die von vornherein aussichtslos sind. Zudem könnte dadurch ein unnötiger Verfahrensaufwand und eine unnötige Belastung der Gerichte vermieden werden.[880] Daher sollte den Behörden zumindest insoweit ein Ermessensspielraum zugestanden werden, dass sie bei von vornherein aussichtslosen Verfahren auf eine Antragstellung verzichten können.

876 Vgl. *Wapler,* verdikt 2017, 9, 10.
877 *Wapler,* verdikt 2017, 9, 10.
878 Vgl. *Bongartz,* NZFam 2017, 541, 544.
879 So auch *Weller/Thomale/Hategan/Werner,* FamRZ 2018, 1289, 1298, die das fehlende Ermessen und die daraus resultierende Pflicht zur Antragsstellung als verfehlt bezeichnen.
880 Vgl. *Frie,* FamRB 2017, 232, 239.

2. Nichtigkeitslösung bei Inlandsfällen

Aktuell sind die Ehen unter Beteiligung eines noch nicht 16-Jährigen von vornherein als Nichtehe anzusehen. Wie zuvor aufgezeigt, verstößt die Nichtigkeitslösung gegen das deutsche Grundgesetz und das Europarecht. Daher besteht diesbezüglich der größte Änderungsbedarf. Fraglich ist in diesem Zusammenhang jedoch sowohl bei Inlands- als auch bei Auslandssachverhalten, inwieweit an den bisherigen Altersgrenzen hinsichtlich der Anordnung der Aufhebbarkeitslösung festgehalten werden sollte.

In der Literatur wird teilweise empfohlen, die Aufhebbarkeitslösung auf alle Fälle anzuwenden, bei denen die Beteiligten zumindest das 14. Lebensjahr vollendet haben.[881] Dies entspricht auch der in der Literatur vertretenen Altersuntergrenze bzgl. der Beurteilung des ordre public.[882] Die Herabsetzung der Altersgrenze wird dem Minderjährigenschutz gerecht, da dieser durch die Aufhebbarkeitslösung in einem höheren Maße gewährleistet wird. Zum einem stehen dem minderjährigen Ehegatten in diesem Fall Folgeansprüche gegen seinen Ehegatten zu, zum anderen ermöglicht die Aufhebbarkeitslösung eine Einzelfallprüfung. Das Kindeswohl erfordert daher eine Herabsetzung der Altersgrenze. Dies gilt insbesondere auch für Fälle mit Auslandsbezug, da die unterschiedlichen Gegebenheiten berücksichtigt werden müssen und dies nur im Rahmen der Einzelfallprüfung möglich ist. Zudem entspricht diese Altersgrenze auch der Festsetzung im deutschen Sexualstrafrecht, in dem die Altersgrenze gem. § 176 StGB auf 14 Jahre festgesetzt wird.[883] Da auch das sexuelle Selbstbestimmungsrecht des minderjährigen Ehegatten geschützt werden soll, erscheint es angemessen, die Altersgrenzen einheitlich festzulegen. Die Aufhebbarkeitslösung sollte daher auf alle Fälle Anwendung finden, in denen der Ehegatte das 14. Lebensjahr bereits vollendet hat. Von der aktuellen Grenze von 16 Jahren bzgl. der Anwendbarkeit der Aufhebbarkeitslösung ist Abstand zu nehmen.[884] Dagegen könnte jedoch sprechen, dass dann auch die Ehen unter Beteiligung sehr junger Kinder, z.B. eines 10-Jährigen, lediglich aufhebbar und bis zur Aufhebung vollwirksam wären.[885] Eine solche Ehe widerspräche jedoch

---

881 Vgl. *Antomo,* ZRP 2017, 79, 82.

882 Vgl. hierzu bereits C. II. 1. b).

883 Vgl. *von Hein,* in: MüKo BGB, Art. 6 EGBGB, Rn. 259.

884 Vgl. *Reuß,* FamRZ 2019, 1, 9 sowie *Frie,* FamRB 2017, 232, 239.

885 In der Praxis de lege lata nicht vorstellbar, dass eine Eheschließung im Inland mit einem solch jungen Kind erfolgt, da der Standesbeamte das Vorliegen der Eheschließungsvoraussetzungen zu prüfen hat und kaum von der Volljährigkeit der Beteiligten in diesem Fall ausgehen würde.

den Grundsätzen des deutschen Rechts, was gegen eine Ausweitung der Aufhebbarkeitslösung spricht. Dafür wiederum spricht, dass auf diesem Wege dem Minderjährigen über § 1318 BGB Folgeansprüche gegen den Ehegatten zustehen könnten und eine Einzelfallprüfung des Sachverhalts erfolgen könnte. Außerdem spricht für die Anwendung der Aufhebbarkeitslösung auch in diesen Fällen, dass das BGB die Nichtigkeit eines Rechtsgeschäft nur in speziellen Ausnahmefällen kennt und grundsätzlich bei Mängeln bei der Eheschließung die Aufhebbarkeit der Ehe anordnet.[886] Nach der Systematik des deutschen Gesetzgebers stellt die Nichtigkeit als Rechtsfolge die Ultima Ratio dar, wobei sogar die Willenserklärungen zunächst wirksam sind, die aufgrund einer Täuschung oder durch Drohung zustande gekommen sind.[887] Gegen die Anwendung der Aufhebbarkeitslösung spricht jedoch wiederum das Kindeswohl, da eine Ehe mit einem Minderjährigen, der das 14. Lebensjahr noch nicht vollendet hat, wohl grundsätzlich als kindeswohlwidrig angesehen werden muss.[888] Aufgrund dessen ist der Staat gerade verpflichtet, solche Verbindungen zu verhindern.[889] Allerdings ist auch in diesem Zusammenhang zu gewährleisten, dass der Minderjährige letztendlich nicht ohne Folgeansprüche gegen den vermeintlichen Ehegatten dasteht, sondern ausreichend geschützt wird. Gerade wenn eine Eheschließung in einem so jungen Alter erfolgt, ist davon auszugehen, dass der Minderjährige wirtschaftlich von dem volljährigen Partner abhängig ist. Daher sollte bzgl. möglicher Folgeansprüche entweder § 1318 BGB derart angepasst werden, dass er auch eine solche unwirksame Ehe erfasst, oder aber eine entsprechende neue Norm diesbezüglich im BGB oder im EGBGB verankert werden. Nur so würde der Gesetzgeber dem staatlichen Schutzauftrag gegenüber dem minderjährigen Ehegatten gerecht. Allerdings betont auch der BGH in seinem Vorlagebeschluss an das BVerfG, dass in jedem Fall eine am Kindeswohl orientierte Einzelfallprüfung erfolgen müsse. Wird an der Nichtigkeitslösung festgehalten, ist eine solche Einzelfallprüfung nicht möglich. Das Erfordernis einer Einzelfallprüfung spricht daher ebenfalls für die Anwendung der Aufhebbarkeitslösung.

Ein weiterer Vorteil der Aufhebbarkeitslösung ist, dass es durch ihre Anwendung gerade nicht dazu kommen kann, dass eine vermeintlich wirksame Ehe unbemerkt ein rechtliches Nullum darstellt, aus dem keine Rechtsfolgen erwachsen. Im Rahmen des Aufhebungsverfahrens erhalten die Betroffenen

---

886 Vgl. *Antomo,* NJW 2016, 3558, 3563 sowie *Bongartz,* NZFam 2017, 541, 543.
887 Vgl. *Weller/Thomale/Hategan/Werner*, FamRZ 2018, 1289, 1294.
888 Vgl. *Antomo*, NZFam 2016, 1155, 1161.
889 Vgl. *Antomo,* NZFam 2016, 1155, 116

unvermeidbar Kenntnis von der Wirksamkeit bzw. der Aufhebung ihrer Ehe. Auch dieses Argument spricht für die Anwendung der Aufhebbarkeitslösung auf diese Sachverhalte.[890]

Aus den genannten Gründen sollte die Aufhebbarkeitslösung bei Inlandssachverhalten bei allen Eheschließungen zur Anwendung kommen, bei denen ein Minderjähriger beteiligt war. Allerdings ist gerade bei Eheschließungen unter Beteiligung eines unter 14-Jährigen ein zügiges Verfahren durchzuführen, um entsprechend schnell zu einer dem Kindeswohl entsprechenden Entscheidung zu kommen. Andernfalls könnte es passieren, dass der Minderjährige über einen langen Zeitraum in einer kindeswohlwidrigen Ehe verheiratet ist.

3. Aufhebbarkeitslösung bei Sachverhalten mit Auslandsbezug

In Bezug auf ausländische Ehen unter Beteiligung eines Minderjährigen, der bereits das 16., nicht aber das 18. Lebensjahr vollendet hat, sollte an der Aufhebbarkeitslösung in jedem Fall festgehalten werden. Hierbei gilt das zuvor zu reinen Inlandssachverhalten Gesagte. Insbesondere besteht Änderungsbedarf hinsichtlich der Ausnahmeklausel, die gerade im Hinblick auf Sachverhalte mit Auslandsbezug zu eng gefasst wurde. Damit wurde zwar ein klares politisches Zeichen gegen Kinderehen gesetzt, der Realität wird diese Klausel dabei jedoch nicht gerecht.

Zudem gilt das bzgl. der Altersgrenzen Gesagte. Die Aufhebbarkeitslösung sollte daher auf alle Eheschließungen angewendet werden, bei denen der minderjährige Ehegatte das 14. Lebensjahr vollendet hat.[891]

4. Änderung der Nichtigkeitslösung bei Ehen mit Auslandsbezug

In Bezug auf ausländische Ehen unter Beteiligung eines Minderjährigen, der das 14. Lebensjahr noch nicht vollendet hat, bedarf es einer Neuregelung. Hierbei ist von der aktuell geltenden Nichtigkeitslösung Abstand zu nehmen. Die Nichtigkeitslösung dient nicht dem Minderjährigenschutz, sondern kann die minderjährigen Ehegatten vielmehr in persönliche sowie wirtschaftliche Notlagen bringen.[892]

Weller/Thomale/Hategan/Werner bezeichnen die Nichtigkeitslösung sogar als „systemwidrigen Anachronismus“ und schlagen eine Rechtsfortbildung derart

---

890 Vgl. *Bongartz,* NZFam 2017, 541, 545.

891 Zu den Altersgrenzen i.R.d. Art. 6 GG unter F. I. 1. d).

892 Vgl. *Wapler,* verdikt 2017, 9, 10.

vor, dass § 1318 BGB analog anzuwenden ist und dem Minderjährigen auf diesem Wege Folgeansprüche zugestanden werden.[893] Eine Analogie kommt jedoch nur dann in Betracht, wenn eine planwidrige Regelungslücke besteht. Eine solche ist vorliegend jedoch gerade nicht gegeben.[894] *Frie* plädiert dafür, Einzelfallentscheidungen wieder über Art. 6 EGBGB und dem darin enthaltenen ordre public vorzunehmen und die bereits vorhandenen Regelungen zur Beurteilung ausländischer Ehen nicht noch weiter zu verkomplizieren.[895] Dagegen spricht jedoch, dass die Rechtslage vor Inkrafttreten des Gesetzes zur Bekämpfung von Kinderehen gerade eine solche Einzelfallentscheidung über Art. 6 EGBGB vorsah und dadurch weder eine einheitliche Rechtsprechung noch eine einheitliche Verwaltungspraxis entstand. Daher sollte den Gerichten ein engerer Spielraum vorgegeben werden als über die Anwendung des allgemeinen ordre public des Art. 6 EGBGB. Zu denken ist hierbei an eine entsprechende Regelung zur Anerkennung ausländischer Entscheidungen, wonach eine Ehe unter Beteiligung eines unter 14-Jährigen grundsätzlich als unwirksam einzustufen ist, es sei denn, es liegen bestimmte Anerkennungsgründe vor, die ausnahmsweise eine Anerkennung der Ehe gebieten.

Von dem Begriff der Nichtehe sollte in diesem Zusammenhang wieder Abstand genommen und stattdessen die Begrifflichkeit der unwirksamen Ehe verwendet werden.[896] Denn während aus einer Nichtehe keinerlei Rechtswirkung erwächst,[897] können sich solche im Rahmen einer unwirksamen Ehe ergeben.[898] Bisher kennt das deutsche Recht die Nichtehe (z.B. bei einer Eheschließung ohne Mitwirkung eines Standesbeamten) und die aufhebbare Ehe; mit der Qualifikation als unwirksame Ehe käme hier eine weitere Kategorie hinzu.[899]

Bei der Ausgestaltung der Anerkennungslösung könnte man sich hierbei z.B. an den Regelungen zur Anerkennung ausländischer Urteile nach der EuEheVO[900] orientieren, wonach eine solche Entscheidung anzuerkennen ist, wenn nicht bestimmte Anerkennungsversagungsgründe vorliegen.

---

893 Vgl. *Weller/Thomale/Hategan/Werner*, FamRZ 2018, 1289, 1298.
894 Vgl. C. I. 4.
895 Vgl. *Frie,* FamRB 2017, 232, 239 so auch die Kinderrechtskommission des Deutschen Familiengerichtstags e.V., FamRZ 2017, 77, 80, Berichterstattung durch Coester.
896 Vgl. zur Problematik der Begrifflichkeiten *Majer*, NZFam 2017, 537, 539.
897 Vgl. *Wellenhofer*, in: MüKo BGB, § 1310, Rn. 28.
898 Vgl. *Majer*, NZFam 2017, 537, 539.
899 Vgl. *Majer*, NZFam 2017, 537, 539.
900 Vgl. Art. 21 ff. EuEheVO.

Vor der gesetzlichen Neuregelung war es grundsätzlich der Fall, dass eine im Ausland wirksam geschlossene Ehe auch im Inland als wirksam anerkannt und nur im Ausnahmefall die Anerkennung aufgrund des ordre public gem. Art. 6 EGBGB versagt wurde.[901] Dieses Regel-Ausnahme-Verhältnis sollte man bei einer gesetzlichen Neuregelung umkehren, so dass eine Ehe unter Beteiligung eines Minderjährigen, der das 14. Lebensjahr im Zeitpunkt der Eheschließung noch nicht vollendet hatte, grundsätzlich als unwirksam eingestuft und nur ausnahmsweise im Inland anerkannt wird, wenn dies aufgrund bestimmter Voraussetzungen geboten erscheint. Als Voraussetzung könnte man z.B. auf das Alter im Zeitpunkt der Antragstellung abstellen, anstatt ausschließlich dem Alter im Zeitpunkt der Eheschließung Bedeutung zuzumessen. So erscheint es unangemessen, eine Ehe als unwirksam zu qualifizieren, weil einer der Ehegatten bei der Eheschließung 13 Jahre alt war, wenn dieser mittlerweile das 18. Lebensjahr vollendet hat und aufgrund seines eigenen freien Willens die Ehe fortsetzen will. Bislang war es für diese Ehen ohne Belang, wenn der minderjährige Ehegatte nach dem Erreichen der Volljährigkeit zu erkennen gab, dass er die Ehe fortführen wolle. Eine Heilungsmöglichkeit bestand gerade nicht, was *Rohe* als restlos missglückt bezeichnet.[902] Dem ist zuzustimmen.[903] Leben die Ehegatten jahrelang in einer vermeintlichen Ehe in Unkenntnis über deren Unwirksamkeit, ist kein Grund ersichtlich, warum eine solche Verbindung nicht ebenfalls mit dem Erreichen der Volljährigkeit bestätigt werden kann. Ist eine Person volljährig, so sollte ihre Meinung/Entscheidung ausschlaggebend sein.[904] Ebenso sollte eine Anerkennung der Ehe stets dann erfolgen, wenn dies dem Kindeswohl des minderjährigen Ehegatten entspricht. Hierbei ist eine Gesamtabwägung der Lebensumstände vorzunehmen.

Es sollte also eine Anerkennungslösung hinsichtlich dieser Ehen implementiert werden, wonach eine Ehe mit der Beteiligung eines unter 14-Jährigen im Inland grundsätzlich als unwirksam eingestuft wird, es sei denn, es liegen bestimmte Anerkennungsgründe vor, die im Sinne des Kindeswohls eine Anerkennung dieser Ehe erfordern, und das 14. Lebensjahr in der Zwischenzeit vollendet wurde. So könnte verhindert werden, dass entgegen den deutschen Grundsätzen eine Ehe unter Beteiligung eines unter 14-Jährigen als wirksam anerkannt wird, und gleichzeitig wäre auch in diesen Fällen der Zeitpunkt des gerichtlichen Verfahrens entscheidend, so dass zwischenzeitlich eingetretene

901 Vgl. *Antomo,* ZRP 2017, 79, 80.

902 Vgl. *Rohe,* StAZ 2018, 73, 78.

903 Vgl. *von Hein,* in: MüKo BGB, Art. 6 EGBGB, Rn. 259.

904 Vgl. *Wapler,* verdikt 2017, 9, 10.

Veränderungen berücksichtigt werden könnten. Zudem wäre zur Entscheidung über die Anerkennung stets ein gerichtliches Verfahren und damit die Kenntnisnahme der Ehegatten von der Unwirksamkeit der Ehe notwendig.

Dabei sollte bis zur gerichtlichen Unwirksamkeitserklärung die Ehe als wirksam gelten und im Anschluss an die Versagung der Anerkennung auf die Scheidungsfolgen verwiesen werden, entsprechend der Vorschrift des § 1318 BGB. Nur so könnten den Betroffenen Folgeansprüche zugestanden werden. Zudem würde diese Lösung dem Erfordernis einer am Kindeswohl orientierten Einzelfallentscheidung gerecht. Nur wenn eine Einzelfallprüfung vorgenommen würde, könnte im jeweiligen Einzelfall auch tatsächlich eine Entscheidung im Sinne des Kindeswohl getroffen werden.[905] Man würde somit zumindest insoweit zur alten Regelung zurückkehren, als die Anerkennung einer ausländischen Ehe im gerichtlichen Verfahren erfolgen würde, wobei man durch die Anerkennungsregelung einen speziellen ordre public schaffen könnte.

Hinsichtlich möglicher Folgeansprüche sollten die nicht anerkannten Ehen, aufhebbaren Ehen gleichgestellt werden. Dies erfordert der Minderjährigenschutz.

Aufgrund des erforderlichen gerichtlichen Verfahrens hinsichtlich der Anerkennung einer solchen Ehe könnte es zudem nicht mehr passieren, dass eine Ehe unbemerkt mit Grenzübertritt unwirksam wird. Stattdessen könnten die Ehegatten aufgrund ihrer Kenntnis der Unwirksamkeit weitere erforderliche Schritte einleiten (z.B. eine Vaterschaftsanerkennung).

5. Streichung des minderjährigen Ehegatten aus dem BGB

Im Rahmen der Gesetzesänderung zur Bekämpfung von Kinderehen wurde der minderjährige Ehegatte aus dem BGB verbannt.

Diese Anordnung erscheint voreilig,[906] da es, wie dargestellt, auch nach der erfolgten Gesetzesänderung weiterhin einen minderjährigen Verlobten geben kann.[907] Dass diesem die Möglichkeit des Abschlusses eines Ehe- bzw. Erbvertrags versagt wird, ist unverständlich. Auch wenn es keinen minderjährigen Ehegatten mehr geben soll, besteht demnach ein Bedürfnis, dem minderjährigen Verlobten den Abschluss eines solchen Vertrags zu ermöglichen.

Auch die Streichung des § 1633 BGB hinsichtlich des Sorgerechts bzgl. minderjähriger Ehegatten scheint nicht durchdacht. Denn auch nach der aktuellen

---

905 Vgl. *Wapler*, verdikt 2017, 9, 10.

906 Vgl. *Frie*, FamRB 2017, 232, 239.

907 E. II. 1. und 2.

Gesetzeslage kann es minderjährige Ehegatten geben, die in einer zwar aufhebbaren, aber wirksamen Ehe leben. Haben diese Ehegatten keinen weiteren Sorgeberechtigten, wird das Sorgerecht auf einen durch den Staat eingesetzten Vormund übertragen, der wiederum für eine Trennung der Ehegatten sorgen kann und den minderjährigen Ehegatten in die Obhut des Jugendamtes oder einer Pflegefamilie überbringen darf.[908] Kommt es aufgrund dessen zur Trennung von Mann und Frau, stellt dies wiederum eine Verletzung des Art. 6 Abs. 1 GG dar, da die Ehegatten an ihrem ehelichen Zusammenleben gehindert werden.[909] Daher besteht auch in diesem Zusammenhang Nachbesserungsbedarf.

6. Fazit

Im Hinblick auf die Aufhebbarkeitslösung sind nur kleinere Anpassungen an der Ausnahmeklausel vorzunehmen, die das Kindeswohl weiter in den Vordergrund rücken. Zudem sollte diesbezüglich die Altersgrenze herabgesetzt werden, so dass alle Ehen aufhebbar sind, bei denen der Minderjährige im Zeitpunkt der Eheschließung zumindest das 14. Lebensjahr vollendet hat.

Bzgl. einer Eheschließung eines unter 14-Jährigen im Ausland ist eine Anerkennungslösung zu implementieren, wonach eine solche Ehe im Inland grundsätzlich als unwirksam eingestuft wird – wobei diese Bewertung allein einem Gericht obliegt, so dass die Ehe nicht mit Grenzübertritt automatisch unwirksam wird. Es muss einem Gericht zudem zugestanden werden, eine Anerkennung einer solchen Ehe vorzunehmen, z.B. dann, wenn ein Minderjähriger im Alter von 13 Jahren die Ehe nach der ausländischen Rechtsordnung wirksam geschlossen hat und mit 18 Jahren zu erkennen gibt, die Ehe weiterhin fortführen zu wollen.

Zudem sind dem minderjährigen Ehegatten im Falle der Qualifikation als unwirksame Ehe Folgeansprüche wie z.B. ein Unterhaltsanspruch oder ein Anspruch auf einen Zugewinnausgleich zuzugestehen. Im Falle einer aufhebbaren Ehe wurde dies bisher über § 1318 BGB gewährleistet, während es für nichtige Ehen eine solche Regelung bzgl. möglicher Folgeansprüche nicht gab. Dies ist zu ändern, so dass der minderjährige, bedürftige Ehegatte die Möglichkeit erhält, gegen seinen volljährigen Ehegatten z.B. Unterhaltsansprüche oder güterrechtliche Ausgleichsansprüche geltend zu machen, und zwar auch dann, wenn die Ehe aus deutscher Sicht unwirksam ist. Es würde also auch in wirtschaftlicher Hinsicht ein Schutz des Minderjährigen erfolgen.

---

908 Vgl. *Opris*, ZErb 2017, 158, 164.
909 Vgl. *Opris*, ZErb 2017, 158, 164.

Zudem wäre im Rahmen der Anerkennungslösung eine Einzelfallprüfung möglich, so dass dem Kindeswohl selbst in diesen Konstellationen eine besondere Bedeutung zugemessen werden könnte. Daneben würde auch dem Vertrauensschutz der Ehegatten, die nach der ausländischen Rechtsordnung wirksam verheiratet sind, ausreichend Rechnung getragen.

Des Weiteren sollte das Eheschließungsstatut in Art. 13 Abs. 1 EGBGB dahingehend angepasst werden, dass die Anknüpfung nicht mehr an das Heimatrecht der Verlobten erfolgt, sondern an das Recht des Staates des gewöhnlichen Aufenthalts. Zu dieser Rechtsordnung besteht meist eine engere Beziehung, zudem entspricht dies auch dem internationalen Einklang. Denn gerade in den neueren Verordnungen wird einheitlich vorrangig an das Recht des gewöhnlichen Aufenthalts angeknüpft.[910]

III. Gesetzentwurf

Wie zuvor dargestellt, bedarf es einer gesetzlichen Neuregelung. Neben einer Änderung des BGB ist auch eine korrespondierende Anpassung/Änderung des EGBGB erforderlich. Die Gesetzesänderung sollte dabei wie folgt erfolgen:

1. Änderung des § 1303 BGB

§ 1303 BGB sollte derart geändert werden, dass der zweite Satz des § 1303 BGB gestrichen wird:

§ 1303 Ehemündigkeit

Eine Ehe darf nicht vor Eintritt der Volljährigkeit eingegangen werden.

2. Änderung des § 1314 BGB

§ 1314 Abs. 1 Nr. 1 BGB wird so geändert, dass jede Ehe, die entgegen § 1303 BGB mit einem Minderjährigen eingegangen wird, aufhebbar ist:

§ 1314 Aufhebungsgründe

(1) Eine Ehe kann aufgehoben werden, wenn sie
  1. ***entgegen § 1303 mit einem Minderjährigen geschlossen worden ist;***
  2. entgegen den §§ 1304, 1306, 1307, 1311 geschlossen worden ist.

910 Vgl. z.B. Art. 21 EuErbVO.

3. Änderung des § 1315 BGB

§ 1315 BGB wird dahingehend angepasst, dass die Ausschlussgründe alle Ehen unter Beteiligung eines Minderjährigen erfassen und eine Aufhebung ausgeschlossen ist, wenn der minderjährige Ehegatte nach Vollendung des 18. Lebensjahres die Ehe bestätigt hat oder wenn die Aufhebung dem Kindeswohl des minderjährigen Ehegatten widerspricht:

§ 1315 Ausschluss der Aufhebung

(1) Eine Aufhebung der Ehe ist ausgeschlossen

1. bei Verstoß gegen § 1303, wenn

a) der minderjährige Ehegatte, nachdem er volljährig geworden ist, zu erkennen gegeben hat, dass er die Ehe fortsetzen will (Bestätigung), oder

b) die Aufhebung der Ehe dem Kindeswohl des minderjährigen Ehegatten widerspricht, so dass die Aufrechterhaltung der Ehe geboten erscheint;

4. Änderung des § 1316 BGB

§ 1316 Abs. 3 BGB wird dahingehend geändert, dass der Verwaltungsbehörde hinsichtlich der Antragstellung ein Beurteilungsspielraum zugestanden wird:

§ 1316 Antragsberechtigung

(3) Bei Verstoß gegen die §§ 1303, 1304, 1306, 1307 sowie in den Fällen des § 1314 Abs. 2 Nr. 1 und 5 soll die zuständige Verwaltungsbehörde den Antrag stellen, wenn die Aufhebung der Ehe für einen Ehegatten oder für die aus der Ehe hervorgegangenen Kinder nicht eine schwere Härte darstellen würde, so dass die Aufrechterhaltung der Ehe ausnahmsweise geboten erscheint, oder im Falle des § 1303 BGB der minderjährige Ehegatte nach dem Erreichen der Volljährigkeit nicht zu erkennen gegeben hat, dass er an der Ehe festhalten will.

5. Änderung des § 1318 BGB

§ 1318 BGB ist dahingehend anzupassen, dass der minderjährige Ehegatte vor Unterhaltsansprüchen seines volljährigen Ehegatten geschützt wird:

§ 1318 Folgen der Aufhebung

(1) Die Folgen der Aufhebung einer Ehe bestimmen sich nur in den nachfolgend genannten Fällen nach den Vorschriften über die Scheidung.

(2) Die §§ 1569 bis 1586b finden entsprechende Anwendung

1. zugunsten des minderjährigen Ehegatten bei einem Verstoß gegen § 1303;

6. Änderung des § 1411 BGB

In § 1411 BGB wird für Minderjährige wieder die Möglichkeit verankert, einen wirksamen Ehevertrag abzuschließen. § 1411 BGB ist daher wieder auf den Stand von vor der Gesetzesreform zurückzusetzen:

§ 1411 BGB Eheverträge beschränkt Geschäftsfähiger und Geschäftsunfähiger

(1) Wer in der Geschäftsfähigkeit beschränkt ist, kann einen Ehevertrag nur mit Zustimmung seines gesetzlichen Vertreters schließen. Dies gilt auch für einen Betreuten, soweit für diese Angelegenheit ein Einwilligungsvorbehalt angeordnet ist. Ist der gesetzliche Vertreter ein Vormund oder Betreuer, so ist außer der Zustimmung des gesetzlichen Vertreters die Genehmigung des Vormundschaftsgerichts erforderlich, wenn der Ausgleich des Zugewinns ausgeschlossen oder eingeschränkt oder wenn Gütergemeinschaft vereinbart oder aufgehoben wird. Der gesetzliche Vertreter kann für einen in der Geschäftsfähigkeit beschränkten Ehegatten oder einen geschäftsfähigen Betreuten keinen Ehevertrag schließen.

7. Änderung des § 2275 BGB

Auch § 2275 BGB ist wieder auf den Stand von vor der gesetzlichen Neuregelung zu bringen, so dass auch einem minderjährigen Ehegatten bzw. einem minderjährigen Verlobten der Abschluss eines Erbvertrags möglich ist:

§ 2275 Voraussetzungen Erbvertrag

(1) Einen Erbvertrag kann als Erblasser nur schließen, wer unbeschränkt geschäftsfähig ist.

(2) Ein Ehegatte kann als Erblasser mit seinem Ehegatten einen Erbvertrag schließen, auch wenn er in der Geschäftsfähigkeit beschränkt ist. Er bedarf in diesem Falle der Zustimmung seines gesetzlichen Vertreters; ist der gesetzliche Vertreter ein Vormund, so ist auch die Genehmigung des Vormundschaftsgerichts erforderlich.

(3) Die Vorschriften des Absatzes 2 gelten auch für Verlobte.

8. Änderung der §§ 1602 ff. BGB

Die Unterhaltsregelungen der §§ 1602 ff. BGB sind wieder entsprechend der alten, bis zum 22.07.2017 geltenden Fassung anzupassen, so dass gegenüber minderjährigen verheirateten Kindern nur eine beschränkte Unterhaltspflicht der Eltern besteht. Die durch das Gesetz zur Bekämpfung von Kinderehen vorgenommene Streichung des Wortes „unverheiratet“ in den entsprechenden Normen wird rückgängig gemacht.

§ 1602 Bedürftigkeit

(2) *Ein minderjähriges* ***unverheiratetes*** *Kind kann von seinen Eltern, auch wenn es Vermögen hat, die Gewährung des Unterhalts insoweit verlangen, als die Einkünfte seines Vermögens und der Ertrag seiner Arbeit zum Unterhalte nicht ausreichen.*

§ 1603 Leistungsfähigkeit

(2) *Befinden sich Eltern in dieser Lage, so sind sie ihren minderjährigen* ***unverheirateten*** *Kindern gegenüber verpflichtet, alle verfügbaren Mittel zu ihrem und der Kinder Unterhalt gleichmäßig zu verwenden. Den minderjährigen unverheirateten Kindern stehen volljährige unverheiratete Kinder bis zur Vollendung des 21. Lebensjahres gleich, solange sie im Haushalt der Eltern oder eines Elternteils leben und sich in der allgemeinen Schulausbildung befinden. Diese Verpflichtung tritt nicht ein, wenn ein anderer unterhaltspflichtiger Verwandter vorhanden ist; sie tritt auch nicht ein gegenüber einem Kind, dessen Unterhalt aus dem Stamm seines Vermögens bestritten werden kann.*

§ 1606 Rangverhältnisse mehrerer Pflichtiger

(3) *Mehrere gleich nahe Verwandte haften anteilig nach ihren Erwerbs- und Vermögensverhältnissen. Der Elternteil, der ein minderjähriges* ***unverheiratetes*** *Kind betreut, erfüllt seine Verpflichtung, zum Unterhalt des Kindes beizutragen, in der Regel durch die Pflege und die Erziehung des Kindes.*

§ 1609 Rangfolge mehrerer Unterhaltsberechtigter

Sind mehrere Unterhaltsberechtigte vorhanden und ist der Unterhaltspflichtige außerstande, allen Unterhalt zu gewähren, gilt folgende Rangfolge:

1. *minderjährige* ***unverheiratete*** *Kinder und Kinder im Sinne des § 1603 Abs. 2 Satz 2,*

§ 1611 Beschränkung oder Wegfall der Verpflichtung

(2) *Die Vorschriften des Absatzes 1 sind auf die Unterhaltspflicht von Eltern gegenüber ihren minderjährigen* ***unverheirateten*** *Kindern nicht anzuwenden.*

§ 1649 Verwendung der Einkünfte des Kindesvermögens

(2) Die Eltern können die Einkünfte des Vermögens, die zur ordnungsmäßigen Verwaltung des Vermögens und für den Unterhalt des Kindes nicht benötigt werden, für ihren eigenen Unterhalt und für den Unterhalt der minderjährigen ***unverheirateten*** *Geschwister des Kindes verwenden, soweit dies unter Berücksichtigung der Vermögens- und Erwerbsverhältnisse der Beteiligten der Billigkeit entspricht.*

9. Wiedereinführung des § 1633 BGB

§ 1633 BGB wurde im Rahmen der Gesetzgebung zur Bekämpfung von Kinderehen gestrichen. Allerdings ist eine Regelung des Sorgerechts erforderlich. Daher ist § 1633 BGB wie folgt wieder einzuführen:

§ 1633 Personensorge für einen verheirateten Minderjährigen

Die Personensorge für einen Minderjährigen, der verheiratet ist, beschränkt sich auf die Vertretung in den persönlichen Angelegenheiten.

10. Änderung des Art. 13 EGBGB

Art. 13 EGBGB wird derart angepasst, dass Abs. 1 auf den gewöhnlichen Aufenthalt und nicht mehr auf die Staatsangehörigkeit abstellt. Abs. 3 wird neu gefasst, so dass die Anerkennungslösung implementiert wird. Abs. 2 und 4 bleiben unverändert:

Art. 13 Eheschließung

(1) Die Voraussetzungen der Eheschließung unterliegen für jeden Verlobten dem Recht des Staates, in dem er seinen gewöhnlichen Aufenthalt zum Zeitpunkt der Eheschließung hat.

(3) Unterliegt die Ehemündigkeit eines Verlobten nach Absatz 1 ausländischem Recht, ist die Ehe

1. im Rahmen eines gerichtlichen Verfahrens als unwirksam zu qualifizieren, wenn der Verlobte im Zeitpunkt der Eheschließung das 14. Lebensjahr nicht vollendet hatte und kein Anerkennungs- oder Heilungsgrund nach Art. 13a EGBGB vorliegt,
und

2. nach deutschem Recht aufhebbar, wenn der Verlobte im Zeitpunkt der Eheschließung das 14., aber nicht das 18. Lebensjahr vollendet hatte.

11. Neueinführung eines Art. 13a EGBGB Heilungs- und Anerkennungsgründe

Entsprechend dem geänderten Art. 13 Abs. 3 Nr. 1 EGBGB muss eine eigene Norm bzgl. der Heilungs- und Anerkennungsgründe hinsichtlich einer Ehe unter Beteiligung eines unter 14-Jährigen implementiert werden:

Art. 13a EGBGB Heilungs- und Anerkennungsgründe

(1) Eine Ehe, die mit einem Verlobten geschlossen wurde, der das 14. Lebensjahr im Zeitpunkt der Eheschließung noch nicht vollendet hatte, ist geheilt, wenn der ehemals Minderjährige im Zeitpunkt der Antragstellung bei Gericht das 18. Lebensjahr vollendet hat und zu erkennen gibt, dass er die Ehe fortführen will.

(2) Eine Ehe, die mit einem Verlobten geschlossen wurde, der das 14. Lebensjahr noch nicht vollendet hatte, ist ausnahmsweise als wirksam anzuerkennen, wenn

a) die Anerkennung der Wirksamkeit der Ehe dem Kindeswohl und Kindeswillen entspricht und zusätzlich

b) der Ehegatte, der im Zeitpunkt der Eheschließung das 14. Lebensjahr noch nicht vollendet hatte, im Zeitpunkt des gerichtlichen Anerkennungsverfahrens zumindest das 14. Lebensjahr vollendet hat. Andernfalls widerspricht die Annahme einer wirksamen Ehe den Grundsätzen des deutschen Rechts, so dass eine solche Verbindung als unwirksam zu qualifizieren ist.

(3) Wird die Ehe nicht als wirksam anerkannt, finden zur Beurteilung von Folgeansprüchen die Regelungen hinsichtlich aufhebbarer Ehen entsprechend Anwendung.

12. Änderung des Art. 229 § 44 EGBGB

Die Überleitungsvorschrift des Art. 229 § 44 EGBGB wird derart angepasst, dass dieser nur noch die inländischen Altfälle sowie diejenigen Fälle erfasst, in denen die Ehe aufgrund des Gesetzes zur Bekämpfung von Kinderehen als unwirksam zu qualifizieren war. Die weiteren Absätze werden gestrichen.

Art. 229 § 44 EGBGB

(1) Die Aufhebung einer Ehe wegen eines Verstoßes gegen § 1303 des Bürgerlichen Gesetzbuchs ist ausgeschlossen, wenn sie nach Befreiung vom Erfordernis der Volljährigkeit nach § 1303 Absatz 2 bis 4 des Bürgerlichen Gesetzbuchs in der

bis zum 21. Juli 2017 geltenden Fassung und vor dem 22. Juli 2017 geschlossen worden ist.

(2) Art. 13 und Art. 13 a EGBGB sind auch auf die Ehen anwendbar, die nach dem Gesetz zur Bekämpfung von Kinderehen als unwirksam anzusehen waren. Die Ehegatten sind berechtigt, ein Feststellungsverfahren hinsichtlich der Wirksamkeit ihrer Ehe einzuleiten.

13. Ergänzung des FamFG

Im FamFG wird ein neuer § 98a eingeführt zur Regelung der Antragstellung hinsichtlich der Sachverhalte mit Auslandsbezug eingeführt. Dieser wird anhand des Beispiels der Regelung des § 1316 BGB gefasst:

(1) Antragsberechtigt sind bei Verstoß gegen Art. 13 Abs. 3 EGBGB jeder Ehegatte und die zuständige Verwaltungsbehörde. Die zuständige Verwaltungsbehörde ist diejenige, die nach § 1316 Abs. 1 BGB durch Rechtsverordnung der Landesregierungen ermächtigt wird.

(2) Bei einem Verstoß gegen Art. 13 Abs. 3 EGBGB kann ein minderjähriger Ehegatte den Antrag nur selbst stellen; er bedarf dazu nicht der Zustimmung seines gesetzlichen Vertreters.

(3) Die zuständige Verwaltungsbehörde muss den Antrag stellen, wenn Art. 13 Abs. 3 Nr. 1 EGBGB einschlägig ist und keine Heilung der Ehe eingetreten ist.

(4) Die zuständige Verwaltungsbehörde soll den Antrag stellen, wenn Art. 13 Abs. 3 Nr. 2 EGBGB einschlägig ist.

14. Änderung des SGB VIII

§ 42a Abs. 1 SGB VIII wird dahingehend geändert, dass nur diejenigen verheirateten minderjährigen Ehegatten in Obhut genommen werden können, die zu diesem Zeitpunkt das 14. Lebensjahr noch nicht vollendet haben:

§ 42a Vorläufige Inobhutnahme von ausländischen Kindern und Jugendlichen nach unbegleiteter Einreise

(1) Das Jugendamt ist berechtigt und verpflichtet, ein ausländisches Kind oder einen ausländischen Jugendlichen vorläufig in Obhut zu nehmen, sobald dessen unbegleitete Einreise nach Deutschland festgestellt wird. Ein ausländisches Kind oder ein ausländischer Jugendlicher ist grundsätzlich dann als unbegleitet zu betrachten, wenn die Einreise nicht in Begleitung eines Personensorgeberechtigten oder Erziehungsberechtigten erfolgt; dies gilt auch, wenn das Kind oder der Jugendliche verheiratet ist und das 14. Lebensjahr nicht vollendet hat. § 42 Absatz 1 Satz 2, Absatz 2 Satz 2 und 3, Absatz 5 sowie 6 gilt entsprechend.

IV. Gesetzesbegründung

Die Gesetzesänderung rückt den Minderjährigenschutz in den Vordergrund und misst dem Kindeswohl eine besondere Bedeutung zu, indem es von der Nichtigkeitslösung Abstand nimmt.[911] Das Kindeswohl ist im Rahmen der möglichen Einzelfallprüfung ein entscheidendes Kriterium. Durch die Möglichkeit der Einzelfallprüfung werden die Interessen des Minderjährigen in dem bestmöglichen Maße geschützt.[912] Allerdings sorgt das Gesetz durch die Altersuntergrenze von 14 Jahren im Rahmen der Anerkennungslösung gem. Art. 13a EGBGB auch dafür, dass die Grundsätze des deutschen Rechts gewahrt werden.

1. Änderung BGB

a) Ehemündigkeit

§ 1303 BGB bleibt insoweit unverändert, als das Ehemündigkeitsalter einheitlich auf 18 Jahre festgeschrieben bleibt. Allerdings erfolgt eine Anpassung dahingehend, dass die Ehen unter Beteiligung eines Minderjährigen stets als aufhebbar zu qualifizieren sind und nicht mehr als nichtig eingestuft werden. Die Festlegung des Ehemündigkeitsalter auf 18 Jahre entspricht den geänderten gesellschaftlichen Verhältnissen;[913] eines Dispens bedarf es daher gerade nicht mehr.[914] Die Möglichkeit des Dispens beruhte auf einem traditionellen Rollenbild der Frau, welches heute nicht mehr der gesellschaftlichen Wirklichkeit entspricht.[915] Durch die Festlegung des Ehemündigkeitsalter auf 18 Jahre wird wiederum der Minderjährigenschutz gestärkt, denn auch das bisherige Erfordernis der gerichtlichen Genehmigung im Rahmen des Dispens konnte eine Beeinflussung des Minderjährigen durch sein Umfeld nicht ausschließen.[916] Des Weiteren erfordert auch die Schwangerschaft einer Minderjährigen keine Eheschließung. Zum einen sind nichteheliche Kinder ehelichen Kindern gleichgestellt und zum anderen wird eine ledige Mutterschaft in der Gesellschaft nicht mehr als Makel

---

911 Vgl. *Bongartz*, NZFam 2017, 541, 546.

912 Vgl. zur Notwendigkeit einer Einzelfallprüfung Stellungnahme Kinderrechtekommission des Deutschen Familientags e.V. vom 29.11.2016, FamRZ 2017, 77, 80, Berichterstattung: Coester.

913 Vgl. *Opris*, ZErb 2017, 158, 165.

914 Vgl. *Antomo*, ZRP 2017, 79, 80.

915 Vgl. Stellungnahme Kinderrechtekommission des Deutschen Familiengerichtstags e.V. vom 29.11.2016, FamRZ 2017, 77, 77, Berichterstattung: Coester.

916 Vgl. *Hahn*, in: BeckOK BGB, § 1303, Rn. 2.

angesehen.[917] Zudem führt die Festlegung der Ehemündigkeit auf 18 Jahre zu einem Gleichlauf zwischen Volljährigkeit und damit der grundsätzlich unbeschränkten Geschäftsfähigkeit und Ehemündigkeit.[918] Darüber hinaus entspricht die Festlegung des Ehemündigkeitsalters auf 18 Jahre auch der europäischen Tendenz[919] und dient daher auch der internationalen Vereinheitlichung.

b) Aufhebbarkeit der Ehe

§ 1303 BGB wird derart angepasst, dass in Deutschland geschlossene Ehen unter Beteiligung eines Minderjährigen aufhebbar sind. Auch wenn es nur schwer vorstellbar ist, dass eine Eheschließung entgegen der Anordnung des § 1303 BGB mit der Beteiligung eines Minderjährigen erfolgt,[920] da der Standesbeamte gem. den §§ 12 ff. und § 15 Abs. 1 Nr. 2 PStG zur Prüfung der Geburtsdaten verpflichtet ist,[921] sind entsprechende gesetzliche Anordnungen sicherheitshalber vorzunehmen. Sollte es wider Erwarten zu einer Eheschließung unter Beteiligung eines Minderjährigen im Inland kommen, ist diese Ehe zunächst wirksam, aber aufhebbar. Durch die Anordnung der Aufhebbarkeit wird gewährleistet, dass stets eine Einzelfallprüfung erfolgt, so dass dem Kindeswohl Rechnung getragen werden kann.[922] Bis zur Eheaufhebung bleibt die Ehe wirksam. Zudem stehen dem minderjährigen Ehegatten Folgeansprüche über § 1318 BGB zu und es besteht die Möglichkeit der Heilung nach dem Erreichen der Volljährigkeit.

c) Möglichkeit des Abschlusses eines Ehe- und/oder Erbvertrags

Durch die Anpassung der § 1411 BGB und § 2275 BGB wird dem Umstand Rechnung getragen, dass es nach wie vor minderjährige Verlobte und minderjährige Verheiratete geben kann[923] und kein Grund ersichtlich ist, diesen die Möglichkeit zu versagen, bereits vor Erreichen der Volljährigkeit einen Ehe- und/oder Erbvertrag abzuschließen.[924]

917 Vgl. *Hahn*, in: BeckOK BGB, § 1303, Rn. 2.
918 Vgl. *Weller/Thomale/Hategan/Werner*, FamRZ 2018, 1289, 1298.
919 Vgl. *Weller/Thomale/Hategan/Werner*, FamRZ 2018, 1289, 1291.
920 Vgl. *Antomo*, NZFam 2016, 1155, 1161.
921 Vgl. *Weller/Thomale/Hategan/Werner*, FamRZ 2018, 1289, 1290.
922 Vgl. *Bongartz*, NZFam 2017, 541, 546.
923 Vgl. *Coester-Waltjen*, IPrax 2017, 429, 431.
924 Vgl. *Schwab*, FamRZ 2017, 1369, 1371 ff.

d) Unterhaltsansprüche zwischen den Ehegatten gem. § 1318 BGB

In der Literatur war bisher umstritten, ob dem volljährigen Ehegatten gegenüber dem minderjährigen Ehegatten Unterhaltsansprüche zustehen können.[925] Im Ergebnis waren solche Ansprüche aufgrund des Minderjährigenschutzes zwar abzulehnen,[926] aus Gründen der Rechtssicherheit sollte dies aber auch ausdrücklich aus dem Gesetzeswortlaut hervorgehen. Daher war eine entsprechende Anpassung des § 1318 BGB erforderlich.

e) Unterhaltsregelungen §§ 1601 ff. BGB

Die Unterhaltsregelungen der §§ 1601 ff. BGB sind derart zu modifizieren, dass dem minderjährigen verheirateten Kind gegenüber seinen Eltern erst nachrangig ein Unterhaltsanspruch zusteht. Die Eltern sind daher vorrangig zunächst gegenüber ihren unverheirateten Kindern unterhaltsverpflichtet. Diese Rangfolge ist gerechtfertigt, da dem verheirateten minderjährigen Kind gem. § 1360 BGB ein Unterhaltsanspruch gegen den eigenen Ehegatten zusteht.

f) Sorgerecht

§ 1633 BGB wird wieder eingefügt. So wird sichergestellt, dass die Personensorge weiterhin bei den Eltern liegt. Nur ausnahmsweise wird ein Vormund bestellt, sofern das Kindeswohl dies erfordert. Die Regelung des § 1633 BGB ist erforderlich, da andernfalls die Aufenthaltsbestimmungsberechtigten ein Zusammenleben der Ehegatten verhindern könnten, und zwar unabhängig davon, ob die Ehe anerkannt oder aufgehoben wird.[927] Eine solche Eingriffsmöglichkeit widerspricht Art. 6 Abs. 1 GG.[928]

g) Antragsbefugnis

Die Antragsbefugnis ist in § 1316 BGB geregelt. Nach der Gesetzesänderung aufgrund des Gesetzes zur Bekämpfung von Kinderehen stand den Behörden hinsichtlich der Antragstellung keinerlei Beurteilungsspielraum mehr zu. Die Behörden waren danach verpflichtet, einen solchen Antrag auch dann zu stellen, wenn dieser offensichtlich aussichtslos war. Dies ist zu ändern, da die Ehegatten

---

925 Vgl. hierzu bereits ausführlich D. I. 3. c) bb).

926 Vgl. *Roth*, in: Erman, § 1318, Rn. 3a.

927 Vgl. *Frie*, FamRB 2017, 232, 235.

928 Vgl. hierzu bereits F. I. 1. sowie *Frie*, FamRB 2017, 232, 235 und *Bongartz*, NZFam 2017 541, 544.

vor von vornherein aussichtslosen Verfahren zu schützen sind. Zudem werden auch die Gerichte vor unnötigen Verfahren geschützt, wenn eine Aufhebung der Ehe ohnehin ausgeschlossen ist.[929] Aus diesen Gründen wird den antragsberechtigten Behörden ein Beurteilungsspielraum eingeräumt.[930] Allerdings darf dies nicht so weit gehen, dass die Behörden völlig frei über eine Antragstellung entscheiden können. Vielmehr ist grundsätzlich ein Aufhebungsantrag zu stellen („*soll*"); davon abzusehen ist nur dann, wenn ausnahmsweise Umstände vorliegen, aus denen sich ergibt, dass ein Antrag keine Aussicht auf Erfolg hat. Das ist z.B. dann der Fall, wenn eine Bestätigung der Ehe erfolgte oder die Aufhebung der Ehe offensichtlich kindeswohlwidrig wäre.

2. Änderung des EGBGB

a) Anerkennungs- und Aufhebbarkeitslösung

Von der Nichtigkeitslösung wird Abstand genommen.[931] Stattdessen ist auf eine Ehe, die unter Beteiligung eines Minderjährigen, vor Vollendung des 14. Lebensjahres geschlossen wird, die Anerkennungslösung anzuwenden. Danach ist eine nach ausländischem Recht wirksam geschlossene Ehe auch im Inland anzuerkennen, wenn dies dem Kindeswohl entspricht und der Minderjährige mittlerweile zumindest das 14. Lebensjahr vollendet hat. Das 14. Lebensjahr ist dabei als Altersuntergrenze anzusetzen, da der Fortbestand einer Ehe mit einem Minderjährigen unter 14 Jahren stets als kindeswohlwidrig einzustufen ist.[932] Somit wird nicht allein auf das Alter im Zeitpunkt der Eheschließung abgestellt, sondern auch auf das Alter im Zeitpunkt des gerichtlichen Verfahrens, so dass eingetretene Veränderungen angemessen berücksichtigt werden.[933] Dies entspricht der Beurteilung eines Sachverhalts im Rahmen des ordre public und sollte daher auch bei der Anerkennung einer Ehe berücksichtigt werden.[934]

Auch im Hinblick auf Sachverhalte mit Auslandsbezug führt die Gesetzesänderung dadurch dazu, dass eine am Kindeswohl orientierte Einzelfallprüfung

929 Vgl. *Frie*, FamRB 2017, 232, 239.

930 Vgl. zur Notwendigkeit des Ermessens der antragsstellenden Behörde *Weller/Thomale/Hategan/Werner*, FamRZ 2018, 1289, 1297 f.

931 Zur Untragbarkeit der Nichtigkeitslösung ausführlich *Hüßtege*, FamRZ 2017, 1374 ff.

932 Vgl. *Antomo*, NZFam 2016, 1155, 1161.

933 Vgl. *Antomo*, ZRP 2017, 79, 81.

934 Vgl. *Antomo*, ZRP 2017, 79, 81.

erfolgen kann.[935] Gleichzeitig wird durch die Anerkennungslösung gewährleistet, dass keine Ehe in Deutschland fortbesteht, wenn einer der Ehegatten zum Zeitpunkt des gerichtlichen Verfahrens das 14. Lebensjahr noch nicht vollendet hat. Das 14. Lebensjahr wurde auch im Rahmen des ordre public gem. Art. 14 EGBGB stets als Altersuntergrenze für die Anerkennung der Wirksamkeit einer Ehe angesehen. Eine Ehe mit einem Beteiligten, der das 14. Lebensjahr noch nicht beendet hat, verstößt gegen die Grundsätze des deutschen Rechts und kann daher auch im Rahmen der Anerkennungslösung in Deutschland nicht fortbestehen.[936] Bei allen weiteren Ehen erfolgt dagegen eine am Kindeswohl orientierte Einzelfallprüfung. Zudem besteht auch für solche Ehen eine Heilungsmöglichkeit, wenn die Ehe nach dem Erreichen der Volljährigkeit nach dem Willen der Ehegatten fortbestehen soll. Hinsichtlich der Anerkennungslösung bedarf es einer Ergänzung des FamFG, damit die Berechtigung zur Antragstellung in den Fällen mit Auslandsbezug ebenfalls gesetzlich ausgestaltet wird.

Da die Feststellung der Unwirksamkeit der Ehe in einem gerichtlichen Verfahren erfolgt, wird zudem das Risiko beseitigt, dass sich eine Ehe von den Ehegatten unbemerkt in ein rechtliches Nullum wandelt.[937] Vielmehr werden die Ehegatten aufgrund ihrer Kenntnis der Unwirksamkeit nun in die Lage versetzt, alle notwendigen Folgeangelegenheiten zu regeln, z.B. eine Vaterschaftsanerkennung vorzunehmen oder ein Testament zu errichten.

Bzgl. der Ehen, die mit einem Minderjährigen eingegangen werden, der bereits das 14., nicht aber das 18. Lebensjahr vollendet hat, ist nach der vorgeschlagenen Gesetzesänderung stets die Aufhebbarkeitslösung anzuwenden. Dies gewährleistet den Schutz des Minderjährigen und gesteht diesem auch Folgeansprüche zu.[938]

Durch den neuen Regelungsmechanismus mit Aufhebungs- und Anerkennungslösung steht bei der Entscheidung über die Wirksamkeit oder Unwirksamkeit bzw. die Aufhebung der Ehe das Kindeswohl des Minderjährigen im Vordergrund. So wird dem Problem Rechnung getragen, dass ein komplexer Sachverhalt (wie eine Kinderehe) nicht durch eine pauschale Regelung gelöst

---

935 Vgl. zur Notwendigkeit einer Einzelfallprüfung Stellungnahme Kinderrechtekommission des Deutschen Familientags e.V. vom 29.11.2016, FamRZ 2017, 77, 80, Berichterstattung: Coester.

936 Vgl. hierzu F. I.1. d).

937 Vgl. *Bongartz*, NZFam 2017, 541, 545.

938 Vgl. *Bongartz*, NZFam 2017, 541, 546, der für eine generelle Aufhebbarkeitslösung zum Schutz des Minderjährigen plädiert.

werden kann,[939] sondern dass es mangels Vergleichbarkeit einer Entscheidung im Einzelfall bedarf. Gleichzeitig werden durch die Festlegung einer Altersuntergrenze von 14 Jahren die Grundsätze des deutschen Rechts gewahrt.[940]

b) Folgeansprüche im Falle der Unwirksamkeit

Gem. Art. 13a EGBGB sind im Falle einer unwirksamen Ehe die Regelungen bzgl. der aufhebbaren Ehen hinsichtlich der Folgeansprüche entsprechend anzuwenden.[941] Dadurch wird der Minderjährigenschutz im Vergleich zu der aktuellen Rechtslage gestärkt und es erfolgt die erforderliche Rückabwicklung bzw. der erforderliche Ausgleich der tatsächlich gelebten Ehe. Nur so kann der minderjährige Ehegatte auch in wirtschaftlicher Hinsicht geschützt werden.[942]

c) Überleitungsvorschrift

Die Überleitungsvorschrift des Art. 229 § 44 EGBGB wird derart angepasst, dass sie weiterhin die Altfälle erfasst, bei denen gem. § 1303 BGB a. F. eine Eheschließung mit familiengerichtlicher Genehmigung erfolgte. Bei diesen Fällen bleibt eine Aufhebung ausgeschlossen. Zudem werden auch die Fälle, in denen die Nichtigkeitslösung bisher zur Einstufung als Nichtehe führte, der geänderten Rechtslage unterstellt. Folglich können auch die Ehegatten, die bereits vor der Gesetzesänderung nach Deutschland eingereist sind, ein Feststellungsverfahren anhand der neuen Rechtslage anstreben. Weitere Überleitungsvorschriften hingegen sind nicht erforderlich; alle weiteren Fälle werden durch Art. 13 EGBGB direkt erfasst.

3. Änderung des FamFG

Hinsichtlich der Antragstellung bei einem Verstoß gegen Art. 13 EGBGB ist ebenfalls eine eigene Norm erforderlich, da die Regelung der Antragsbefugnis hinsichtlich eines Aufhebungsverfahrens gem. § 98 FamFG allein nicht ausreicht.[943] Daher wird im FamFG ein neuer § 98a eingefügt. Nach dieser Regelung kann der

---

939 Vgl. *Bongartz*, NZFam 2017, 541, 546; sowie auch: Stellungnahme Kinderhilfswerk 22.02.2017.

940 Vgl. zur Mindestaltersgrenze im Rahmen der Anerkennung von ausländischen Ehen gem. Art. 6 EGBGB bereits F. I. 1. d).

941 Zur analogen Anwendung bereits nach aktueller Rechtslage: *Majer*, NZFam 2017, 537, 541.

942 Vgl. *Opris*, ZErb 2017,158, 164.

943 Vgl. *Rauscher*, in: MüKo FamFG, § 98, Rn. 100c.

Ehegatte selbst einen Antrag auf Feststellung der Wirksamkeit/Unwirksamkeit bzw. Aufhebung der Ehe stellen. Daneben ist auch die zuständige Verwaltungsbehörde antragsbefugt. Hinsichtlich der Anerkennungslösung steht ihr hierbei kein Ermessensspielraum zu. Dies ist vor dem Hintergrund erforderlich, dass eine Feststellung über die Wirksamkeit/Unwirksamkeit einer Ehe nur durch ein Gericht rechtssicher erfolgen kann. Ausnahmsweise ist die zuständige Behörde dann nicht zur Antragstellung verpflichtet, wenn der minderjährige Ehegatte zwischenzeitlich das 18. Lebensjahr vollendet hat und zu erkennen gibt, dass er die Ehe fortsetzen will. In diesen Fällen ist eine Heilung der Ehe und damit auch die erforderliche Rechtssicherheit eingetreten und eine Antragstellung daher entbehrlich.

Hinsichtlich der Aufhebungslösung steht der zuständigen Verwaltungsbehörde entsprechend der Vorschrift des § 1316 BGB hingegen ein Ermessensspielraum zu, so dass diese bei von vornherein aussichtslosen Verfahren nicht zu einer Antragstellung verpflichtet ist.[944] Die Behörde muss also nicht sehenden Auges ein aussichtsloses Verfahren anstreben.[945] In diesen Fällen wäre es widersinnig, den Ehegatten, aber auch der Justiz ein solches Verfahren aufzubürden.

4. Änderung des SGB VIII

§ 42a SGB VIII wird so geändert, dass eine Inobhutnahme verheirateter Minderjähriger nur dann erfolgen kann, wenn diese zum Zeitpunkt der Einreise das 14. Lebensjahr noch nicht vollendet haben. Dies wird dem Umstand gerecht, dass die Inobhutnahme einen Eingriff in das eheliche Zusammenleben und damit in Art. 6 Abs. 1 GG darstellt.[946] Bei den Minderjährigen unter 14 Jahren ist ein solcher Eingriff jedoch gerechtfertigt, da eine Ehe mit Beteiligung eines unter 14-Jährigen grundsätzlich kindeswohlwidrig ist und der staatliche Schutzauftrag zum Schutz des Kindeswohls in dieser Konstellation überwiegt.

---

944 Vgl. zur Notwendigkeit des Ermessens der antragsbefugten Behörde *Weller/Thomale/Hategan/Werner*, FamRZ 2018, 1289, 1297 f.

945 Vgl. *Bongartz*, NZFam 2017, 541, 544.

946 Vgl. hierzu bereits F. I. 1. b) cc).

I. Fazit

Der Gesetzgeber hat mit dem Gesetz zur Bekämpfung von Kinderehen ein deutliches politisches Zeichen gegen Minderjährigenehen gesetzt. Allerdings zieht diese gesetzliche Neuregelung zahlreiche Folgeprobleme nach sich und vernachlässigt vor allem im Hinblick auf mögliche Folgeansprüche den Minderjährigenschutz in eklatanter Weise. Damit hat der Gesetzgeber sein selbstgesetztes Ziel verfehlt. Eine gesetzliche Neuregelung ist daher unumgänglich und sollte den Minderjährigenschutz im Rahmen einer gesetzlich vorgeschriebenen Einzelfallprüfung in den Vordergrund rücken.

Nun ist es Sache des Bundesverfassungsgerichts den Gesetzgeber mit einer Entscheidung über die Verfassungsmäßigkeit des Art. 13 Abs. 3 EGBGB zu einem Tätigwerden zu veranlassen.

Literaturverzeichnis

Andrae Marianne, Flüchtlinge und Kinderehen, NZFam 2016, 923.

Antomo Jennifer, Eheschließung Minderjähriger und das deutsche Recht, NZFam 2016, 1155.

Antomo Jennifer, Kinderehen, ordre public und Gesetzesreform, NJW 2016, 3558.

Antomo Jennifer, Verbot von Kinderehen?, ZRP 2017, 79.

Antomo Jennifer, Verdruss mit Ansage – BGH legt dem BVerfG das Kinderehengesetz vor, LTO vom 21.12.2018, abrufbar unter: https://www.lto.de/recht/hintergruende/h/kinderehen-gesetz-vorlage-bgh-bverfg-harbath-befangenheit/ (zuletzt abgerufen 09.03.2020).

Ärzteblatt, Kinderehen: Weltweit fast 15 Millionen Mädchen betroffen, Bericht vom 25.20.2017, abrufbar unter: https://www.aerzteblatt.de/nachrichten/83065/Kinderehen-Weltweit-fast-15-Millionen-Maedchen-betroffen (zuletzt abgerufen 09.03.2020).

Beck Großkommentar BGB, Beckscher Onlinekommentar zum BGB, Herausgeber Wellenhofer, Stand: 2017, zitiert: Bearbeiter, Beck Großkommentar BGB.

Beckscher Online Kommentar BGB, Beckscher Online Kommentar zum BGB, Herausgeber: Bamberger/Roth/Hau/Poseck, 53. Edition, Stand: 01.02.2020, zitiert: Bearbeiter, BeckOK BGB.

Beckscher Online Kommentar GG, Beckscher Online Kommentar zum GG, Herausgeber Epping/Hillgruber, 42. Edition, Stand: 01.12.2019, zitiert: Bearbeiter, BeckOK GG.

Beckscher Online Kommentar Ausländerrecht, Beckscher Onlinekommentar zum Ausländerrecht, Herausgeber Heusch/Kluth, 24. Edition, Stand: 01.11.2019, zitiert: Bearbeiter, in: BeckOK Ausländerrecht.

Beckscher Online Kommentar Urheberrecht, Beckscher Onlinekommentar zum Urheberrecht, Herausgeber Ahlberg/Götting, 26. Edition, Stand: 15.10.2019, zitiert: Bearbeiter, in: BeckOK Urheberrecht.

Bergschneider Ludwig, Schenkung, ehebezogene Zuwendung und Ehegatteninnengesellschaft bei Scheidung und Tod, FPR 2011, 244.

Bongartz Josef, Zur gebotenen rechtlichen Behandlung von Ehen unter Beteiligung Minderjähriger, NZFam 2017, 541.

Brix Gabriele, Kinderschutz – aktuelle verfassungsrechtliche Leitlinien, NZFam 2016. 1113.

Bundestag Drucksache 13/4898, Entwurf eines Gesetzes zur Neuordnung des Eheschließungsrechts, Gesetzentwurf der Bundesregierung, zitiert: BT-Drs. 13/4898.

Bundestag Drucksache 18/12377, Entwurf eines Gesetzes zur Bekämpfung von Kinderehen, Gesetzesentwurf der Bundesregierung vom 17.05.2017, zitiert: BT-Drs. 18/12377.

Bundestag Drucksache 18/12086, Entwurf eines Gesetzes zur Bekämpfung von Kinderehen, Gesetzentwurf der Fraktionen der CDU/CSU und SPD vom 25.04.2017, zitiert BT- Drs. 18/12086.

Bundestag Drucksache 18/12607, Beschlussempfehlung und Bericht des Ausschusses für Recht und Verbraucherschutz a) zu dem Gesetzentwurf der Fraktionen der CDU/CSU und SPD – Drucksache 12086 – Entwurf eines Gesetzes zur Bekämpfung von Kinderehen b) zu dem Gesetzentwurf der Bundesregierung – Drucksache 18/12377 – Entwurf eines Gesetzes zur Bekämpfung von Kinderehen, zitiert: BT-Drs. 18/12607.

Bundestag Plenarprotokoll 18/237, Deutscher Bundestag Stenografischer Bericht der 237. Sitzung, zitiert: BT-Plenarprotokoll 18/237.

Bundestag Drucksache 19/2637, Kleine Anfrage zu Kinderehen in Deutschland, zitiert: BT-Drs, 19/2637.

Bundestag Drucksache 19/3081, Antwort der Bundesregierung auf die Kleine Anfrage der Abgeordneten Katja Suding, Grigorios Aggelidis, Nicole Bauer, weiterer Abgeordneter und der Fraktion der FDP – Drucksache 19/2637 –, zitiert BT-Drs. 19/3081.

Bundesrat-Drucksache 461/17, Beschluss des Bundesrats Gesetz zur Bekämpfung von Kinderehen, zitiert: BR-Drs. 461/17.

Bundesverband der Deutschen Standesbeamtinnen und Standesbeamten e.V. Stellungnahme der Deutschen Standesbeamtinnen und Standesbeamten e.V. vom 23.02.2017, zitiert: Stellungnahme der deutschen Standesbeamtinnen und Standesbeamten e.V. abrufbar unter: https://www.bmjv.de/SharedDocs/Gesetzgebungsverfahren/Stellungnahmen/2017/Downloads/02232017_Stellungnahme_Standesbeamte_RefE_Kinderehe.pdf;jsessionid=8C3A4242EE1B0D1796F639ED00E1A5FB.1_cid334?__blob=publicationFile&v=3 (zuletzt abgerufen 09.03.2020).

Burandt Wolfgang, Rojahn Dieter, Erbrecht, 3. Auflage 2019, zitiert: Bearbeiter, in: Burandt/Rojahn.

CARE, Report: Vows of poverty – 26 Countries Where Child Marriage Eclipses Girls' Education – A Snapshot of Causes, Solutions and Ways to Help, zitiert: CARE, Report vows of poverty, abrufbar unter: https://www.care.de/

fileadmin/user_upload/Presse/Downloads/Studien/vows-of-poverty-full-report-english.pdf (zuletzt abgerufen 09.03.2020).

Coester Michael, Kindeswohlgefährdung: Anforderungen an die Gefährdung aus juristischer Sicht, NZFam 2016, 577.

Charbonneau Ninja, Weltmädchentag 2018: Elf Fakten über Mädchen, Unicef vom 09.10.2018, zitiert: Charbonneau, Unicef, Fakten über Mädchen, abrufbar unter: https://www.unicef.de/informieren/aktuelles/blog/weltmaedchentag/176128 (zuletzt abgerufen 09.03.2020).

Charbonneau Ninja, Jungen weltweit: Schlechter ernährt, häufiger im Kriegseinsatz, Unicef vom 06.06.2018, zitiert: Charbonneau, Unicef, Fakten über Jungen, abrufbar unter: https://www.unicef.de/informieren/aktuelles/blog/neun-fakten-ueber-jungen-weltweit/166700 (zuletzt abgerufen 09.03.2020).

Coester Michael, Kinderehen in Deutschland, Stellungnahme der Kinderrechtskommission des Deutschen Familiengerichtstags e.V. vom 29.11.2016, Berichterstattung Prof. Dr. Michael Coester, FamRZ 2017, 77.

Coester-Waltjen Dagmar, Anerkennung im Internationalen Personen-, Familien- und Erbrecht, IPRax 2006, 392.

Coester-Waltjen Dagmar, Kinderehen – Neue Sonderanknüpfungen im EGBGB, IPRax 2017, 429.

Deutscher Anwaltverein, Stellungnahme zum Entwurf eines Gesetzes zur Bekämpfung von Kinderehen, Februar 2017, zitiert: Stellungnahme Deutscher Anwaltverein durch den Ausschuss Familienrecht vom Februar 2017, abrufbar unter: https://www.bmjv.de/SharedDocs/Gesetzgebungsverfahren/Stellungnahmen/2017/Downloads/02222017_Stellungnahme_DAV_RefE_Kinderehe.pdf;jsessionid=669F7115B91C22939473CEB029994125.1_cid324?__blob=publicationFile&v=3 (zuletzt abgerufen am 09.03.2020).

Deutsches Institut für Menschenrechte, Stellungnahme zum Entwurf eines Gesetzes zur Bekämpfung von Kinderehen, 22.02.2017, zitiert Stellungnahme DIMR vom 22.02.2017, abrufbar unter: https://www.institut-fuer-menschenrechte.de/fileadmin/user_upload/Publikationen/Stellungnahmen/Stellungnahme_Rechtsausschuss_Minderja__hrigen-Ehen_DIMR_16Mai17.pdf (zuletzt abgerufen 09.03.2020).

Deutsches Kinderhilfswerk, Stellungnahme zum Entwurf eines Gesetzes zur Bekämpfung von Kinderehen vom 17. Februar 2017, zitiert: Stellungnahme Deutsches Kinderhilfswerk, abrufbar unter: https://www.bmjv.de/SharedDocs/Gesetzgebungsverfahren/Stellungnahmen/2017/Downloads/02232017_Stellungnahme_Kindeshilfswerk_RefE_Kinderehe.pdf;jsessionid=326FAF8983912FC878F806C54E998A12.1_cid334?__blob=publicationFile&v=3 (zuletzt abgerufen 09.03.2020).

Deutscher Notarverein, Stellungnahme zum Entwurf des Gesetzes zur Bekämpfung von Kinderehen, 22.02.2017, zitiert: Stellungnahme Deutscher Notarverein vom 22.02.2017, abrufbar unter: https://www.bmjv.de/SharedDocs/Gesetzgebungsverfahren/Stellungnahmen/2017/Downloads/02222017_Stellungnahme_Notarverein_RefE_Kinderehe.pdf;jsessionid=669F7115B91C22939473CEB029994125.1_cid324?__blob=publicationFile&v=3 (zuletzt abgerufen 09.03.2020).

Deutscher Juristinnenbund e.V., Stellungnahme zum Gesetzesentwurf der Bundesregierung zur Bekämpfung von Kinderehen, 18.04.2017, zitiert: Stellungnahme Deutscher Juristinnenbund, 18.04.2017, abrufbar unter: https://www.bmjv.de/SharedDocs/Gesetzgebungsverfahren/Stellungnahmen/2017/Downloads/04182017_Stellungnahme_Juristinnenbund_RefE_Kinderehe.pdf;jsessionid=5616CBCE7DBB1D131FB36FB8FA169E8A.2_cid334?__blob=publicationFile&v=2 (zuletzt abgerufen 09.03.2020).

Diakonie Deutschland, Stellungnahme zum Entwurf eines Gesetzes zur Bekämpfung von Kinderehen, 22.02.2017, zitiert: Stellungnahme Diakonie Deutschland 22.02.2017, abrufbar: https://www.bmjv.de/SharedDocs/Gesetzgebungsverfahren/Stellungnahmen/2017/Downloads/02232017_Stellungnahme_Diakonie_RefE_Kinderehe.pdf;jsessionid=5616CBCE7DBB1D131FB36FB8FA169E8A.2_cid334?__blob=publicationFile&v=2 (zuletzt abgerufen 09.03.2020).

Diakonie Deutschland, Stellungnahme der Diakonie Deutschland zum Gesetzentwurf der Fraktionen der CDU/CSU und SPD: Entwurf eines Gesetzes zur Bekämpfung von Kinderehen (BT-Drs. 18/12086), zitiert: Stellungnahme Diakonie Deutschland vom 15.5.2017, abrufbar unter: https://www.diakonie.de/fileadmin/user_upload/Diakonie/PDFs/Stellungnahmen_PDF/Diakonie_StN_GE_Kinderehen_170515_neu.pdf, (zuletzt abgerufen 09.03.2020).

Dutta Anatol, Anmerkungen zu BGH, vom 14.11.2018 – XII ZB 292/16, FamRZ 2019, 188.

Dürbeck Werner, Unbegleitete minderjährige Flüchtlinge im Familienrecht, FamRZ 2018, 553.

Erfurter Kommentar, Kommentar zum Arbeitsrecht, herausgegeben von Müller-Glöge/Preis/Schmidt, begründet von Dieterich/Hanau/Schaub, 19. Auflage 2019, zitiert: Bearbeiter, in: Erfurter Kommentar.

Erman Walter, Kommentar zum BGB, Herausgeber Westermann, 15. Auflage, 2017, zitiert Bearbeiter, in: Erman.

Feser Madison, Frauenrechte: In Bezug auf Kinderehen führen diese fünf Länder die traurige Liste an, Global Citizen vom 06.07.2017, zitiert: Feser, Global Citizen vom 06.07.2017, abrufbar unter: https://www.globalcitizen.org/

de/content/5-countries-with-highest-child-marriage/ (zuletzt abgerufen 09.03.2020).

Frank Reiner, Die Anerkennung von Minderjährigenehen – Zugleich Besprechung der Entscheidung des Kammergerichts vom 21.11.2011, StAZ 2012, 129.

Frie Birgit, Drum prüfe wer sich ewig bindet… – Zum Entwurf eines Gesetzes zur Bekämpfung von Kinderehen, FamRB 2017, 232.

Gesetz zur Bekämpfung von Kinderehen, Bundesgesetzblatt 2017, Nr. 48, 2429, zitiert: BGBl. I Nr. 48/2429.

Gössl Susanne, ***Friedrichs Anne***, ***Hoven Elisa***, ***Steinbicker Andrea***, Migration: Gesellschaftliches Zusammenleben im Wandel, zitiert: Gössl/Friedrichs/Hoven/Steinbicker.

Grabitz Eberhard, ***Hilf Meinhard***, ***Martin Nettesheim***, Das Recht der Europäischen Union, 68. Ergänzungslieferung – Stand: Oktober 2019, zitiert: Bearbeiter, in: Grabitz/Meinhard/Nettesheim.

Grziwotz Herbert, Auseinandersetzung einer faktischen Lebensgemeinschaft, Arbeitshilfe und Rechtsprechungsübersicht, NZFam 2015, 551.

Hausmann Rainer, ***Odersky Felix***, Internationales Privatrecht in der Notar- und Gestaltungspraxis, Personenrecht und Rechtsgeschäfte, Familienrecht, Erbrecht, Schuldvertrags- und Sachenrecht, Gesellschaftsrecht, 3. Auflage 2017, zitiert: Bearbeiter, in: Hausmann/Odersky.

Heidenreich Ulrike, ***Janisch Wolfgang***, Polygamie in Deutschland – theoretisch verboten, praktisch oft toleriert – Gerichte akzeptieren auch vierzehnjährige Bräute, Süddeutsche Zeitung vom 15.06.2016, abrufbar unter: https://www.sueddeutsche.de/politik/gesetzesreform-geplant-ehe-zu-dritt-1.3033059-2 (zuletzt abgerufen 09.03.2020).

Heiderhoff Bettina, „Möge diesem Gesetz kein langes Leben beschieden sein!“: das Kinderehengesetz vor dem BVerfG, Verfassungsblog vom 17.12.2018, abrufbar unter: https://verfassungsblog.de/moege-diesem-gesetz-kein-langes-leben-beschieden-sein-das-kinderehengesetz-vor-dem-bverfg/ (zuletzt abgerufen 09.03.2020).

Hohloch Gerhard, Der unterhaltsrechtliche Rang minderjähriger und ihnen gleichstehender Kinder – Ein Beitrag zu § 1609 BGB in der Fassung des Entwurfs eines Unterhaltsänderungsgesetzes unter Berücksichtigung der Regelungen anderer europäischer Rechte, FR 2005, 486.

Hüßtege Rainer, Das Verbot der Kinderehe nach neuem Recht aus kollisionsrechtlicher Sicht, FamRZ 2017, 1374.

Irnich Maximilian, Die nichteheliche Lebensgemeinschaft im Erbrecht, RNotZ 2008, 462.

Issig Peter, Kinderehen nach Scharia-Recht spalten deutsche Justiz, WELT vom 31.05.2016, abrufbar unter: https://www.welt.de/politik/deutschland/article155837698/Kinderehen-nach-Scharia-Recht-spalten-deutsche-Justiz.html (zuletzt abgerufen 09.03.2020).

Jauernig Othmar, Bürgerliches Gesetzbuch mit Rom-I, Rom-II-VO, EuUnthVO/HuntProt und EuErbVO, Herausgeber Stürner, 17. Auflage 2018, zitiert: Bearbeiter/Jauernig.

JurisPK BGB Band 4, Juris Praxiskommentar Onlinekommentar zum BGB, Band 4, Herausgeber Herberger/Martinek/Rüßmann/Weth/Würdinger, 9. Auflage, Stand: 15.10.2019, zitiert: Bearbeiter, in: jurisPK BGB.

JurisPK BGB Band 6, Juris Praxiskommentar Onlinekommentar zum BGB, Band 6, Herausgeber Herberger/Martinek/Rüßmann/Weth/Würdinger, 9. Auflage, Stand: 01.03.2020, zitiert: Bearbeiter, in: jurisPK BGB.

Keil Annika, Art. 13 Abs. 3 Nr. 1 EGBGB – ein verfassungswidriger Versuch zur Bekämpfung von Kinderehen?, jurisPR-IWR 1/2019 Anm. 2.

Kingreen Thorsten/Poscher Ralf, Grundrechte Staatsrecht II, begründet von Pieroth Bode/Schlink Bernhard, 34. Auflage, Heidelberg 2018, zitiert: Kingreen/Poscher.

Kircher Bettine, Gefährdung des Kindeswohls aus kinder- und jugendpsychiatrischer Sicht, NZFam 2016, 600.

Lackner Karl, Kühl Kristian, Strafgesetzbuch Kommentar, begründet von Dreher Eduard und Maassen Herrmann, fortgeführt von Lackner Karl, Kristian Kühl und Heger Martin, bearbeitet von Kühl Kristian und Heger Martin, 29. Auflage 2018, zitiert: Bearbeiter, in: Lackner/Kühl.

Legal Tribune Online, Nach umstrittenen Urteil: BGH soll über Kinderehen entscheiden, LTO vom 16.06.2016, zitiert: LTO vom 16.06.2016, abrufbar unter: https://www.lto.de/recht/nachrichten/n/beschwerde-gegen-olg-bamberg-urteil-fluechtling-kinder-minderjaehrig-ehe-bgh/ (zuletzt abgerufen 09.03.2020).

Lieb Manfred, Das Bereicherungsrecht de lege ferenda, NJW 1982, 2034.

Löhnig Martin, Ist Art. 13 Abs. 3 Nr. 1 EGBGB verfassungswidrig, BGH, Beschluss vom 14.11.2018 – XII ZB 292/16 mit Anmerkungen Martin Löhnig, NZFam 2019, 65.

Maas Heiko, Rede des Ministers für Justiz und Verbraucherschutz bei der 1. Beratung des Gesetzesentwurfs des Gesetzes zur Bekämpfung von Kinderehen am 28.04.2017 im Bundestag, zitiert Heiko Maas im Bundestag 28.04.2017, abrufbar unter: http://dipbt.bundestag.de/dip21/btp/18/18232.pdf#P.23465 (zuletzt abgerufen 09.03.2020).

Mankowski Peter, Anmerkung zur Entscheidung des OLG Bamberg, Beschluss vom 12.05.2016, 2 UF 58/16 – Zur Anerkennung einer nach syrischem Recht geschlossenen Kinderehe, FamRZ 2016, 1274.

Mansel Heinz-Peter, ***Thorn Karsten***, ***Wagner Rolf***, Europäisches Kollisionsrecht 2010: Verstärkte Zusammenarbeit als Motor der Vereinheitlichung?, IPRax 2011, 1.

Majer Christian F., Anerkennung einer ausländischen Minderjährigenehe – Zugleich Besprechung von OLG Bamberg, Beschluss vom 12.5.2016 – 2 UF 58/16, NZFam 2016, 1019.

Majer Christian F., Das Gesetz zur Bekämpfung von Kinderehen, NZFam 2017, 537.

Majer Christian F., Das Kinderehenbekämpfungsgesetz im Kreuzfeuer der Kritik – Eine Erwiderung, NZFam 2019, 656.

Majer Christian F., Anerkennung einer Kinderehe aufgrund EU-Freizügigkeit, Entscheidungsbesprechung OLG Frankfurt a. M. vom 28.8.2019 – 5 UF 97/19, NZFam 2019, 1021.

Maunz Theodor, ***Dürig Günter***, Grundgesetzkommentar, Stand: August 2019 (88. Lieferung) begründet von: Maunz Theodor und Dürig Günter, herausgegeben von Herzog Roman, Scholz Rupert, Herdegen Matthias, Klein Hans H., zitiert: Bearbeiter, Maunz/Dürig.

Meincke Jens Peter, ***Hannes Frank***, ***Holtz Michael***, Erbschaftsteuer- und Schenkungsteuergesetz Kommentar, 17. Auflage 2018, zitiert: Bearbeiter, Meincke/Hannes/Holtz.

Menkens Sabine, Regierung weiß nicht, wie viele Kinderehen es gibt, WELT vom 02.07.2018, abrufbar unter: https://www.welt.de/politik/deutschland/article178615088/Verheiratete-Minderjaehrige-Regierung-weiss-nicht-wie-viele-Kinderehen-es-gibt.html (zuletzt abgerufen 09.03.2020).

Meyer-Ladewig Jens, ***Nettesheim Martin***, ***von Raumer Stefan***, Europäische Menschenrechtskonvention Handkommentar, 4. Auflage 2017, zitiert: Bearbeiter, in: Meyer-Ladewig/Nettesheim/von Raumer.

Metzger Susanne, Standards der Rechtsprechung an psychologische Gutachten im familiengerichtlichen Verfahren, FPR 2008, 273.

Münch Christof, Familienrecht in der Notar- und Gestaltungspraxis, 2. Auflage 2016, zitiert: Bearbeiter, in: Münch.

Münchener Kommentar zum BGB Band 1, Münchener Kommentar zum BGB, Band 1, 8. Auflage 2018, herausgegeben von Säcker/Rixecker/Oetker/Limperg, Redakteurin Schubert, zitiert: Bearbeiter, in: MüKo BGB.

Münchener Kommentar zum BGB Band 6, Münchener Kommentar zum BGB, Band 6, 8. Auflage 2020, herausgegeben von Säcker/Rixecker/Oetker/Limperg, Redakteur Habersack, zitiert: Bearbeiter, in: MüKo BGB.

Münchener Kommentar zum BGB Band 8, Münchener Kommentar zum BGB, Band 8, 8. Auflage 2020, herausgegeben von Säcker/Rixecker/Oetker/Limperg, Redakteurin Koch, zitiert: Bearbeiter, in: MüKo BGB.

Münchener Kommentar zum BGB Band 9, Münchener Kommentar zum BGB, Band 9, 8. Auflage 2019, herausgegeben von Säcker/Rixecker/Oetker/Limperg, Redakteur Schwab, zitiert: Bearbeiter, in: MüKo BGB.

Münchener Kommentar zum BGB Band 10, Münchener Kommentar zum BGB, Band 10, 8. Auflage 2020, herausgegeben von Säcker/Rixecker/Oetker/Limperg, Redakteurin Kessal-Wulf, zitiert: Bearbeiter, in: MüKo BGB.

Münchener Kommentar zum BGB Band 11, Münchener Kommentar zum BGB, Internationales Privatrecht I, Europäisches Kollisionsrecht, Einführungsgesetz zum Bürgerlichen Gesetzbuche (Art. 1–26), Band 11, 7. Auflage 2018, herausgegeben von Säcker/Rixecker/Oetker/Limperg, Redakteur v. Hein, zitiert: Bearbeiter, in: MüKo BGB.

Münchener Kommentar zum FamFG, Münchener Kommentar zum FamFG, Band 1, 3. Auflage 2018, Herausgeber: Rauscher, zitiert: Bearbeiter, in: MüKo FamFG.

Münchener Kommentar zum StGB, Münchener Kommentar zum Strafgesetzbuch, Band 3, §§ 80 – 184j StGB, Herausgeber: Joecks/Miebach, Bandredakteur Miebach, 3. Auflage 2017, zitiert: Bearbeiter, in: Münchener Kommentar StGB.

Naczinsky Simon, Auswirkungen der Testierfähigkeit auf die Geschäftsfähigkeit Minderjähriger, NZFam 2018, 713.

Niemann Julia, Kinderehe mit 14, WELT vom 12.01.2016, abrufbar unter: https://www.zeit.de/2017/03/kinderehen-fluechtlinge-integration-religion (zuletzt abgerufen am 09.03.2020).

Oetker Hartmut, Handelsgesetzbuch, 6. Auflage, 2019, zitiert: Bearbeiter, Oetker Handelsgesetzbuch.

Onwuagbaizu Judith, Das Verbot der Minderjährigenehe im Internationalen Privatrecht, NZFam 2019, 465.

Opris Robert, Ausländische Ehen im deutschen Recht im Lichte des Gesetzesentwurfs zur Bekämpfung von Kinderehen, ZErb 2017, 158.

Palandt Otto, Bürgerliches Gesetzbuch, 78. Auflage, München 2019, zitiert Bearbeiter/Palandt BGB.

Peschel-Gutzeit Lore Maria, Überschuldungsschutz für Minderjährige, FPR 2006, 455.

Rauscher Thomas, Internationales Privatrecht – Mit internationalem Verfahrensrecht, 5. Auflage, Heidelberg 2017, zitiert: Rauscher.

Reuß Philipp, Das Verbot von „Kinderehen" – die deutsche Regelung aus rechtsvergleichender Sicht, FamRZ 2019, 1.

Rohe Matthias, Die rechtliche Behandlung von Minderjährigenehen in Deutschland, StAZ 2018, 73.

Röthel Anne, Anerkennung gleichgeschlechtlicher Ehen nach deutschem und europäischem Recht, IPRax 2006, 250.

Scherer Stephan, Münchener Anwaltshandbuch Erbrecht, 5. Auflage 2018, zitiert: Bearbeiter, Scherer Anwaltshandbuch Erbrecht.

Schnitzler Klaus, Anwaltshandbuch Familienrecht, 5. Auflage, 2020, zitiert; Bearbeiter, Schnitzler Anwaltshandbuch Familienrecht.

Schulze Reiner, Bürgerliches Gesetzbuch, 10. Auflage 2019, zitiert: Bearbeiter, Schulze Bürgerliches Gesetzbuch.

Schwab Dieter, Die verbotene Kinderehe, FamRZ 2017, 1369.

Simsek Nazan, Stellungnahme Nazan Simsek – Fachanwältin für Familienrecht, Verfahrensbeiständin, ehrenamtliche Vorsitzende des Kinderschutzbundes Augsburg – zum Gesetzesentwurf zur Bekämpfung von Kinderehen, zitiert: Stellungnahme Nazan Simsek, abrufbar unter: http://www.fluechtlingsinfo-berlin.de/fr/pdf/RASimsek_Kinderehen.pdf, (zuletzt abgerufen 09.03.2020).

Statistisches Bundesamt, Daten zu den Eheschließungen und dem durchschnittlichen Heiratsalter Lediger, zitiert: Statistisches Bundesamt, Daten zu den Eheschließungen, abrufbar unter: https://www.destatis.de/DE/Themen/Gesellschaft-Umwelt/Bevoelkerung/Eheschliessungen-Ehescheidungen-Lebenspartnerschaften/Tabellen/eheschliessungen-heiratsalter.html (zuletzt abgerufen 09.03.2020).

Staudinger Ansgar, Kommentar zum BGB, Stand 2015, zitiert: Bearbeiter, Staudinger.

Staudinger Ansgar, ***Steinrötter Björn***, Minderjährige im Zivilrecht, JuS 2012, 97.

Stein Thomas, Ausgleichsanspruch nach Scheitern einer nichtehelichen Lebensgemeinschaft – Besprechung von BGH, Urteil vom 06.07.2011 – XII ZR 190/08, NJW 2011, 2880 –, FamFR 2011, 409.

Terre des Femmes, Menschenrechte für die Frau e.V. – Frühehen: Situation weltweit?, zitiert Terre des Femmes, Frühehen, abrufbar unter: https://frauenrechte.de/online/frueehen/375-stop-fruehehen/2358-situation-weltweit (zuletzt abgerufen 09.03.2020).

Troll Max, *Gebel Dieter*, *Jülicher Marc*, *Gottschalk Paul Richard*, Erbschaftsteuer- und Schenkungsteuergesetz mit Bewertungsrecht und Verfahrensrecht Kommentar, Stand: November (58. Ergänzungslieferung), zitiert: Bearbeiter, Troll/Gebel/Jülicher/Gottschalk.

Tschernoster Katharina, Der Minderjährige als Erbe und Vermächtnisnehmer – unter Berücksichtigung der Besonderheiten bei Testamentsvollstreckung, RNotZ 2017, 125.

Von Delhaes-Guenther Andreas, Keine Kompromisse bei Kinderehen, Bayernkurier vom 19.12.2018, abrufbar unter: https://www.bayernkurier.de/inland/36123-keine-kompromisse-bei-kinderehen/ (zuletzt abgerufen am 09.03.2020).

Von Oertzen Christian, Loose Matthias, Erbschaftsteuer- und Schenkungsteuergesetz Kommentar, 1. Auflage 2017, zitiert: Bearbeiter, in: von Oertzen/Loose.

Wapler Friederike, Gesetzgeber will Minderjährigenehen bekämpfen: gut gemeint, aber nicht gut gemacht, verdikt 2017, 9, abrufbar unter: https://wapler.jura.uni-mainz.de/files/2018/08/verdikt-2017_1.pdf (zuletzt abgerufen 09.03.2020).

Weber Johannes, Die Europäischen Güterrechtsverordnungen: Eine erste Annäherung, DNotZ 2016, 659.

Weller Marc-Philippe, Stellungnahme zum Entwurf des Gesetzes zur Bekämpfung von Kinderehen (BT-Drs. 18/12086), Sitzung des Rechtsausschusses vom 17.05.2017, zitiert: Stellungnahme Weller 17.05.2017, abrufbar unter: https://www.ipr.uni-heidelberg.de/md/jura/ipr/personen/weller/weller_stellungnahme_bt_rechtsausschuss_kinderehen_2017_final.pdf (zuletzt abgerufen 09.03.2020).

Weller Marc-Philippe, *Thomale Chris*, *Hategan Ioana*, *Werner Jan Lukas*, Das Gesetz zur Bekämpfung von Kinderehen – eine kritische Würdigung, FamRZ 2018, 1289.

Ziereis Marie-Therese, Die neuen europäischen Güterrechtsverordnungen, JuS 2018, 1040.

www.ingramcontent.com/pod-product-compliance
Ingram Content Group UK Ltd.
Pitfield, Milton Keynes, MK11 3LW, UK
UKHW021126041026
8980IPUK00026B/769

9 783631 818480